# Mensch-Maschine-Kommunikation

von
Dr.-Ing. habil. Georg Geiser
Fraunhofer-Institut Karlsruhe

R. Oldenbourg Verlag München Wien 1990

Dr.-Ing. habil. Georg Geiser
Studium der Elektrotechnik an der Universität Stuttgart und der Université de Grenoble in Frankreich. Promotion und Habilitation an der Universität Karlsruhe. Leiter der Abteilung Mensch-Maschine-Kommunikation des Fraunhofer-Instituts für Informations- und Datenverarbeitung in Karlsruhe. Lehrbeauftragter an der Fakultät für Elektrotechnik der Universität Karlsruhe.

Anschrift:
Fraunhofer-Institut
IITB
Fraunhoferstraße 1
7500 Karlsruhe 1

**CIP-Titelaufnahme der Deutschen Bibliothek**

**Geiser, Georg:**
Mensch-Maschine-Kommunikation / von Georg Geiser. —
München ; Wien : Oldenbourg, 1990
    ISBN 3-486-21505-1

© 1990 R. Oldenbourg Verlag GmbH, München

Das Werk einschließlich aller Abbildungen ist urheberrechtlich geschützt. Jede Verwertung außerhalb der Grenzen des Urheberrechtsgesetzes ist ohne Zustimmung des Verlages unzulässig und strafbar. Das gilt insbesondere für Vervielfältigungen, Übersetzungen, Mikroverfilmungen und die Einspeicherung und Bearbeitung in elektronischen Systemen.

Gesamtherstellung: R. Oldenbourg Graphische Betriebe GmbH, München

ISBN 3-486-21505-1

# Inhalt

Vorwort . . . . . . . . . . . . . . . . . . . . 7

1. Einführung und Übersicht . . . . . . . . . . . . 9
1.1 Struktur von Mensch-Maschine-Systemen . . . . . . . 9
1.2 Historische Entwicklung . . . . . . . . . . . . . 10
1.3 Gestaltungsschwerpunkte bei
    Mensch-Maschine-Systemen . . . . . . . . . . . . 12
1.4 Wichtige Anwendungsgebiete . . . . . . . . . . . 13
1.5 Probleme bei der Gestaltung der
    Mensch-Maschine-Kommunikation . . . . . . . . . . 15
1.6 Einige Begriffe . . . . . . . . . . . . . . . . 18
1.7 Normen und Richtlinien . . . . . . . . . . . . . 19

2. Systematische Gestaltung der
   Mensch-Maschine-Kommunikation . . . . . . . . . . 21
2.1 Einflüsse auf die Gestaltung der
    Mensch-Maschine-Kommunikation . . . . . . . . . . 21
2.2 Gestaltungssystematik für die
    Mensch-Maschine-Kommunikation . . . . . . . . . . 25

3. Informationseingabe durch den Menschen . . . . . . . 31
3.1 Einleitung . . . . . . . . . . . . . . . . . . 31
3.2 Anpassung an die Motorik . . . . . . . . . . . . 34
3.2.1 Manuelle Zielbewegungen . . . . . . . . . . . . 34
3.2.2 Greifraum . . . . . . . . . . . . . . . . . . 35
3.3 Codierung der Information . . . . . . . . . . . . 35
3.3.1 Tastatur . . . . . . . . . . . . . . . . . . 35
3.3.2 Koordinateneingabe . . . . . . . . . . . . . . 37
3.3.3 Schreibeingabe . . . . . . . . . . . . . . . . 40
3.3.4 Spracheingabe . . . . . . . . . . . . . . . . 43
3.3.5 Gestik- und Mimikeingabe . . . . . . . . . . . . 47
3.3.6 Spezialcodeeingabe . . . . . . . . . . . . . . 48
3.4 Organisation der Information . . . . . . . . . . . 48
3.4.1 Eingabe von Ziffern . . . . . . . . . . . . . . 49
3.4.2 Eingabe alphanumerischer Zeichen . . . . . . . . . 52
3.4.3 Auswahl von Funktionen . . . . . . . . . . . . 54
3.5 Vergleich verschiedener Eingabeverfahren . . . . . . . 54

4. Informationsdarstellung für den Menschen . . . . . . . 59
4.1 Einleitung . . . . . . . . . . . . . . . . . . 59
4.2 Anpassung an die Sensorik . . . . . . . . . . . . 63

4.2.1 Ablesevorgang bei optischen Anzeigen . . . . . . . . . 63
4.2.2 Darstellungsparameter optischer Anzeigen. . . . . . . . 65
4.2.3 Anzeigen für Beobachter mit variablem Standort . . . . 70
4.2.4 Beobachtungsgeometrie einzelner oder mehrerer
      Bildschirme mit ebener oder gekrümmter Anzeigefläche . . 76
4.2.5 Sprachausgabe . . . . . . . . . . . . . . . . . . . . . 89
4.3   Codierung der Information . . . . . . . . . . . . . . . 93
4.3.1 Aufgabe der Informationsübertragung . . . . . . . . . . 94
4.3.2 SHANNON-WIENERsches Informationsmaß . . . . . . . 94
4.3.3 Informationstheoretische Beschreibung des
      Nachrichtenkanales . . . . . . . . . . . . . . . . . . 96
4.3.4 Experimentelle Bestimmung der Informationskenngrößen
      des Menschen . . . . . . . . . . . . . . . . . . . . . 98
4.3.5 Leistung des Menschen bei Absoluturteilen . . . . . . . 99
4.3.6 Grenzen des SHANNON-WIENERschen
      Informationsmaßes . . . . . . . . . . . . . . . . . . 105
4.3.7 Vergleich verschiedener Codes . . . . . . . . . . . . 106
4.4   Organisation der Information . . . . . . . . . . . . . 128
4.4.1 Gestaltfaktoren für die Organisation der Information . . 130
4.4.2 Fischauge-Organisation zur Verbesserung der Übersicht . 132
4.4.3 Quantitative Bewertung der örtlichen Organisation . . . 135
4.4.4 Hypertext und Hypermedia . . . . . . . . . . . . . 138
4.4.5 Kognitive Komplexität einer Informationsdarstellung . . 139

5.    Dialog zwischen Mensch und Maschine . . . . . . . . 141
5.1   Dialog als Mittel zur Benutzerführung . . . . . . . . 141
5.2   Anpassung an Motorik und Sensorik . . . . . . . . . 146
5.3   Codierung des Dialogs . . . . . . . . . . . . . . . . 146
5.4   Organisation des Dialogs . . . . . . . . . . . . . . . 149
5.4.1 Modelle zur Dialoggestaltung . . . . . . . . . . . . . 149
5.4.2 Methoden zur formalen Beschreibung der
      Mensch-Maschine-Kommunikation . . . . . . . . . . 155
5.4.3 Modelle der Mensch-Maschine-Interaktion . . . . . . . 161
5.4.4 Werkzeuge zur Dialoggestaltung . . . . . . . . . . . 172
5.4.5 Dialogformen . . . . . . . . . . . . . . . . . . . . 184
5.4.6 Anpaßbarer Dialog . . . . . . . . . . . . . . . . . . 199
5.5   Expertensysteme und Mensch-Maschine-
      Kommunikation . . . . . . . . . . . . . . . . . . . 203

      Literaturverzeichnis . . . . . . . . . . . . . . . . . 209
      Register . . . . . . . . . . . . . . . . . . . . . . 228

# Vorwort

Mensch-Maschine-Kommunikation: *Wer bedient wen?* Diese Frage stellt sich heute immer noch angesichts der Bedienungsanleitungen, deren mehrbändiger Umfang manchmal das Volumen der zugehörigen Maschine übersteigt. Auch wird vielfach von Bedienungsfehlern gesprochen, die nicht nur zu Ärger, sondern oft zu wirtschaftlicher Einbuße oder gar Personenschaden führen.

Die Geschichte der Technik ist eine Geschichte der Mensch-Maschine-Systeme. Dabei hat sich die Rolle des Menschen im Laufe der Jahrhunderte grundlegend gewandelt. In früher Zeit mußte er zuerst diejenige des Energieversorgers von Maschinen übernehmen, bevor er zum Bediener aufstieg. Heute ist der Mensch sowohl im privaten als auch im beruflichen Bereich als Benutzer in vielfältiger Weise in Mensch-Maschine-Systeme eingebunden, sei es als Fahrer eines Kraftfahrzeuges oder als Programmierer eines Rechners. Obwohl mit dem Einsatz von Rechnern einerseits vielfach das Ziel der Automatisierung verfolgt wird, bleiben für den Menschen wichtige Aufgaben als Überwacher technischer Prozesse in Leitwarten, in der Fertigung oder im Büro. Andererseits wird mit dem Einsatz von Rechnern das Ziel der Unterstützung des Menschen angestrebt, z.B. in der Telekommunikation, im Individual- und im öffentlichen Verkehr, im privaten Bereich und bei der Einbeziehung von Behinderten in den gesellschaftlichen und beruflichen Alltag.

Die Zukunft der Technik wird noch mehr durch die Mensch-Maschine-Kommunikation geprägt sein. Es werden komplexere technische Systeme mit wachsenden Anforderungen an Wirtschaftlichkeit, Zuverlässigkeit, Umweltfreundlichkeit und nicht zuletzt an die Sozialverträglichkeit eingesetzt. Der Gestaltungsspielraum für die Mensch-Maschine-Kommunikation erweitert sich ständig durch rapides Anwachsen der Leistung von Sensoren, Aktoren und Rechnern bei sinkenden Kosten. Ferner ermöglichen die weltweiten Aktivitäten zur Erforschung kognitiver Prozesse des Menschen eine bessere Anpassung der Maschinen an den Menschen.

Mensch-Maschine-Kommunikation: *Wer überwacht wen?* Dies ist die aktualisierte Form der eingangs gestellten Frage. Damit ist einerseits die wichtige, jedoch hier nicht behandelte Frage des Datenschutzes angesprochen. Andererseits ist damit gemeint, daß weiter nach Wegen gesucht werden muß, wie der fehlbare Mensch als Überwacher und die fehleranfällige Maschine als Assistenzsystem zu einer Zusammenarbeit kommen, bei der die Fehler gegenseitig toleriert und kompensiert werden.

Dieses Buch gibt einen Einblick in die vielfältigen Aufgaben bei der Gestaltung der Mensch-Maschine-Kommunikation, und es wird

# Vorwort

versucht, Lösungen dafür aufzuzeigen. Besonderes Gewicht liegt auf der Darstellung einer systematischen Vorgehensweise. Ziel ist dabei, die Gestaltung nicht auf einzelne Fragen zu beschränken, sondern eine möglichst umfassende, in getrennt lösbare Teilaufgaben gegliederte Vorgehensweise zu erreichen. Dies stößt dort an Grenzen, wo Wechselwirkungen zwischen den einzelnen Gestaltungsparametern bestehen. Die Gliederung des Buches entspricht dieser Gestaltungssystematik, ohne daß das gesamte Gebiet mit gleichbleibendem fachlichem Tiefgang abgedeckt wird. Vielmehr werden Schwerpunkte gesetzt, die sich aus der langjährigen Tätigkeit im Bereich der angewandten Forschung und aus der Lehrtätigkeit an der Universität Karlsruhe ergeben haben.

Der Verfasser dankt allen, die zum Entstehen des Buches beigetragen haben. Den Kollegen und Kolleginnen im Fraunhofer-Institut für Informations- und Datenverarbeitung gebührt Dank für fachliche Unterstützung in vielfältiger Weise. Besonderer Dank gilt Herrn Privatdozent Dr. Karl-Friedrich Kraiss vom Forschungsinstitut für Anthropotechnik, Wachtberg-Werthhoven, und dem Kollegen Herrn Dr. Rudolf Haller für die kritische Durchsicht eines Entwurfes und zahlreiche Anregungen. Die gute Zusammenarbeit mit dem Oldenbourg Verlag sei ebenfalls dankbar hervorgehoben.


Karlsruhe, im April 1990

Georg Geiser

# 1. Einführung und Übersicht

## Zusammenfassung

*Zur Einführung in das Gebiet der Mensch-Maschine-Kommunikation wird die Struktur von Mensch-Maschine-Systemen erläutert, und es werden kurz die Entstehung und Entwicklungstendenzen dieses Gebietes skizziert. Die bei der Gestaltung eines Mensch-Maschine-Systems zu beachtenden Schwerpunkte sind die Anthropometrie, die Umgebungseinflüsse, das soziale Umfeld, die Auswahl und die Ausbildung des Personals, die Arbeitsstrukturierung und die Mensch-Maschine-Kommunikation. Letztere steht im Mittelpunkt dieses Buches. Beispielhaft werden hierfür verschiedene Anwendungsgebiete genannt, die von der Prozeßleittechnik bis zu Hilfsmitteln für Behinderte reichen. Abschließend werden einige Begriffe eingeführt, und es wird eine Auswahl von einschlägigen Normen und Richtlinien zusammengestellt.*

## 1.1 Struktur von Mensch-Maschine-Systemen

Bei einem Mensch-Maschine-System wirkt der Mensch mit einer Maschine mit dem Ziel zusammen, eine selbstgewählte oder vorgegebene Aufgabe zu lösen. Mit dem Sammelbegriff 'Maschine' werden hier technische Systeme der unterschiedlichsten Art bezeichnet, angefangen von Werk-, Fahr- und Denk- bis hin zu Spielzeugen.

Abb. 1-1 zeigt die Struktur eines Mensch-Maschine-Systems in der Form eines geschlossenen Regelkreises. Im oberen Teil ist der Mensch durch die *Sensoren* zur Informationsaufnahme, das *Zentralnervensystem* zur Informationsverarbeitung und die *Motorik* zur Informationsausgabe dargestellt. Dabei wurde vereinfachend das vegetative Nervensystem außer acht gelassen, das die Funktionen der inneren Organe koordiniert und das mit dem Zentralnervensystem verknüpft ist. Die Maschine ist im unteren Teil durch ebenfalls drei Komponenten abgebildet: *Eingabesysteme* zur Eingabe von Information durch den Menschen, *Informationsverarbeitung* zur Verarbeitung der eingegebenen Information zusammen mit gespeicherten und automatisch erfaßten Daten und *Anzeigesysteme* zur Darstellung der auszugebenden Information für den Menschen. Der Mensch bezieht häufig seine Information nicht nur von den Anzeigen, sondern auch durch unmittelbares Beobachten der Maschine und ihrer Umwelt. Im Falle des Kraftfahrers besitzt die direkte Beobachtung des Verkehrsgeschehens sogar Vorrang vor dem Ablesen von Anzeigen.

# 1. Einführung und Übersicht

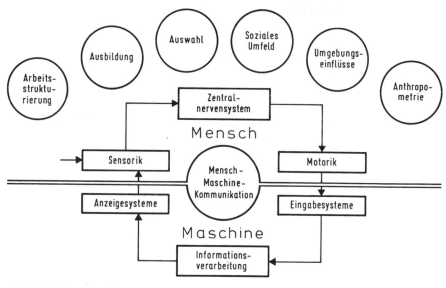

Abb. 1-1: Struktur eines Mensch-Maschine-Systems.

## 1.2 Historische Entwicklung

Die Geschichte der Technik ist gleichzeitig eine Geschichte der Mensch-Maschine-Systeme. Die Gestaltung von Werkzeugen, Waffen usw. erfolgte seit jeher unter Beachtung der Eigenschaften des Menschen.

Die Entwicklung der Methoden zur Gestaltung von Mensch-Maschine-Systemen war zunächst dadurch gekennzeichnet, daß durch Sammeln von Erfahrungen eine langsame, aber stetige Weiterentwicklung erreicht wurde. Aber es wurde auch die Anpassungsfähigkeit des Menschen ausgenutzt, die es ermöglicht, daß er sogar unter widrigen Arbeitsbedingungen seine Aufgabe erfüllt. Nachteile der letztgenannten Vorgehensweise sind die Gefahren vorzeitiger Ermüdung und von Leistungseinbußen sowie des Versagens und von Unfällen des Menschen bei unvorhergesehener Zusatzbelastung. Hinzu kommt, daß die heutigen technischen Systeme größere Anforderungen stellen, insbesondere durch

- wachsende Funktionsvielfalt und steigende Komplexität, aufgrund fortwährend verbessertem Preis-/Leistungsverhältnis der maschinellen Informationsverarbeitung,
- erhöhte Zuverlässigkeits- und Sicherheitsansprüche,
- kürzere Entwicklungszyklen,

## 1.2 Historische Entwicklung

- ständig wachsende technologische Spielräume für die Gestaltung der Mensch-Maschine-Interaktion,
- Vordringen technischer Systeme in neue private und berufliche Bereiche,
- Streben nach Humanisierung des Arbeitsplatzes,
- zunehmende Beachtung der Akzeptanz durch den Benutzer.

Daraus folgt die Notwendigkeit der systematischen Gestaltung von Mensch-Maschine-Systemen mit Hilfe wissenschaftlich fundierter Methoden. Ferner hat sich die Auffassung von der Rolle des Ingenieurs dahingehend verändert, daß seine Verantwortung nicht auf die rein technische Entwicklung von Geräten und Programmen beschränkt ist, sondern daß sie sich zumindest teilweise auch auf die Benutzung seiner Produkte durch den Menschen erstreckt.

Für das Zusammenwirken (Interaktion) von Mensch und Maschine zeigt die moderne technische Entwicklung zwei wesentliche Abschnitte: die *Mechanisierung* und die *Automatisierung*. Die Mechanisierung bewirkt die Ablösung des Menschen von der Rolle der Energiequelle für die Maschine, z.B. beim Wechsel von der Hand- zur Motorsäge. Dabei war die Mensch-Maschine-Interaktion durch Griffe, Hebel, Schalter usw. bestimmt. Bei dem anschließenden Schritt der Automatisierung wird der Mensch zusätzlich von Steuer- und Regeltätigkeiten befreit, und es verbleiben ihm die Aufgaben des Überwachens, Entscheidens und Planens, z.B. beim Betrieb einer automatischen Produktionsanlage. Dadurch wird das Zusammenwirken von Mensch und Maschine zu einem Informationsaustausch, der mit *Mensch-Maschine-Kommunikation* bezeichnet wird. Die Mensch-Maschine-Interaktion ist hier geprägt durch Eingabe- und Anzeigeelemente für die auszutauschende Information. Die Entwicklung der Mensch-Maschine-Kommunikation läßt sich in sehr grober Form durch folgende Stufen skizzieren, die sich teilweise überschneiden (Tab. 1-1). Zunächst war die *Ziffer* die Codierungsform für ein- und auszugebende Informationen, die z.B. mit Drehknopf und Zeigerinstrument übermittelt wurden. Danach folgte die Erweiterung auf *Text* mit Hilfe von Tastatur und Bildschirm. Bemerkenswert ist, daß die Handschrift zur Informationseingabe bisher kaum eine Rolle spielt. Die *Sprache* in Form der Sprachein- und -ausgabe sowie das *Bild* in Form der Bildein- und -ausgabe treten in jüngster Zeit als weitere Codierungsformen hinzu. Parallel zu dieser Erweiterung der Codierungsformen gewinnt der *Dialog* bei interaktiven Systemen zunehmende Bedeutung. Als revolutionierend wird die Wirkung der beginnenden Integration von Text, Sprache und Bild in den Multimedia-Systemen angesehen. Für die künftige Entwicklung zeichnet sich weiter ab, daß die Einbeziehung von *Wissen* mit Hilfe von Expertensystemen einen wesentlichen Einfluß auf die Mensch-Maschine-Kommunikation ausüben wird, z.B. bei der natürlichsprachlichen Kommunikation mit der Ma-

1. Einführung und Übersicht

| Entwicklungsstufe | Realisierung |
|---|---|
| Ziffer | Drehknopf, Skala |
| Text | Tastatur, Bildschirm |
| Sprache | Sprachein-, -ausgabe |
| Bild | Bildein-, -ausgabe |
| Dialog | Interaktives System |
| Wissen | Expertensystem |

Tab. 1-1: Entwicklungsstufen der Mensch-Maschine-Kommunikation.

schine. Ferner wird gegenwärtig versucht, weitere Merkmale der zwischenmenschlichen Kommunikation, wie Adaption, Kooperation und Fehlertoleranz, als beispielgebend in die Gestaltung der Mensch-Maschine-Kommunikation einzubeziehen.

Eine andere wichtige Entwicklungstendenz ist die Erweiterung des Blicks für das Gesamtsystem von Mensch und Maschine. Während in der Vergangenheit meist die Gestaltung einzelner Parameter aus guten Gründen isoliert in Angriff genommen wurde (z.B. Zeichengröße, Tastenbetätigungskraft, Menütiefe), tritt zunehmend der Systemansatz in den Vordergrund, d.h. es wird angestrebt, die einzelnen Gestaltungsparameter in ein übergreifendes Konzept einzuordnen, um so ihr Gewicht und ihre Wechselwirkungen im gesamten Mensch-Maschine-System besser zu verstehen (z.B. Dialogmodelle, Dialogmanagementsysteme). Hier ist auch die Betrachtung der sozialen Wirkungen z.B. der Automatisierung zu nennen (VDI 1989).

## 1.3 Gestaltungsschwerpunkte bei Mensch-Maschine-Systemen

Bei der an die Bedürfnisse und Fähigkeiten des Menschen angepaßten Gestaltung von Mensch-Maschine-Systemen ergeben sich verschiedene Gestaltungsschwerpunkte, die in Abb. 1-1 als Kreise aufgeführt sind.

Die *Anthropometrie* befaßt sich mit den Abmessungen, Kräften und dem Bewegungsraum des menschlichen Körpers als Funktion der Aufgabe, des Alters, des Geschlechts und demographischer Variablen, um daraus Anforderungen an die Gestaltung des Arbeitsplatzes und der Arbeitsmittel abzuleiten (Kroemer 1987a, 1987b, Chaffin 1987).

Die *Umgebungseinflüsse* sind hauptsächlich durch die Beleuchtung (Hentschel 1987), die akustischen Bedingungen (Jones, Broadbent 1987), durch das Raumklima (Rohles, Konz 1987) und durch Bewegung und Vibration (Wasserman 1987) gegeben. Neben den unmittelbaren Auswirkungen auf den Menschen sind hier auch die Einflüsse auf die Maschine zu beachten, z.B. die Minderung des Kontrastes selbstleuchtender Anzeigen bei zunehmender Beleuchtungsstärke.

Das *soziale Umfeld* (Sen 1987, Hendrick 1987) spielt eine wichtige Rolle, wenn der Mensch als Mitglied einer Gruppe an einer Maschine arbeitet. Die Leistung einer Gruppe hängt von ihrer Größe, der Aufgabenteilung und der Art der Entscheidungsfindung ab. Daneben ist es ebenso wichtig, soziale Isolierung einzelner Arbeitsplätze zu vermeiden.

Die *Auswahl* (Osburn 1987) der für die Benutzung einer Maschine zugelassenen Menschen ermöglicht es, die für die gestellten Aufgaben am besten geeigneten zu ermitteln.

Die *Ausbildung* (Holding 1987, Flexman, Stark 1987) und das fortlaufende Training dienen dazu, Fähigkeiten zum Gebrauch einer Maschine zu erwerben, zu erhalten und weiterzuentwickeln.

Die *Arbeitsstrukturierung* (Tepas, Monk 1987, Reichwald, Straßburger 1989) umfaßt die Organisation des Arbeitsablaufes und der Arbeitsteilung sowie die Gestaltung des Arbeitsinhaltes mit dem Ziel der Steigerung der Arbeitszufriedenheit und der Leistung.

Die in Abb. 1-1 zentral eingezeichnete *Mensch-Maschine-Kommunikation* ist der Bereich des Informationsaustausches zwischen dem Menschen und technischen Systemen. Im Zuge der immer leistungsfähiger werdenden Rechner, Eingabe- und Anzeigesysteme am Arbeitsplatz und auch im privaten Bereich rückt dieser Gestaltungsschwerpunkt in den Vordergrund des Interesses; er steht im Mittelpunkt dieses Buches. Zu beachten ist aber, daß er bei vielen praktischen Gestaltungsaufgaben nicht isoliert von den anderen Gestaltungsschwerpunkten betrachtet werden kann.

## 1.4 Wichtige Anwendungsgebiete

Ohne Anspruch auf Vollständigkeit werden einige Anwendungsgebiete genannt, in denen die Mensch-Maschine-Kommunikation hohe Aktualität besitzt.

1. Einführung und Übersicht

**Prozeßleittechnik**

Zentrale Leitstände dienen zur Überwachung und Steuerung von Anlagen der Energieerzeugung, der Verfahrens-, der Fertigungstechnik und des Verkehrs. Die vom Menschen zu bewältigende Flut von Informationen im Leitstand eines Kraftwerkes geht von mehreren tausend Meßstellen aus und eine ähnlich große Anzahl von Eingriffsstellen ist vorhanden. Durch den Einsatz rechnergesteuerter Farbbildschirmsysteme in Leitständen können die Sollwerte, Meßwerte, Störungsmeldungen usw. in überschaubaren Teilmengen und in einer Form dargestellt werden, die den situationsabhängigen Bedürfnissen des Menschen gerecht wird (Kraiss 1985).

**Fertigung**

Nicht weniger einschneidend ist der Einsatz flexibler Fertigungssysteme, wie rechnergeführter, numerisch gesteuerter Werkzeugmaschinen und Roboter in der industriellen Fertigung (Barfield et al. 1987).

**Büro**

Der Bildschirm bestimmt in zunehmendem Maße auch die Tätigkeitsmerkmale in anderen Bereichen, z.B. im Büro. Das Büro der Zukunft wird mit neuen Geräten zur Text-, Sprach- und Bildkommunikation ausgestattet sein und das Papier als Informationsträger teilweise ersetzen (Czaja 1987).

**Kraftfahrzeugverkehr**

Der Kathodenstrahl-Bildschirm als frei programmierbare Anzeige im Armaturenbrett des Kraftfahrzeuges existiert zwar schon als Prototyp. In absehbarer Zukunft werden jedoch andere moderne Anzeigetechnologien im Kraftfahrzeug eingeführt: die Flüssigkristallanzeige und die Sprachausgabe. Dadurch können geschriebene oder gesprochene Textmeldungen zur Informationsübermittlung an den Fahrer verwendet werden, um neue Informationssysteme wie Navigations-, Fahrdaten- und Diagnoserechner benutzerfreundlich zu gestalten. Neue Sensoren und Aktoren in Verbindung mit leistungsfähigen Bordrechnern und externer Kommunikation werden zu einer Umgestaltung der Fahrer-Fahrzeug-Interaktion führen (Geiser 1985).

**Öffentlicher Bahn- und Busverkehr**

Nicht nur der Individualverkehr, auch der öffentliche Verkehr stellt den Reisenden vor die Aufgabe, in einen Dialog mit Informationssystemen einzutreten, wie z.B. Fahrkarten- oder Auskunftsautomaten (Reinig, Geiser 1983).

**Flugverkehr**

Die Gestaltung der Pilotenkanzel von Flugzeugen als eines der ersten Anwendungsgebiete für die Ergonomie der Mensch-Maschine-Kommunikation ist immer noch ein wichtiges Arbeitsgebiet. Hinzu kommt, daß das ständig wachsende Verkehrsaufkommen die wirkungsvolle Unterstützung der Fluglotsen durch rechnergestützte Planungs- und Steuerungssysteme (Völckers 1986) erfordert.

**Privater Bereich**

Im privaten Bereich, sowohl im Haushalt als auch in der Freizeit, halten technische Geräte mit vielfältigem Funktionsangebot Einzug, wie z.B. Telekommunikationseinrichtungen (Flohrer, Mosel 1989). Bei deren Gestaltung ist besonders auf Benutzer mit geringen technischen Fachkenntnissen Rücksicht zu nehmen.

**Medizintechnik**

Der Arzt und das Pflegepersonal setzen für die Diagnose und Therapie technische Geräte ein, deren Dialogsysteme an die Bedingungen des Krankenhauses und der Arztpraxis angepaßt sein müssen (Thull et al. 1989).

**Behinderte**

Die Gruppe der Behinderten darf bei der Gestaltung der Mensch-Maschine-Kommunikation nicht vergessen werden, um auch ihnen den Umgang mit technischen Systemen zu ermöglichen. Zusätzliche Hilfen eröffnen Sonderformen der Mensch-Maschine-Kommunikation, beispielsweise bei Seh- und Hörgeräten (Klause 1981, 1982).

## 1.5 Probleme bei der Gestaltung der Mensch-Maschine-Kommunikation

In den skizzierten und in anderen Anwendungsgebieten treten Probleme auf, die auf der ungenügenden Anpassung der Maschine an die Eigenschaften der Aufnahme, Verarbeitung und Ausgabe von Information durch den Menschen beruhen. Diese Fehlanpassung kann einerseits zu einer vom Menschen nicht zu bewältigenden Informationsflut führen, wenn mehrere konkurrierende Aufgaben auf ihn einströmen. Andererseits kann das Gegenteil, die Unterforderung bei einer hochautomatisierten Anlage, bewirken, daß durch die Monotonie der Arbeitssituation ein Leistungsabfall bei Überwachungstätigkeit und ein Verlust der Übung für die Beherrschung von Störsituationen eintritt. Auch die mangelnde Berücksichtigung der Kenntnisse und des Ausbildungsstandes des Benutzers einer Maschine ist hier zu nennen. Diese Probleme wur-

## 1. Einführung und Übersicht

den früher oft mit der vermeintlichen Begründung durch menschliches Versagen abgetan, während heute z.B. Straßenverkehrsunfälle, Flugzeugabstürze oder Reaktorstörfälle bei genauerer Analyse nicht selten auf mangelhafte Anpassung des technischen Systems an den Menschen zurückgeführt werden können.

Auf die Frage nach den Ursachen für die bisherigen Mängel der Mensch-Maschine-Kommunikation läßt sich eine Reihe von Gründen aufzählen. Geraume Zeit begnügte man sich - wie bereits erwähnt - bei der Gestaltung mit der zeitraubenden Methode *Versuch und Irrtum* (trial and error), mit der Gestaltungsvorschläge ausprobiert, bei Bewährung beibehalten und andernfalls verworfen wurden. Technische Beschränkungen und Wirtschaftlichkeitsgrenzen sind weitere Ursachen, welche die Einführung fortschrittlicher Anzeige- und Eingabesysteme verhindern oder verzögern.

Die überstürzte Einführung von unausgereiften Neuerungen der Mensch-Maschine-Kommunikation kann langdauernde Nachwirkungen hervorrufen. So hat im Kraftfahrzeug die Lästigkeit von unwichtigen und häufigen Sprachmeldungen den sinnvollen Einsatz der Sprachausgabe erheblich erschwert. An dieser Stelle muß auch zur Vorsicht bei dem schnellen Herstellen von Prototypen (Rapid Prototyping) geraten werden, da der Benutzer bei seinem Urteil oft nicht zwischen vorläufigen und endgültigen Merkmalen eines Dialogsystems unterscheiden kann.

Prinzipielle Schwierigkeiten bei der Gestaltung des Zusammenwirkens von Mensch und Maschine, das durch das Streben nach Automatisierung geprägt ist, wurden von Bainbridge 1982 mit "*Ironien der Automatisierung*" bezeichnet. Die erste Ironie besteht darin, daß einerseits der Mensch wegen seiner Fehleranfälligkeit durch Automatisierung eliminiert werden soll, daß aber auf der anderen Seite die Fehler der Entwickler von Automatisierungssystemen Hauptursache für Betriebsstörungen sein können. Daß dem fehleranfälligen Menschen gerade diejenigen Aufgaben übrig gelassen werden, die für die Automatisierung zu schwierig oder unwirtschaftlich sind, ist die zweite Ironie.

Nicht selten sind die Ingenieure, die bei einer Maschine die Verbindung zum Menschen zu gestalten haben, mit der *Expertenblindheit* geschlagen. Diese resultiert daraus, daß sie im Laufe ihrer Tätigkeit mit der Funktionsweise ihres Gerätes so eng vertraut werden, daß sie sich kaum mehr in die Lage des naiven Benutzers versetzen können, um zu erkennen, welche Informationen er benötigt und wie diese darzustellen und einzugeben sind. Daher wird zunehmend versucht, eine Aufgabenteilung zwischen der Gestaltung der technischen Funktionen einerseits und der Mensch-Maschine-Interaktion andererseits zu erreichen.

Das *lückenhafte Wissen* über die Aufnahme, Verarbeitung und Ausgabe von Informationen durch den Menschen ist ein weiterer Grund für noch nicht optimale Formen der Mensch-Maschine-Kommunikation.

## 1.5 Probleme bei der Gestaltung der Mensch-Maschine-Kommunikation

Das menschliche Verhalten, z.B. bei der Auswahl, Bewertung und Verknüpfung von Information, bei der Entscheidungsfindung, beim Problemlösen, bei der Planung und Ausführung von Handlungen, läßt sich gegenwärtig nicht so beschreiben und insbesondere nicht so vorhersagen, daß es bei der Auslegung technischer Systeme genügend berücksichtigt wird. Der Mensch als sehr komplexes "Informationsverarbeitungssystem" ist für eine Beschreibung und Vorhersage seines Verhaltens nur sehr schwer zugänglich. Die Vielzahl der Parameter menschlichen Verhaltens, angefangen von Umgebungseinflüssen durch Lärm, Klima usw. bis hin zu psychischen Prozessen, wie Motivation, Angst usw., erschwert die Erreichung dieses Ziels außerordentlich. Alle diese Einflüsse bewirken, daß häufig nur mit erheblichem experimentellem Aufwand statistisch abgesicherte quantitative Gestaltungsregeln erreicht werden. Daraus folgt, daß die Anwendung statistischer Methoden bei der Planung, Durchführung und Auswertung von Experimenten einen hohen Stellenwert besitzt (Sachs 1974). Die Verhaltensexperimente zur Bewertung von Mensch-Maschine-Systemen sind schwierig, zeitaufwendig und kostenintensiv. Daher wird nicht selten auf die experimentelle Erprobung verzichtet, was für den Benutzer katastrophale Folgen haben kann.

Die in vielen Anwendungsgebieten ungenügende oder *fehlende Vereinheitlichung* der Eingabeelemente, der Anzeigen und des Dialogablaufes führt ebenfalls zu Zeitverlust, Fehlern oder gar Unfällen. Als Beispiel für den Verstoß gegen die ergonomische Grundforderung der Vereinheitlichung seien hier die bei Telefon und Taschenrechner unterschiedlichen Zifferntastaturen genannt. Es ist zu beobachten, daß die Verbindungselemente zwischen Mensch und Maschine häufig zur Profilierung gegenüber auf dem Markt konkurrierenden Produkten mißbraucht werden, indem versucht wird, die Leistungsfähigkeit eines Gerätes, z.B. dessen Funktionsspektrum, an der Oberfläche des Gerätes sichtbar zu machen. Dieser Versuchung können Hersteller oft nicht widerstehen, weil die potentiellen Käufer zuallererst durch Merkmale der Mensch-Maschine-Interaktion angesprochen werden. Das in weiten Kreisen der Verbraucher im Konsumgüterbereich noch fehlende Verständnis für ergonomisch gestaltete Maschinen führt sogar dazu, daß teilweise von Seiten des Vertriebs falsche Gestaltungsvarianten gefordert werden, z.B. solche mit möglichst zahlreichen Eingabe- und Anzeigeelementen. Diese sollen dem Käufer die Funktionsvielfalt und damit den Wert des Gerätes vor Augen führen, auch wenn er später beim Gebrauch dadurch verwirrt wird. Allerdings gibt es auch Beispiele dafür, daß Standardisierung zum Hemmnis für Verbesserungen wird: gegenüber der genormten Schreibmaschinentastatur konnten sich ergonomisch überzeugende Verbesserungen nicht durchsetzen.

Ein Grund für Fehler bei der Auslegung der Mensch-Maschine-Kommunikation ist auch darin zu sehen, daß die Berücksichtigung der menschlichen Belange nach ergonomischen Kriterien häufig erst in einem relativ späten Stadium der Entwicklung eines Gerätes erfolgt. Da bei einem weitgehend fertig entwickelten Gerät die Ergonomie nur noch teilweise korrigierend zum Zuge kommen kann, ist zu fordern - und dem wird zunehmend entsprochen -, daß im Sinne der *System-Ergonomie* bereits am Beginn einer Geräteentwicklung die Mensch-Maschine-Kommunikation einbezogen wird.

Schließlich sind die Methoden und Werkzeuge für die Programmentwicklung noch zu verbessern, um den Entwurf, die Implementierung und die Bewertung von Mensch-Maschine-Dialogsystemen wirkungsvoller zu unterstützen.

## 1.6 Einige Begriffe

*Anthropotechnik:* In Deutschland (noch) gebräuchliche Bezeichnung für Human Engineering. Es zeichnet sich ab, daß der Begriff *Ergonomie (Ergonomics)* sich weltweit durchsetzt.

*Arbeitswissenschaft, Ergonomie:* Wissenschaftliche Disziplin, die sich mit dem gesamten Bereich der menschlichen Arbeit befaßt.

*Benutzeroberfläche, Benutzerschnittstelle:* Leider häufig verwendete Sammelbegriffe für das Erscheinungsbild eines technischen Systems dem Benutzer gegenüber, die das Äußere und das Trennende betonen. Als Verbesserung bürgert sich die Bezeichnung *Benutzungsoberfläche* ein. Im folgenden wird jedoch dem Begriff *Dialogsystem* der Vorzug gegeben.

*Hardware-/Software-Ergonomie:* Nachdem die ergonomische Gestaltung von Mensch-Maschine-Systemen bei den Anzeige- und Eingabeelementen und den übrigen gerätetechnischen Elementen des Arbeitsplatzes begonnen hatte, wird zunehmend auch die programmtechnische Seite einbezogen, nämlich die Gestaltung des Dialoges. Die Unterscheidung zwischen Hard- und Software ist in diesem Zusammenhang jedoch willkürlich.

*Human (Factors) Engineering:* In den USA entstandene Bezeichnung für das Gebiet der Gestaltung der Mensch-Maschine-Systeme (human-machine systems).

*Korrektive Ergonomie:* Nachträgliches, zwangsläufig oft unvollständiges Einbringen von ergonomischen Gesichtspunkten in die Gestaltung eines technischen Systems; soll durch systemergonomische Vorgehensweise vermieden werden.

*Produkt-Ergonomie:* Produktgestaltung mit dem Ziel der Erhöhung der Absatzchancen durch Steigerung der Leistung, Sicherheit, Akzeptanz usw.
*System-Ergonomie:* Analyse und Synthese von Mensch-Maschine-Systemen. Beteiligung der Ergonomie von der Konzept- bis zur Realisierungsphase eines technischen Systems.

## 1.7 Normen und Richtlinien

Normen und Richtlinien sollen als anerkannte Regeln der Technik den Stand des Wissens auf bestimmten Gebieten vermitteln und zur Vereinheitlichung von Begriffen und Eigenschaften von Produkten führen. Sie stellen eine wichtige Basis für technische Spezifikationen und für Verträge dar. Sie gewinnen zunehmend Bedeutung im Bereich des Arbeitsschutzes, da Gesetze, z.B. die Arbeitsstättenverordnung (ArbStättV 1975), die Berücksichtigung gesicherter arbeitswissenschaftlicher Erkenntnisse fordern.

**DIN-Normen**

Im Deutschen Institut für Normung (DIN) arbeiten insbesondere die Fachnormenausschüsse "Ergonomie", "Informationsverarbeitung" und "Maschinenbau" auf dem Gebiet der Mensch-Maschine-Kommunikation. Beispiele für solche Normen sind:

DIN 30 795 Informationen im öffentlichen Personenverkehr (Teil 1, 1989).
DIN 33 401 Stellteile; Begriffe, Eignung, Gestaltungshinweise (1977).
DIN 33 402 Körpermaße des Menschen (1978, 1981).
DIN 33 414 Ergonomische Gestaltung von Warten (Teil 1, 1985).
DIN 66 233 Bildschirmarbeitsplätze; Teil 1, 2: Begriffe (1983, 1984).
DIN 66 234 Bildschirmarbeitsplätze;
Teil 1: Geometrische Gestaltung von Schriftzeichen (1980).
Teil 2: Wahrnehmbarkeit von Zeichen auf Bildschirmen (1983).
Teil 3: Gruppierung und Formatierung von Daten (1981).
Teil 4: Entfällt.
Teil 5: Codierung von Information (1981).
Teil 6: Gestaltung des Arbeitsplatzes (1984).
Teil 7: Ergonomische Gestaltung des Arbeitsraumes; Beleuchtung und Anordnung (1984).
Teil 8: Grundsätze ergonomischer Dialoggestaltung (1988).
Teil 9: Meß- und Bewertungsverfahren (Entwurf 1986).

# 1. Einführung und Übersicht

Die Normungsaktivitäten zu DIN 66 234 werden teilweise von heftiger internationaler Kritik begleitet, indem z.B. bemängelt wird, daß das zugrundegelegte Wissen nicht ausreichend abgesichert sei, und daß zu wenig Anleitung zum Handeln gegeben werde. Als Antwort auf die deutschen Normungsaktivitäten zum Bildschirmarbeitsplatz ist die folgende amerikanische Norm anzusehen:

ANSI/HFS 100-1988 American National Standard for Human Factors Engineering of Visual Display Terminal Workstations (1988).

**VDI- und VDI/VDE-Richtlinien**

Der Verein Deutscher Ingenieure (VDI) und der Verband Deutscher Elektrotechniker (VDE) erarbeiten in ihren Fachgliederungen (z.B. Gesellschaft Meß- und Automatisierungstechnik, GMA) Richtlinien, von denen einige Fragen der Mensch-Maschine-Kommunikation behandeln, z.B.:

VDI 2242 Ergonomiegerechtes Konstruieren, Entwurf Blatt 1, 2 (1983).

VDI/VDE 3546 Konstruktive Gestaltung von Prozeßleitwarten, Blatt 1 (1987), Blatt 2 (1981), Blatt 3 (1988), Entwurf Blatt 4 (1985), Entwurf Blatt 5 (1990).

VDI/VDE 3695 Vorgestaltete Darstellung zur Prozeßführung über Bildschirm in verfahrenstechnischen Anlagen (1986).

# 2. Systematische Gestaltung der Mensch-Maschine-Kommunikation

## Zusammenfassung

*Bei der Gestaltung der Mensch-Maschine-Kommunikation sind verschiedene Einflußgrößen zu berücksichtigen, die sich in die Gruppen Aufgaben des Menschen, Eigenschaften des Menschen, auszutauschende Nachrichten und verfügbare Technik einteilen lassen. Zur Strukturierung des Gestaltungsprozesses dient eine Systematik in Form einer Matrix, deren eine Dimension durch die Gestaltungsbereiche und deren andere Dimension durch die ergonomischen Gestaltungsaufgaben gebildet wird. Die Gestaltungsbereiche sind die Eingabeelemente, die Anzeigeelemente und deren Verknüpfung beim Dialog. Die bei allen drei Gestaltungsbereichen zu lösenden Gestaltungsaufgaben sind die Anpassung an die menschliche Motorik und Sensorik, die Codierung der Information und die Organisation der Information.*

## 2.1 Einflüsse auf die Gestaltung der Mensch-Maschine-Kommunikation

In Abb. 2-1 sind vier Gruppen von Einflußgrößen dargestellt, die bei der Gestaltung der Mensch-Maschine-Kommunikation wirksam sind: die Aufgaben des Menschen, seine Eigenschaften, die auszutauschenden Nachrichten und die verfügbare Technik.

**Aufgaben des Menschen**

Der Benutzer einer Maschine hat selbstgestellte oder vorgegebene Aufgaben zu erfüllen. Bei der Ablesung eines Meßinstrumentes treten beispielsweise folgende Ableseaufgaben auf (vgl. Kapitel 4):
- Kontrollablesung,
- qualitative Ablesung,
- quantitative Ablesung,
- Einstellablesung,
- Vergleichsablesung.

Darüber hinaus bewältigt der Benutzer einer Maschine weit komplexere Aufgaben wie Führen eines Fahrzeuges, Überwachen eines Produktionsprozesses. Da das Ziel besteht, den Menschen bei der Bewältigung der Aufgaben möglichst gut zu unterstützen, ist die Gestaltung der

## 2. Systematische Gestaltung der Mensch-Maschine-Kommunikation

Mensch-Maschine-Kommunikation an den Aufgaben und deren Zusammenwirken zu orientieren. Dies ist eine Grundforderung bei der Auslegung von Mensch-Maschine-Systemen! Daraus folgt, daß der erste Schritt in der Aufgabenanalyse besteht. Ferner bedeutet dies, daß Gestaltungsregeln aufgabenabhängig Gültigkeit besitzen und nicht unbesehen von einem Anwendungsfall auf den anderen übertragen werden können.

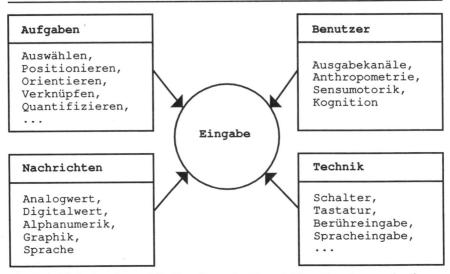

Abb. 2-1: Einflußgrößen auf die Gestaltung der Mensch-Maschine-Kommunikation.

### Eigenschaften des Menschen

Für die Anpassung technischer Systeme an den Menschen sind Kenntnisse über seine Eigenschaften notwendig. Im Zusammenhang mit der Mensch-Maschine-Kommunikation interessieren seine *sensorischen, kognitiven* und *motorischen* Eigenschaften. Abb. 2-2 zeigt die wichtigsten Informationsübertragungswege des Menschen. Auf der Seite der Sensorik (Sinneskanäle) können der visuelle Kanal (Auge) durch optische Anzeigen, der auditive Kanal (Ohr) durch akustische Anzeigen und der taktile Kanal (Tastsinn) durch haptische Anzeigen angesprochen werden. Nach der Verarbeitung der Information im Gehirn (Kognition) stehen auf der Seite der Motorik (Ausgabekanäle) die Hand- bzw. Fußmotorik für mechanische Eingabe und die Sprachmotorik neuerdings für die Spracheingabe zur Verfügung.

### Auszutauschende Nachrichten

Bei der für die Aufgabe des Benutzers einzugebenden und darzustellenden Information ist zu unterscheiden zwischen qualitativen und

## 2.1 Einflüsse auf die Gestaltung der Mensch-Maschine-Kommunikation

quantitativen, statischen und dynamischen Nachrichten. Daneben sind weitere Informationen für die Steuerung des Dialogs einzugeben und darzustellen.

**Verfügbare Technik**

Die verfügbaren technischen Möglichkeiten bestimmen den Gestaltungsspielraum; durch die rasche technische Entwicklung ergeben sich laufend neue Möglichkeiten, z.B. durch hochauflösende Bildschirme, Sprachaus- und Spracheingabe, interaktive Dialogformen.

Das Spektrum der *Gestaltungsmethoden* reicht von der empirischen Vorgehensweise bis zur theoretischen Optimierung von Gestaltungsparametern. Letztere ist bislang nur in Sonderfällen möglich, da eine theoretische Beschreibung der menschlichen Informationsverarbeitung weitgehend fehlt. In vielen Fällen ist daher ein experimenteller Vergleich verschiedener Gestaltungsvarianten unumgänglich, was mit erheblichem Aufwand für die Simulation und für die Versuchsdurchführung verbunden ist. Dieser Aufwand ist deshalb so hoch, weil die Simulation von n Varianten einer Benutzerschnittstelle oft in die Realisierung nur einer einzigen mündet und damit n-1 Varianten verworfen werden. Das sogenannte *Rapid Prototyping* gewinnt hier Bedeutung, da es mit Hilfe spezieller Entwicklungswerkzeuge eine Aufwandsreduzierung bei der Simulation erlaubt. Das Ziel dabei ist, möglichst früh im Entwicklungsprozeß und mit vertretbarem Aufwand Erfahrungen beim Umgang des Benutzers mit den Funktionen und dem Dialogsystem einer Maschine zu gewinnen (Virzi 1989).

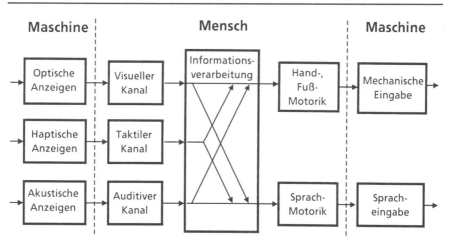

Abb. 2-2: Informationskanäle des Menschen für die Mensch-Maschine-Kommunikation.

## 2. Systematische Gestaltung der Mensch-Maschine-Kommunikation

Die verfügbaren Gestaltungsmethoden sind keine in sich geschlossenen Verfahren, sondern Werkzeuge für die verschiedenen Phasen des Gestaltungsprozesses. Hier sind zu nennen: Sammlungen von Gestaltungsregeln (Smith, Mosier 1986: 944 Regeln!, Brown 1988), Verfahren zur Aufgabenanalyse, Methoden zur Dialogbeschreibung (Jacob 1983), wiederverwendbare Module für die Dialogprogrammierung und Dialogmanagementsysteme (Pfaff 1984), die eine Trennung zwischen Anwendungsprogrammen und Dialogprogrammen ermöglichen. Ferner werden Verfahren zur Bewertung von Dialogen in einem möglichst frühen Entwurfsstadium entwickelt (Kieras, Polson 1985). Zur Anwendung des ergonomischen Wissens werden Expertensysteme vorgeschlagen (Hartley, Rice 1987, Parng, Ellingstad 1987).

Bei der *Bewertung* der Mensch-Maschine-Kommunikation kommen zu den bei technischen Systemen gebräuchlichen Bewertungskriterien (z.B. Genauigkeit, Zuverlässigkeit, Lebensdauer, Wirtschaftlichkeit) zusätzliche Bewertungsmaßstäbe hinzu, welche die Auswirkungen auf den Menschen einbeziehen. Es stehen drei Gruppen von ergonomischen Bewertungskriterien zur Verfügung: die Leistung, die Beanspruchung und das subjektive Urteil.

Die Messung der *Leistung* des Menschen versucht die Frage zu beantworten, wie gut der Benutzer eines technischen Systems die ihm gestellte Aufgabe lösen kann. Zur Quantisierung der Leistung dienen Zeit- und Fehlermaße, die häufig als Funktion der Zeit erhoben werden, um dadurch den Lernverlauf zu erfassen.

Welche Anstrengung der Mensch aufbringen muß, um eine Aufgabe zu erfüllen, wird mit der Messung der *Beanspruchung* zu erfassen versucht. Hier ist zu unterscheiden zwischen physischer und psychischer (mentaler) Beanspruchung. Während die erstgenannte anhand von Kreislaufparametern relativ problemlos gemessen werden kann, existieren für die Messung der mentalen Beanspruchung, die bei heutigen Mensch-Maschine-Systemen dominiert, noch keine ausgereiften Verfahren. Es gibt verschiedene Ansätze für Meßverfahren, die sich in die Gruppen physiologische Indikatoren, Methode der Nebenaufgabe und subjektives Urteil einteilen lassen.

Die dritte Gruppe der Bewertungskriterien, das *subjektive Urteil*, dient der Ermittlung der unmittelbaren Bewertung durch den Benutzer eines technischen Systems. Diese wird häufig auch mit Akzeptanz umschrieben, welche sich in der Bereitschaft des Benutzers äußert, das angebotene Funktionspotential eines Gerätes auch tatsächlich zu nutzen. Das subjektive Urteil wird durch Befragung vor und nach der Benutzung mittels standardisierter Verfahren ermittelt.

## 2.2 Gestaltungssystematik für die Mensch-Maschine-Kommunikation

Die Vielfalt der Aufgaben bei der Gestaltung der Mensch-Maschine-Kommunikation legt eine Gliederung in überschaubare und möglichst getrennt lösbare Teilaufgaben nahe. In Tab. 2-1 ist eine Systematik der *Gestaltungsbereiche* und *ergonomischen Gestaltungsaufgaben* dargestellt, die sich bei Arbeiten auf verschiedenen Anwendungsfeldern herausgebildet und bewährt hat (Geiser 1983b). Diese Systematik hat die Form einer Matrix, deren Dimensionen durch die Gestaltungsbereiche der Maschine und durch die ergonomischen Gestaltungsaufgaben gebildet werden.

| Gestaltungs-bereiche<br><br>-aufgaben | Technisches System | | |
|---|---|---|---|
| | Eingabeelemente | Dialog | Anzeigeelemente |
| Anpassung an Motorik und Sensorik | Eingabe-parameter | Motorische und sensorische Anforderungen | Anzeige-parameter |
| Codierung der Information | Eingabe-modalität und -code | Eingabe- und Anzeigemodalitäten und -codes | Anzeige-modalität und -code |
| Organisation der Information | Struktur der Eingabeelemente | Benutzerführung | Struktur der Anzeigeelemente |

Tab. 2-1: Systematik zur Gestaltung der Mensch-Maschine-Kommunikation: Technische Gestaltungsbereiche und ergonomische Gestaltungsaufgaben.

**Gestaltungsbereiche der Maschine**

Zu den Gestaltungsbereichen der Maschine gehören erstens die *Eingabeelemente*, über die der Benutzer Informationen eingibt. Neben den mechanischen Eingabesystemen wie Schalter, Taste, Lichtgriffel, Steuerknüppel und Berühreingabe ist die Spracheingabe zu nennen, welche die Eingabe durch das gesprochene Wort erlaubt.

Die *Anzeigeelemente* bilden den zweiten Gestaltungsbereich; sie dienen zur Darstellung von Information für den Menschen in optischer, akustischer und auch in haptischer Form. Sowohl die optischen als auch

## 2. Systematische Gestaltung der Mensch-Maschine-Kommunikation

die akustischen Anzeigetechnologien befinden sich in rascher Entwicklung. Bei den optischen Anzeigen werden elektromechanische Systeme, die aus Zeiger und Skala bestehen, durch aktive und passive elektronische Anzeigeverfahren verdrängt, wie z.B. Leuchtdioden-, Flüssigkristall-, Vakuumfluoreszenz-, Gasentladungs- und Elektrolumineszenz-Anzeigen. Sie bilden eine starke Konkurrenz bei alphanumerischen Anzeigen im Bereich der Darstellungskapazität bis ca. 100 Zeichen. Bei Bildschirmen dagegen mit einer Darstellungskapazität von mehr als 2000 Zeichen oder gar bei hochauflösendenden Graphiksystemen mit z.B. 1024 × 1024 Bildpunkten, Grauwert- und Farbdarstellung, ist das ausgereifte Kathodenstrahlsichtgerät noch weitgehend unerreicht; es werden aber erhebliche Anstrengungen zur Entwicklung flacher Bildschirme unternommen.

Der dritte Gestaltungsbereich, der *Dialog* als Verknüpfung der Eingabe- und Anzeigesysteme, umfaßt die Wechselwirkungen zwischen den beiden Schnittstellen und die Informationsverarbeitung des technischen Systems. Durch die Verbreitung von Mikroprozessoren kann letztere zunehmend in den Dienst des Benutzers gestellt werden, um zu einem benutzerfreundlichen Mensch-Maschine-Dialog zu gelangen.

**Ergonomische Gestaltungsaufgaben**

Die drei Gestaltungsaufgaben, die übereinstimmend bei allen drei Gestaltungsbereichen des technischen Systems zu lösen sind, dienen dem Ziel, das technische System auf die Eigenschaften der Ausgabe, Verarbeitung und Aufnahme von Information des Menschen abzustimmen. Dies bedeutet, daß neben technischen Gesichtspunkten die aus der menschlichen Motorik, Sensorik und Kognition resultierenden Anforderungen in die Gestaltung von Mensch-Maschine-Systemen einfließen müssen.

Als erste Gestaltungsaufgabe ist die *Anpassung an die Motorik und Sensorik* zu lösen. Bei den Eingabesystemen sind mechanische Elemente (wie Tasten, Schalter und Drehknöpfe) unter Beachtung der Eigenschaften der Hand- und Fußmotorik zu wählen; dabei kommen die Erkenntnisse der Anthropometrie zum Tragen. Daraus folgen Regeln für die Abmessungen, Betätigungsrichtungen und -kräfte von mechanischen Eingabeelementen. Die Darstellungsparameter der Anzeigen sind an die Eigenschaften der Sinnesorgane anzupassen. Bei optischer Darstellung sind dies z.B. Leuchtdichte, Kontrast, Sehwinkel, Beobachtungsabstand und -winkel. Bei akustischen und haptischen Anzeigen ergeben sich entsprechende Aufgaben. Auch der dritte Gestaltungsbereich des technischen Systems, der Dialog, unterliegt dieser Aufgabe, indem motorische und sensorische Anforderungen auf Verträglichkeit zu prüfen sind. Beispielsweise können der Beobachtungs- und der Eingabeabstand nicht unabhängig gewählt werden.

## 2.2 Gestaltungssystematik für die Mensch-Maschine-Kommunikation

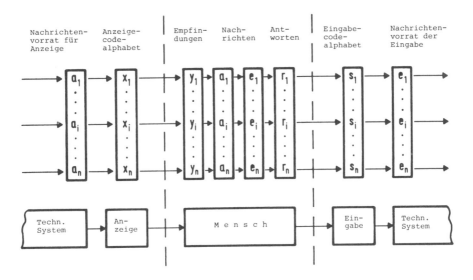

Abb. 2-3: **Codierung und Decodierung der einzugebenden und anzuzeigenden Nachrichten bei der Mensch-Maschine-Kommunikation.**

Bei der zweiten Gestaltungsaufgabe, der *Codierung der Information*, sind die mit dem technischen System auszutauschenden Nachrichten auf motorische Aktivitäten und Sinnesreize abzubilden. Dabei sind Eingabe- und Ausgabecodes aufeinander abzustimmen. Abb. 2-3 zeigt die bei der Codierung und Decodierung von diskreten Nachrichten beteiligten Schritte in vereinfachter Form. Bei der Codierung der anzuzeigenden Information wird der Nachrichtenvorrat $a_i$ (i=1...n) einem Satz von Sinnesreizen $x_i$ (i=1...n), dem Codealphabet, zugeordnet. Bei der Aufnahme und Verarbeitung eines Elementes des Codealphabetes hat der menschliche Beobachter bis zu fünf Klassifikations- und Zuordnungsaufgaben zu lösen. Die erste besteht darin, das Codezeichen $x_i$ aufgrund seiner physikalischen Merkmale als Empfindung zu klassifizieren, z.B. ein Licht der Wellenlänge 650 nm als Farbe Rot einzustufen. Der nächste Schritt stellt den eigentlichen Decodierungsvorgang dar, bei welchem der Empfindung $y_i$ die zugrundeliegende Nachricht (Bedeutung) $a_i$ zugeordnet wird. Im Falle des roten Farbzeichens kann die zugehörige Nachricht aus dem technischen System eine Fehlermeldung sein. In der dritten Stufe wird der empfangenen Nachricht $a_i$ die einzugebende Nachricht $e_i$ (i=1...n) zugeordnet, die in dem gewählten Beispiel in einer Maßnahme zur Fehlerbeseitigung bestehen kann, z.B. das Abschalten eines fehlerhaften Aggregates. In der vierten Stufe schließlich folgt eine Reaktion $r_i$ (i=1...n) des Menschen, die der einzugebenden Nachricht angemessen ist, d.h. in dem obigen Beispiel ist die

Reaktion die Betätigung eines bestimmten Schalters. Die Reaktion $r_i$ ist im letzten Schritt in ein einzugebendes Codezeichen $s_i$ (i=1...n) umzusetzen, das bei der Betätigung eines Schalters eine Linksdrehung sein kann.

Für diese fünf Klassifikations- und Zuordnungsvorgänge benötigt der Beobachter Zeit, und es bestehen Möglichkeiten der Fehlklassifikation. Eine an die Eigenschaften und Aufgaben des Menschen angepaßte Codierung hilft, Zeitbedarf, Fehlerrate und auch die mentale Beanspruchung möglichst klein zu halten. Diese vereinfachte Darstellung der Codierung und Decodierung der Nachrichten beim Informationsaustausch zwischen Mensch und Maschine reduziert die Aufgaben des Menschen auf Klassifikations- und Zuordnungsaufgaben. Wenn diese in der Praxis die einzigen Aufgaben des Menschen wären, könnten sie häufig automatisch erledigt werden. Meist hat der Mensch jedoch diese Aufgaben im Zusammenhang mit anderen zu erfüllen, die z.B. in der Einbeziehung von Wissen und von unvorhergesehenen Einflüssen bestehen.

Die dritte Gestaltungsaufgabe ist die *Organisation der Information*. Hier geht es um die Gestaltung der Eingabe bzw. der Anzeige mehrerer zusammengehöriger Nachrichten eines technischen Prozesses unter Berücksichtigung der zwischen ihnen bestehenden Relationen. Die Organisation der Information ist in allen drei Gestaltungsbereichen des technischen Systems durchzuführen, d.h. bei der Eingabe- und Ausgabeinformation sowie bei deren Verknüpfung im Dialog. Dabei sind die Informationen nach zeitlichen, örtlichen und inhaltlichen Gesichtspunkten zu strukturieren. Ein einfaches Beispiel für die örtliche Organisation der Eingabeinformation ist die Zuordnung der zehn Ziffern zu einer Zehnertastatur, bei der sich zwei Varianten durchgesetzt haben, nämlich die Telefon- und die Rechnertastatur. Obwohl die beiden Tastaturformen bei isolierter Betrachtung als gleichwertig einzustufen sind, ist diese Entwicklung aus ergonomischer Sicht ungünstig, da der Benutzer häufig zwischen beiden hin- und herwechselt. Die Aufgabe der zeitlichen Organisation der Information wird am Beispiel der Prozeßinformation deutlich, bei der dem menschlichen Beobachter die zeitliche Entwicklung der Prozeßkenngrößen wie Temperatur, Druck usw. von der Vergangenheit bis zum aktuellen Zustand und nach Möglichkeit zukünftige Tendenzen darzustellen sind. Die inhaltliche Organisation der Information besteht in der Auswahl der einzugebenden bzw. darzustellenden Information, in der Festlegung ihrer Reihenfolge und in der Hervorhebung wichtiger Elemente. Die Organisation der Information umfaßt auch die Generierung der anzuzeigenden Information als Funktion der eingegebenen, also die Gestaltung der Benutzerführung. Die Organisation der Information stellt die eigentliche Herausforderung bei der Gestaltung moderner rechnergestützter Mensch-Maschine-Dialoge

## 2.2 Gestaltungssystematik für die Mensch-Maschine-Kommunikation

dar, da hier erstmalig eine Anpassung des Informationsangebotes an die momentane Situation möglich ist, im Gegensatz zu der vorherigen starren Gestaltung, die als Kompromiß zwischen den verschiedenen Anforderungen unterschiedlicher Situationen zustande kam.

Das Wissen in Form von praktisch anwendbaren Gestaltungsregeln für die Lösung der drei Gestaltungsaufgaben ist ungleich ausgebildet. Während für die Anpassung an die Motorik bzw. Sensorik und die Codierung der Information umfangreiche Kenntnisse vorliegen, sind bei der Organisation der Information noch zahlreiche Fragen zu klären.

Bei den in den folgenden Kapiteln behandelten Gestaltungsbereichen Eingabe-, Anzeigesysteme und Dialog wird die vorgestellte Gestaltungssystematik zugrundegelegt mit der Absicht, dieses weite Feld der Mensch-Maschine-Kommunikation überschaubar zu machen und in handhabbare Teilaufgaben zu zerlegen. Dabei wird auch deutlich, daß in vielen Fällen die erhoffte Trennung der Gestaltungsaufgaben nur näherungsweise gelingt und daß es häufig notwendig ist, Wechselwirkungen zwischen Gestaltungsaufgaben zu betrachten, um zu befriedigenden Lösungen zu kommen. Ein Beispiel hierfür ist der Einsatz von Farbe bei optischen Anzeigen, bei dem alle drei Gestaltungsaufgaben zu betrachten sind.

# 3. Informationseingabe durch den Menschen

## Zusammenfassung

*Mit Hilfe der Eingabesysteme steuert der Mensch den Betrieb einer Maschine oder er benutzt die Maschine zu ihrem eigentlichen Zweck, wie z.B. beim Telefonieren oder bei der Texterfassung. Bei der Anpassung an die Motorik sind die Auge-Hand-Koordination und der Greifraum zu beachten. Gemäß der Codierung der einzugebenden Information gliedern sich die Eingabeverfahren in Schalter, Tastatur, Koordinaten-, Schreib-, Sprach-, Gestik- und Mimik- sowie Spezialcode-Eingabesysteme. Gegenstand der Organisation der Information sind die Tastaturen für Ziffern, alphanumerische Zeichen und Funktionen.*

## 3.1 Einleitung

Die Eingabe von Information in eine Maschine durch den Menschen erfolgt über Eingabesysteme. Die Eingabe von Informationen in eine Maschine wird häufig noch mit Bedienen bezeichnet; Kritiker sehen darin den Ausdruck einer veralteten Vorstellung vom Verhältnis von Mensch und Maschine.

Die Auswahl und Gestaltung der Eingabesysteme wird von vier Gruppen von Einflußgrößen bestimmt (Abb. 3-1):
- Aufgaben des Menschen,
- Eigenschaften des Menschen,
- Eigenschaften der einzugebenden Nachrichten und
- verfügbare Eingabetechnologien.

Die wichtigsten Aufgaben des Menschen sind: Auswählen, z.B. Wahl einer Funktion eines Gerätes aus einem angebotenen Funktionsspektrum; Positionieren, z.B. Bewegen einer Marke (Cursor) auf einem Bildschirm zu einer gewünschten Position; Orientieren, z.B. Ausrichten eines graphischen Objektes auf einem Bildschirm; Verknüpfen, z.B. Zusammenfassen von Objekten oder Funktionen; Quantifizieren, z.B. Einstellen eines Wertes einer Variablen; Daten übertragen, z.B. Text, Graphik oder Sprache übertragen; Regeln, z.B. einen Kurs konstant halten oder nachführen. Charwat 1987 führte eine detaillierte Analyse der Eingabeaufgaben durch.

# 3. Informationseingabe durch den Menschen

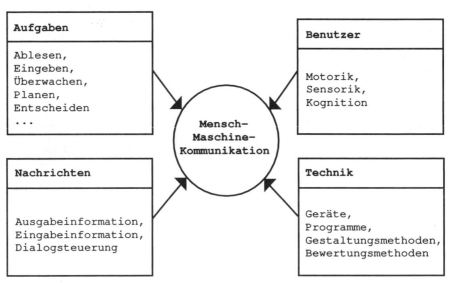

Abb. 3-1: **Einflußgrößen bei der Auswahl und Gestaltung von Eingabesystemen.**

Die Einflüsse von seiten des Benutzers, die hier eine Rolle spielen, lassen sich wie folgt gliedern: Die Ausgabekanäle des Menschen sind durch seine Effektoren gegeben. In Abb. 3-2 sind die Fähigkeiten des Menschen zur Informationsausgabe und die technischen Möglichkeiten zur Informationseingabe gegenübergestellt. Der Mensch besitzt im wesentlichen die vier Fähigkeiten zur Informationsweitergabe: Körperbewegungen (Gestik, Mimik), Sprechen, Schreiben von Hand und Maschinenschreiben. Die Verbreitung dieser Fähigkeiten nimmt in der angegebenen Reihenfolge ab und die dafür jeweils notwendige Anstrengung und Ausbildung nehmen zu. Praktisch jeder Mensch kann durch Körperbewegungen Informationen mitteilen, fast ebensoviele Menschen können sprechen, deutlich weniger können sich handschriftlich äußern und schließlich nur eine Minderheit hat Maschinenschreiben gelernt.

Bei der Nutzung dieser menschlichen Fähigkeiten zur Informationseingabe in eine Maschine zeigt sich eine umgekehrte Reihenfolge im Hinblick auf die Realisierbarkeit und den Aufwand. Die Eingabe per Tastatur ist einfach realisierbar und daher weit verbreitet, während die handschriftliche und besonders die Spracheingabe nur mit großen Einschränkungen möglich sind. Gegenwärtig ist erst in Ansätzen zu erkennen, daß Körperbewegungen zur Informationseingabe in eine Maschine benutzt werden können. Ein Beispiel ist die Verwendung des Lichtgriffels oder der Maus für Zeige- und Bewegungsaktionen.

Die Anthropometrie gibt mit Maßen und Kräften des Körpers des Menschen Vorgaben für die Auslegung mechanischer Eingabesysteme.

## 3.1 Einleitung

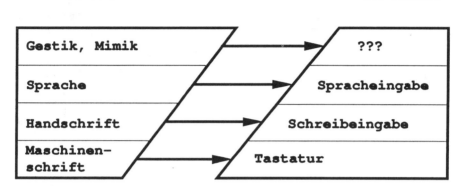

Abb. 3-2: Menschliche Fähigkeiten zur Informationsweitergabe im Vergleich zu technischen Möglichkeiten zur Informationseingabe in eine Maschine.

Die Sensumotorik betrifft das Zusammenwirken von Sinneskanälen und Effektoren; sie spielt z.B. bei der Auge-Hand-Koordination eine wichtige Rolle. Grundsätzlich gilt, daß jede Eingabe des Menschen durch eine Anzeige rückgemeldet werden muß, damit eine sensorische Kontrolle der eingegebenen Information erfolgen kann. Die kognitive Informationsverarbeitung umfaßt die Auswahl und Planung von Aktionen, die der Informationseingabe vorausgehen.

Die Eigenschaften der einzugebenden Nachrichten kommen in deren Codierung zum Ausdruck: Analogwert, Digitalwert, alphanumerische Zeichen, Graphik, Sprache.

Die verfügbaren Eingabetechnologien lassen sich nach den verwendeten Sensoren in vier Gruppen einteilen: mechanische (z.B. Schalter), elektrische (z.B. Berühreingabe), optische (z.B. Lichtgriffel) und akustische (z.B. Spracheingabe).

Tab. 3-1 zeigt eine Übersicht über die wichtigsten Eingabeverfahren, die im Abschnitt 3.3 mit Ausnahme der Schalter und anderer konventioneller Eingabeeelemente beschrieben werden. Letztgenannte Gruppe von Eingabeverfahren wie Hebel, Handrad, Schieber, Wählscheibe und Einzeltaste werden z.B. in Bullinger et al. 1987 behandelt. Die Eingabeverfahren lassen sich nach der Codierung der einzugebenden Information ordnen. Abgesehen von der Spezialcodeeingabe ergibt sich dabei eine Reihenfolge gemäß dem Aufwand, der für die Sensoren und die Signal- und Informationsverarbeitung getrieben werden muß.

# 3. Informationseingabe durch den Menschen

| Eingabeverfahren | Codierung | Aktion | Eingabegeräte (Beispiele) |
|---|---|---|---|
| Schalter usw. | Winkel, Strecke | Schalten, Drehen, Schieben | Kipp-, Drehschalter, Dreh-, Schieberegler |
| Tastatur | Zeichen, Zeit | Drücken, Berühren | Mechanische Tasten, Sensortasten, Virtuelle Tasten |
| Koordinateneingabe | Ort, Zeichen, Graphik | Zeigen, Zeichnen | Lichtgriffel, Berühreingabe, Maus, Rollkugel, Steuerknüppel |
| Schreibeingabe | Schriftzeichen | Schreiben | Schreibtablett mit Zeichenerkennungssystem |
| Spracheingabe | Sprache | Sprechen | Mikrophon mit Spracherkennungssystem |
| Gestik-, Mimikeingabe | Lage, Bewegung des Körpers | Körperbewegung | Messung von Hand-, Augen- oder Kopfbewegungen |
| Spezialcodeeingabe | Strich-, Magnetcode | Codeleser benutzen | Balken-, Loch- oder Magnetcodeleser |

Tab. 3-1: Eingabeverfahren für die Mensch-Maschine-Kommunikation.

## 3.2 Anpassung an die Motorik

Bei dieser Gestaltungsaufgabe sind die Parameter der Eingabesysteme an die Motorik des Menschen anzupassen. Für manuelle Eingabesysteme z.B. liefert die Anthropometrie Angaben über Abmessungen, Bewegungsraum und Kräfte der Arm-, Hand- und Fingermotorik. Für die Spracheingabe sind z.B. die Lautstärke und die Sprechdauer entsprechende Vorgaben.

### 3.2.1 Manuelle Zielbewegungen

Verschiedene Eingabeverfahren erfordern vom Benutzer manuelle Zielbewegungen, z.B. das Drücken einer Taste, die Aktivierung der Berühreingabe oder das Postionieren des Mauszeigers. Zur Beschreibung eindimensionaler Zielbewegungen der Hand schlug Fitts 1954 einen Schwierigkeitsindex vor:

$$I_d = ld\ A/(B/2)\ [bit] \tag{3.1}$$

mit A der Bewegungsamplitude und B der Größe des Zielgebietes. Mittels Experimenten wurde der Zusammenhang mit der Bewegungszeit

$$t = a + b\ I_d \tag{3.2}$$

hergestellt, wobei a = 0,18 s und b = 0,2 s/bit typische Werte für die beiden Konstanten dieser Gleichung sind. Daraus folgt, daß große Bewegungsamplituden und kleine Zielgebiete bei der Gestaltung von manuellen Eingabesystemen zu vermeiden sind.

Zur Verbesserung der Genauigkeit der Eingabe über einen Berührbildschirm untersuchten Potter et al. 1988 drei Auswertestrategien, die mit Aufsetzen, Erstkontakt und Abheben bezeichnet wurden. Bei der Strategie Aufsetzen wird die erste Berührung des Berührschirmes überhaupt, bei der Strategie Erstkontakt die erste Berührung eines wählbaren Feldes und bei der Strategie Abheben die letzte Berührung des Bildschirmes vor dem Abheben des Fingers ausgewertet. Bei der letztgenannten Strategie kann die Lichtmarke (Cursor) auf dem Bildschirm vom Finger an die gewünschte Stelle gezogen werden; zusätzlich wird das zuletzt berührte wählbare Feld optisch gekennzeichnet. In Experimenten erwies sich die Strategie Abheben als weitaus genaueste, allerdings erfordert sie den größten Zeitbedarf.

### 3.2.2 Greifraum

Der Greifraum ist der Bereich, in dem Greifaktionen bei fester Position des Rumpfes im Sitzen oder Stehen durch Arm- und/oder Handbewegungen durchgeführt werden können. Die genaue Ausdehnung des Greifraumes hängt von der Art des Greifens ab: z.B. Ergreifen, Drücken oder Berühren. Schnitte durch den Greifraum sind Greiffelder. Abb. 3-3 zeigt als Beispiel das horizontale Greiffeld des Mannes (5. Perzentil) in 720 - 790 mm Höhe aus mittlerer (aufrechter) Sitzhaltung nach DIN 33 414. Der Greifraum ergibt sich aus der Überlagerung zweier Kugeln mit dem Radius gleich der Länge des gestreckten Armes $r_A$ um die Mittelpunkte in den Schulterdrehpunkten SDP. Zusätzlich sind die Ellenbogendrehpunkte EDP zu berücksichtigen, um die die Kugeln mit dem Radius $r_{UA}$ für den Fall des Abwinkelns des Unterarmes anzuordnen sind. Dieser Greifraum kann vorübergehend durch Bewegen des Rumpfes nach vorne und nach der Seite erweitert werden.

## 3.3 Codierung der Information

Bei der Codierung der einzugebenden Information ist die an eine Maschine zu übermittelnde Nachricht umzusetzen in Codezeichen mit zugehörigen motorischen Aktionen. Tab. 3-1 zeigt eine Übersicht über die Eingabeverfahren, die sich aus den verschiedenen Codierungsmöglichkeiten ergeben.

### 3.3.1 Tastatur

Bei der Eingabe von Information in Verbindung mit einem Rechner ist die Tastatur, d.h. eine Gruppe von mehreren Tasten, das am weitesten verbreitete Eingabeverfahren. Greenstein, Muto 1988 geben einen

## 3. Informationseingabe durch den Menschen

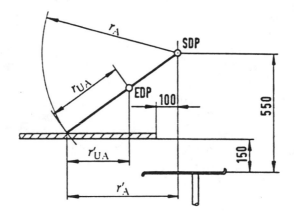

Für den 5.-Perzentil-Mann ist: $r_A \approx 640$ mm
$r_{UA} \approx 360$ mm

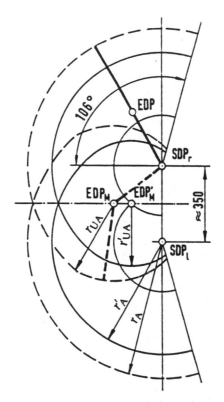

Abb. 3-3: Greiffeld nach DIN 33 414 Teil 1 (Maße in mm).

## 3.3 Codierung der Information

Überblick über Tastaturformen, Tastenbelegungen sowie über die Bauformen von Einzeltasten. Die einzugebende Information ist durch Zeichen und Zeichenfolgen oder durch die Zeitdauer bzw. durch den Zeitpunkt der Tastenbetätigung codiert.

Als Alternative zur mechanischen Tastatur, die aus einzelnen Tasten mit deutlichem Betätigungsweg besteht, wird vielfach die Folientastatur eingesetzt. Sie ist ebenfalls aus mechanischen Kontakten aufgebaut, die sich auf zwei Schichten mit einem dazwischen liegenden Abstandshalter befinden. Die Tastenbetätigung erfolgt durch Drücken der flexiblen Abdeckfolie in den Bereichen, in denen der Abstandshalter unterbrochen ist. Die Folientastaturen bieten eine Reihe von Vorteilen wie kostengünstige Herstellung, flexible Gestaltung wegen geringer Bautiefe, Unempfindlichkeit gegen Verschmutzung und rauhe Umgebungsbedingungen. Andererseits fehlt ihnen die Rückmeldung, da sie geräuschlos sind und einen vernachlässigbaren Betätigungsweg aufweisen. Auch für das Auffinden einer Taste bei Blindbetätigung ist keine haptische Rückmeldung vorhanden, da die Tasten auf der Abdeckfolie nur mit drucktechnischen Mitteln und durch eine geringe Erhöhung markiert und daher nur visuell zu erkennen sind. Der akustischen Rückmeldung kommt daher bei den Folientastaturen besondere Bedeutung zu.

Die virtuelle Tastatur besteht aus einem Anzeigefeld und einem Zeigeinstrument (z.B. Lichtgriffel, Berühreingabe, Rollkugel, Maus). Die Tastatur wird als zweidimensionales Feld auf der Anzeige dargestellt, die Auswahl einer Funktion erfolgt durch Zeigen auf das der Funktion zugeordnete Feld. Hierdurch ist eine hohe Flexibilität gegeben für die Gestaltung der Funktionsbezeichnungen und für die Gliederung des gesamten Funktionsspektrums in Teilmengen, die gleichzeitig oder nacheinander dargeboten werden. Wegen der fehlenden taktilen Rückmeldung eignet sich eine solche Tastatur nicht für Blindbetätigung.

### 3.3.2 Koordinateneingabe

Bei der Koordinateneingabe (Greenstein, Arnaut 1987) besteht die Codierung der einzugebenden Information wesentlich aus Ortskoordinaten. Zusätzlich werden alphanumerische und Bildzeichen verwendet; ferner wird beim Zeichnen die Bewegung ausgewertet. Eine Reihe von Eingabeverfahren (Abb. 3-4, nach Ohlsen 1978) ermöglicht die Eingabe von Positionen in einem Koordinatensystem entweder durch direktes Zeigen oder durch Steuerung einer Lichtmarke (Cursor) auf einem Bildschirm.

**Berühreingabe**

Die Berühreingabe stellt ein Eingabeverfahren dar, bei dem ein Eingabesignal als Folge der Berührung einer optischen Anzeige mit

# 3. Informationseingabe durch den Menschen

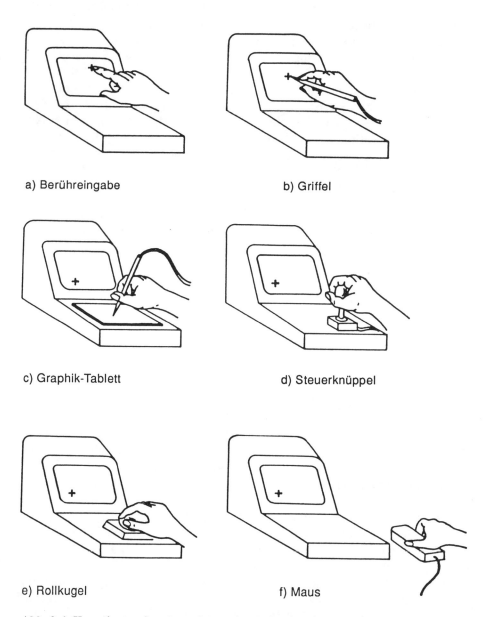

Abb. 3-4: Koordinateneingabeverfahren (nach Ohlson 1978).

dem Finger erzeugt wird; teilweise genügt schon die Annäherung des Fingers an die Anzeigeoberfläche. Fünf verschiedene Verfahren werden angewandt. Die erste Berühreingabe waren die Berührdrähte, die als Schalter auf einer transparenten Maske vor einem Bildschirm angebracht waren. Bei Berührung bewirkt die Erdverbindung über den Körper des Benutzers die Verstimmung einer Brückenschaltung. Bei neueren Versionen werden horizontale und vertikale Drähte verwendet, die in transparenten Schichten angeordnet sind. Die Drähte können jedoch die Sicht auf den Bildschirm versperren. Die Verwendung von Lichtschranken besteht darin, daß lineare Anordnungen von Infrarotsendedioden und -rezeptoren an den Rändern des Bildschirmes angebracht werden und so eine Matrix zur Bestimmung der Position des Fingers oder eines Zeigestiftes bilden, wobei keine Behinderung der Sicht auf die Anzeige erfolgt. Die begrenzte Auflösung durch die Zahl der Dioden-Rezeptoren-Paare und durch Übersprechen stellt einen Nachteil dar. Außerdem besteht das Problem der Parallaxe, besonders bei Kathodenstrahlsichtgeräten, da hier die Lichtschranken mit geradliniger Anordnung nicht dem Verlauf der gekrümmten Bildschirmoberfläche angepaßt sind. Ferner ist die Möglichkeit der unabsichtlichen Betätigung zu beachten. Bei Berühreingabe mit akustischen Sendern und Empfängern werden Ultraschallwellen durch z.B. piezoelektrische Geber und Sensoren ausgesandt und empfangen, die entlang der x- und y-Achse angebracht sind. Durch den berührenden Finger erfolgt eine Unterbrechung und Reflexion. Die Position des Fingers ergibt sich aus der Laufzeit des reflektierten Signales. Auch hier wird die Sicht nicht behindert und es wird eine höhere Auflösung als bei Lichtschranken erzielt. Bei druckempfindlicher Berühreingabe werden vier Paare von Kraftsensoren zwischen eine Glasplatte und den Bildschirm an den vier Kanten angeordnet, die zur Messung der Kraft senkrecht auf die Glasplatte und parallel zu ihr dienen. Daraus kann die Position des Fingers sowie seine Bewegungsrichtung und Beschleunigung bestimmt werden. Berühreingabeverfahren basieren ferner auf der Verwendung transparenter, elektrisch leitfähiger Schichten. Hier werden z.B. zwei mit leitfähigem Material bedampfte transparente Schichten vor dem Bildschirm angeordnet, die durch eine perforierte Isolationsschicht getrennt sind. Dabei ist jedoch eine Helligkeitsminderung des Bildschirmes in Kauf zu nehmen.

**Lichtgriffel**

Eng verwandt mit der Berühreingabe ist der Lichtgriffel, der z.B. mit einem Fotoempfänger arbeitet, der das vom Elektronenstrahl des Bildschirmes erzeugte Licht detektiert. Aus dem Ansprechzeitpunkt des Lichtgriffels können die Koordinaten der Griffelspitze bestimmt werden, wenn der Ort des Elektronenstrahles als Funktion der Zeit vorliegt, wie dies beim Kathodenstrahlsichtgerät der Fall ist. Dadurch wird eine höhere Positioniergenauigkeit als bei Berühreingabe mit dem Finger erzielt. Lichtgriffel sind mit einem Aktivierungsknopf versehen, der vom Benutzer gedrückt werden muß, um einen Verschluß zu öffnen oder einen Schalter zu schließen. Dieser Aktivierungsknopf ist meist in die Griffelspitze integriert.

**Graphik-Tablett**
Graphik-Tabletts sind Eingabesysteme, die aus einer berührungssensitiven Fläche bestehen, die auf dem Tisch vor der zugehörigen Anzeige positioniert ist. Die Eingabefläche entspricht der Anzeige. Auch hier gibt es Geräte, die mit dem Finger betätigt werden, in der Regel wird aber ein spezieller Stift verwendet.

**Steuerknüppel**
Der Steuerknüppel (joystick) ist ein Eingabeelement in Form eines Hebels, der in der Ausgangslage senkrecht steht und der nach verschiedenen Richtungen mit den Fingern oder der ganzen Hand ausgelenkt werden kann. Zur Auslösung von Anwahlvorgängen können Steuerknüppel mit Schaltern versehen werden.

**Rollkugel**
Die Rollkugel ist ein Eingabeelement in Form einer Kugel, die in einem Sockel ruht und mit den Fingerspitzen oder der Handfläche betätigt wird.

**Maus**
Die Maus ist ein Eingabeelement, das in der Hand gehalten und auf dem Tisch entlang bewegt wird, um die Postion einer Marke auf einem Bildschirm zu verändern. Daneben hat die Maus bis zu drei Tasten zur Ausübung von Anwahlvorgängen oder zum Zeichnen von Linien.

**3.3.3 Schreibeingabe**
Angesichts der weitverbreiteten Fähigkeit des Schreibens kommt die handschriftliche Eingabe von Daten als weiteres manuelles Eingabeverfahren in Betracht. Bei der Schreibeingabe ist die einzugebende Information durch Schriftzeichen codiert, wobei bis heute nur Blockschrift zugelassen ist. Neben Buchstaben wären auch einfache Bildzeichen möglich. Zur Erfassung der handgeschriebenen Zeichen wird bisher ein Graphik-Tablett benötigt. Als wesentliche Schwierigkeit bei der Mustererkennung ist die sehr große Vielfalt der Schreibweisen einzelner und verschiedener Menschen zu nennen. Hinzu kommt das Problem der Segmentierung bei zusammenhängend geschriebenen Buchstabenfolgen. Die Erkennung handgeschriebener Zeichen ist heute im Falle der segmentierten Schreibweise mit einer Erkennungssicherheit möglich, die für manche Anwendungsfälle ausreichend ist. Daher wurde zur Buchstabeneingabe bei der Mensch-Maschine-Kommunikation auch die Handschrifteingabe empfohlen (Doster, Oed 1986). Die Notwendig-

keit eines Schreibtabletts schließt jedoch den Einsatz dieses Eingabeverfahrens in solchen Fällen aus, in denen kein Platz für eine separate Schreibfläche vorhanden ist. Nachteilig ist außerdem, daß hinsichtlich der zulässigen Schreibweise der Buchstaben dem Benutzer einschneidende Auflagen gemacht werden.

Im folgenden wird ein Verfahren zur Eingabe handgeschriebener Buchstaben mittels einer Zifferntastatur beschrieben (Geiser 1989), das die erwähnten Nachteile nicht besitzt. Der Grundgedanke des Verfahrens besteht darin, die Zifferntastatur als Schreibfeld in der Weise zu benutzen, daß der Schreiber auf dem Feld der zehn Tasten einen einzugebenden Buchstaben mit dem Finger in Blockschrift schreibt. Zu diesem Zweck sind die Tasten mit berührungs- oder annäherungsempfindlichen Sensoren auszustatten. Eine andere Möglichkeit besteht darin, die Zifferntastatur selbst mit Hilfe einer transparenten berührungsempfindlichen Schicht vor einem Bildschirm zu realisieren. Ein Buchstabe wird vom Benutzer durch Schreibbewegungen z.B. mit dem Zeigefinger eingegeben. Durch die Zifferntastatur weist das Schreibfeld ein Raster auf, das den Schreiber veranlaßt, die Schreibbewegungen formatfüllend und vorzugsweise in Richtung der Zeilen oder Spalten auszuführen. Daneben sind aber auch schräge Schreibbewegungen zugelassen. Der örtliche und zeitliche Verlauf der Bewegung des Fingers wird mittels der Sensoren erfaßt, mit denen die einzelnen Tasten ausgestattet sind. Der so ermittelte Schreibvorgang wird von einem Rechner ausgewertet, indem mit geeigneten Methoden der Mustererkennung eine Klassifikation durchgeführt wird.

Die Struktur der ausschließlich betrachteten Großbuchstaben erfordert für die Darstellung mindestens ein Raster von $5 \times 5$ Feldern. Dieses Minimum ist auch für die handschriftliche Erzeugung der Buchstaben auf einem Schreibfeld mit einem vorgegebenen Raster gültig. Bezieht man die Zwischenräume der Zifferntastatur ein, so ist ein Teilbereich von $3 \times 3$ Tasten ausreichend zur Darstellung und zum Schreiben zumindest der Großbuchstaben (Abb. 3-5). Wie bei jeder Eingabe des Benutzers ist auch beim Schreibvorgang eine unmittelbare Rückmeldung des Geschriebenen während des Schreibvorganges notwendig. Daher sind die Tastenfelder und die Zwischenräume mit Anzeigefeldern ausgestattet, die eine Darstellung des Schreibweges in einem $5 \times 5$ Raster gestatten. Die Anzeige eines Tastenfeldes wird nach Berühren der entsprechenden Taste aktiviert, diejenige eines Zwischenraumes wird nach Berühren der in vertikaler, horizontaler oder diagonaler Richtung benachbarten Tasten eingeschaltet. Somit beinhaltet das Schreibfeld $3 \times 3 = 9$ Sensorfelder und $5 \times 5 = 25$ Anzeigefelder. Die üblicherweise bei einer Zifferntastatur vorhandenen 12 Tasten werden gemäß Abb. 3-5 so aufgeteilt, daß die Tastenfelder der Ziffern 1 bis 9 als Sensorfelder für die Erfassung des Schreibvorganges dienen. Die restlichen 3 Tasten-

3. Informationseingabe durch den Menschen

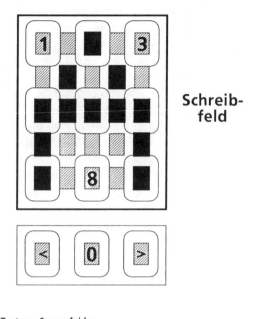

Abb. 3-5: Aufteilung der Zifferntastatur in Sensor- und Anzeigefelder der Schreibeingabe, dargestellt am Beispiel des Buchstabens A.

felder für die Ziffer 0 und für 2 Sonderzeichen können ebenfalls mit Sensoren ausgestattet werden, damit sie als Steuerfelder verwendet werden können: z.B. 0 für das Löschen einer fehlerhaften Eingabe, < und > für die Bewegung einer Schreibmarke (Cursor) beim Eingeben mehrerer Buchstaben.

Für die Mustererkennung wird ein Nächster-Nachbar-Klassifikator verwendet. Um auch eine nachlässige Schreibweise bis zu einem bestimmten Grad zu gestatten, wird mit der Methode der dynamischen Programmierung nach Bellman eine nichtlineare Anpassung zwischen den vom Benutzer geschriebenen und den als Prototypen gespeicherten Zeichen durchgeführt. Dadurch wird angestrebt, daß Variationen am Beginn, am Ende und auch innerhalb eines Zeichens nicht zu Fehlklassifikationen führen.

Eine erste Versuchsreihe wurde mit 20 Versuchspersonen unterschiedlichen Alters und verschiedener Ausbildung durchgeführt. Ihre Aufgabe bestand darin, den eigenen Nachnamen dreimal zu schreiben. Abb. 3-6 zeigt die Versuchsergebnisse. Von den 20 Versuchspersonen wurden in den drei Durchgängen jeweils insgesamt 124 Buchstaben ge-

## 3.3 Codierung der Information

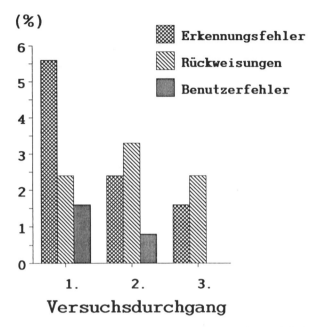

Abb. 3-6: Erkennungsfehler, Rückweisungen und Benutzerfehler bei der Schreibeingabe mittels Zifferntastatur.

schrieben, d.h. die mittlere Namenslänge betrug 6,2 Buchstaben. Die Zahl der Erkennungsfehler nimmt von ca. 6 % auf ca. 2 % ab. Die Zahl der Rückweisungen liegt bei ca. 3 %. Die Benutzerfehler gehen von ca. 1,5 % auf Null zurück. Letztere kommen z.B. dadurch zustande, daß Buchstaben aus Versehen spiegelbildlich geschrieben werden. Die Erkennungsfehler und die Rückweisungen der Mustererkennung sowie die Benutzerfehler sind insgesamt sehr gering, obwohl die Möglichkeiten der Mustererkennung noch nicht ausgeschöpft zu sein scheinen. Wege zur weiteren Verbesserung der Erkennungsleistung sind die Erhöhung der Zahl der Prototypen und die Optimierung der Rückweisungsschwelle.

### 3.3.4 Spracheingabe

Bei der Spracheingabe ist die einzugebende Information wie bei der handschriftlichen Eingabe in einer aus der zwischenmenschlichen Kommunikation stammenden Form codiert. Die bisher und in absehbarer Zeit verwendeten Spracheingabesysteme machen jedoch nur in einem eingeschränkten Umfang von der natürlichsprachlichen Kommunikation Gebrauch, indem nur fest vereinbarte Wörter oder auch Zusammensetzungen von Wörtern eines vorgegebenen Vokabulars zugelassen

## 3. Informationseingabe durch den Menschen

werden. Bei dieser Art von Spracheingabesystemen spricht man auch von Sprachschaltern.

Ein Spracheingabesystem (Fellbaum 1984) kann gemäß Tab. 3-2 zur Übertragung, Speicherung und zur Verarbeitung von Sprache verwendet werden.

| Art der Spracheingabe | Erläuterung |
|---|---|
| Sprachübertragung | aufwandsarme Übertragung über einen Datenkanal |
| Sprachspeicherung | aufwandsarme Speicherung zum späteren Abhören |
| Sprachverarbeitung | |
| - Spracherkennung | Was wird gesprochen? |
| - Sprechererkennung | Wer spricht? |
| - Sprecherdiagnose | Wie wird gesprochen? |

Tab. 3-2: Einteilung der Spracheingabeverfahren.

Die Aufgabe der Sprechererkennung besteht darin, einen Menschen anhand seiner sprachlichen Äußerungen zu bestimmen. Bei der Sprecherverifizierung ist zu prüfen, ob ein Sprecher die Person ist, deren sprachliche Äußerung (z.B. in Form eines Codeworts oder des Sprechernamens) zum Vergleich gespeichert vorliegt, z.B. als Zugangskontrolle. Die Aufgabe der Sprecheridentifizierung stellt sich z.B. in der Kriminalistik, wenn festzustellen ist, ob eine beliebige Sprachprobe eines Sprechers den gespeicherten sprachlichen Äußerungen einer Gruppe von bekannten Personen so zugeordnet werden kann, daß mit genügender Sicherheit auf den Namen des Sprechers geschlossen werden kann.

Bei der Spracherkennung lassen sich zwei Ziele unterscheiden:
- Text- oder Dateneingabe (Beispiel: sprachgesteuerte Schreibmaschine).
- Sprachinterpretation (Beispiel: sprachliche Befehle an eine Maschine).

Im einfachsten Fall entspricht die Sprachinterpretation der Text- oder Dateneingabe, nämlich dann, wenn die sprachlichen Befehle in eindeutiger Weise Aktionen zugeordnet sind.

Spracherkennungssysteme unterscheiden sich in dem Fließgrad der Sprache, der beim Sprecher zugelassen wird. Einzelworterkenner erlauben nur die Erkennung isoliert gesprochener Wörter mit Pausen von 0,1 - 0,25 s, Wortkettenerkenner ermöglichen die Eingabe mehrerer

## 3.3 Codierung der Information

zusammenhängend gesprochener Wörter von einer Gesamtdauer von 4 – 8 s. Bei kontinuierlicher Spracheingabe entfallen diese Beschränkungen. Der Wortschatz gibt den Umfang des Vokabulars an, der zulässig ist. Heutige Systeme erreichen einen Wortschatz von mehreren hundert Wörtern. Das Erscheinen von Spracherkennern für mehrere tausend Wörter auf dem Markt ist aber bereits angekündigt. Eine programmtechnische Möglichkeit zur Vergrößerung des Wortschatzes ist die Verwendung mehrerer Teilvokabulare, die entsprechend der Syntax der Eingabesprache sukzessive aktiviert werden.

Die heutigen Spracherkennungssysteme unterscheiden sich ferner im Grad der Sprecherabhängigkeit. Die meisten sind sprecherabhängig, d.h., jeder Sprecher muß vor der Erkennungsphase in einer Trainingsphase seine Sprachmuster durch ein- oder mehrmaliges Sprechen dem System als Referenzmuster zur Verfügung stellen. Bei sprecherunabhängigen Systemen entfällt diese Trainingsphase. Eine Zwischenstufe stellen adaptive Spracherkenner dar, bei denen in der Erkennungsphase ältere Referenzmuster aufgefrischt werden. Heutige Spracherkenner erreichen unter Laborbedingungen eine Erkennungsrate von über 95 %, die allerdings unter dem Einfluß von Umgebungsgeräuschen ab einem Pegel von 90 - 100 dB(A) sehr stark absinkt.

In Abb. 3-7 ist das Ablaufdiagramm eines Einzelworterkennungssystemes dargestellt (nach Reddy 1976). In der Vorverarbeitung wird zur Datenreduktion eine Beschreibung des Sprachsignals durch Signalparameter gewonnen. Als Verarbeitungsverfahren werden dabei eingesetzt: Kontinuierliche Spektralanalyse, Korrelationsanalyse, Nulldurchgangsanalyse, LPC-Analyse usw. Danach folgt die Bestimmung des Beginns und des Endes eines Wortes. Die Gesamtzahl der Parameter, die als Merkmale herangezogen werden, beträgt 10 - 20; sie werden jeweils für Zeitabschnitte von 20 bis 30 ms Dauer bestimmt und mit einer Auflösung von einem oder mehreren Bit als Parameter-Matrix gespeichert. Für ein Wort von 1 s Dauer ergibt sich damit die Größenordnung von 1 kbit Speicherplatzbedarf.

In der Betriebsart Lernen wird das System auf das Vokabular und die spezifischen Eigenheiten des Sprechers eingestellt. Hierzu muß der Benutzer jedes der später zu erkennenden Wörter mindestens einmal sprechen. Aus den Sprachdaten der Lernphase wird pro Wort des zu erkennenden Vokabulares eine Parameter-Matrix gespeichert; in der Betriebsart Erkennen wird diese als Vergleichsmuster benutzt. Dieser Lernvorgang kann für unterschiedliche Vokabulare und für mehrere Sprecher durchgeführt werden. Die dabei gewonnenen Daten können in einem Massenspeicher abgelegt werden, so daß z.B. beim Wechsel des Sprechers auf sie zurückgegriffen werden kann und kein neuer Lernvorgang erforderlich ist.

## 3. Informationseingabe durch den Menschen

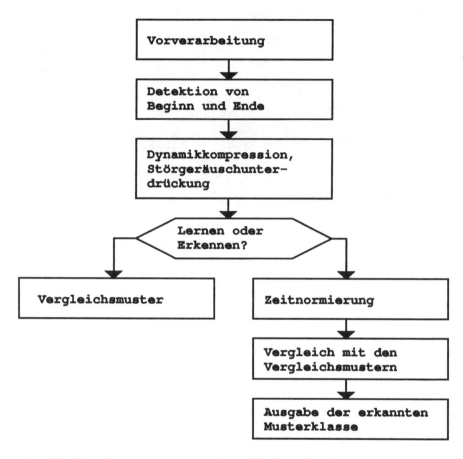

Abb. 3-7: Ablaufdiagramm eines sprecherabhängigen Einzelworterkennungssystemes (nach Reddy 1976).

In der Betriebsart Erkennen ist wegen der veränderlichen Sprechgeschwindigkeit eine zeitliche Normierung der Sprachmuster erforderlich. Hier wird neben der linearen Dehnung bzw. Kompression in Zeitrichtung insbesondere das nichtlineare Verfahren der dynamischen Programmierung angewandt. Der nach der Zeitnormierung erhaltene Merkmalvektor wird dem Klassifikator zugeführt, wo dasjenige Vergleichsmuster bestimmt wird, das dem zu erkennenden Muster am ähnlichsten ist. Hier werden verschiedene Klassifikationsverfahren der Mustererkennung eingesetzt.

Tab. 3-3 enthält eine Zusammenstellung von Vorteilen der Spracheingabe.

## 3.3 Codierung der Information

| | |
|---|---|
| Anpassung an Eigenschaften des Menschen | - natürliche Kommunikationsform<br>- geringer Lernaufwand<br>- Hilfe für Behinderte |
| Flexibles Eingabeverfahren | - variabler Benutzerstandort<br>- Hände und Augen frei<br>- Telefon als Eingabestation |
| Verwendung bei ungünstigen Bedingungen | - Dunkelheit<br>- Platzmangel |

Tab. 3-3: **Vorteile der Spracheingabe.**

Aufgrund der Beschränkungen der heutigen Spracherkennungssysteme ist bei den Anwendungen noch kein Durchbruch zu beobachten. Vielfach genannte Anwendungsfälle sind Paketsortierung, Qualitätskontrolle, Mikroskopierarbeitsplatz, Flugführung, Hilfsmittel für motorisch Behinderte. Diese und andere Anwendungsfälle haben den Charakter von Experimenten an einzelnen Arbeitsplätzen, ohne daß heute bereits ein breiter Einsatz abzusehen ist.

### 3.3.5 Gestik- und Mimikeingabe

Die weitverbreiteten Fähigkeiten des Menschen, Informationen durch die Lage und durch die Bewegung von Körperteilen zu codieren, stellt eine Herausforderung für die Gestaltung von Eingabeverfahren für die Mensch-Maschine-Kommunikation dar.

**Kopf- oder Augenbewegungen**

Verschiedentlich wurde vorgeschlagen, Kopf- oder Augenbewegungen zur Informationseingabe zu verwenden. Hierzu ist eine Vermessung der Kopfposition oder der Blickrichtung erforderlich. Schief 1988 regte an, die Spracheingabe durch Kopfbewegung zu aktivieren, wenn die Hände des Sprechers durch andere Aufgaben beschäftigt sind. Hierzu schlug er vor, in das Mikrophon einen Abstandssensor (z.B. nach dem Ultraschallverfahren) zu integrieren, um die Annäherung des Kopfes an das Mikrophon auswerten zu können.

Als Hilfsmittel für Behinderte entwickelte Korn 1982 ein Eingabeverfahren, das auf der Messung der Blickrichtung durch berührungslose Erfassung der Kopfbewegung beruht. Mittels eines vor einem Auge angebrachten Visiers erfolgt dabei die visuelle Rückkopplung der Kopfposition; weiter ist am Kopf eine kleine Lichtquelle angebracht, deren Position mit Hilfe einer Videokamera vermessen wird, so daß Kopfbewegungen um zwei Drehachsen erfaßt werden können.

Ein Eingabeverfahren, das auf der Messung der Augenbewegungen basiert, untersuchten Ware, Mikaelian 1987. Sie gingen davon aus, daß die Auswahl eines auf einer optischen Anzeige dargestellten Objektes eine der häufigsten Eingabeoperationen ist, und daß die visuelle Fixation eines auszuwählenden Objektes eine normale Verhaltensweise des Menschen ist. In zwei Experimenten wurden Auswahloperationen mittels Augenbewegungen untersucht. Im ersten Experiment wurde die Art der Bestätigungsaktion variiert, mit der das zuletzt fixierte Objekt ausgewählt wurde: durch verlängerte Fixation mit einer Mindestdauer (0,4 s), durch Fixation eines speziellen Bestätigungsfeldes oder durch Drücken einer Bestätigungstaste. Alle drei Bestätigungsaktionen führten zu kürzeren Auswahlzeiten als die Auswahl per Maus. Im zweiten Experiment wurde die Größe der auszuwählenden Objekte verändert. Dabei zeigte sich ein starker Anstieg der Auswahlzeit und auch der Fehlerzahl bei Unterschreiten der Objektgröße $0{,}75°$. Zusammenfassend wird bei hohen Anforderungen an die Geschwindigkeit der Eingabe und bei Behinderung der Hände oder Belegung durch andere Aufgaben die Auswahl durch Augenbewegungen als Eingabeverfahren empfohlen; dabei soll die Größe der Objekte mindestens $1°$ betragen.

**Sonstige Gestik oder Mimik**

Bei Anwendung und Weiterentwicklung von Methoden der Bildverarbeitung ist es künftig vielleicht möglich, Körperbewegungen des Menschen zu erfassen und beim Mensch-Maschine-Dialog auszuwerten. Beispielsweise wurde vorgeschlagen, Lippenbewegungen beim Sprechen zu analysieren, um damit die Erkennungssicherheit der Spracheingabe zu erhöhen. Petajan et al. 1988 konnten zeigen, daß durch die Kombination von akustischer und optischer Spracherkennung im Vergleich zur ausschließlich akustischen Erkennung die Fehlerrate bei einzelnen Sprechern um 30 bis 50 % gesenkt wird.

**3.3.6 Spezialcodeeingabe**

Falls die einzugebenden Daten programmiert werden können, eignen sich Spezialcodes wie Balken-, Magnet- und Lochcodes in Verbindung mit einem Lesegerät. Die Codierung der einzugebenden Information durch den Menschen entfällt hier; seine Aufgabe reduziert sich auf die Handhabung des Datenträgers und des Lesegerätes.

## 3.4 Organisation der Information

Bei der Organisation der einzugebenden Information sind die zwischen den einzelnen Informationen bestehenden Relationen in den Gestaltungsprozeß einzubeziehen.

## 3.4 Organisation der Information

**3.4.1 Eingabe von Ziffern**

Die wichtigsten Zifferntastaturen sind in Tab. 3-4 zusammengefaßt, wobei als Beispiel die Ausführung für die Eingabe dreistelliger Zahlen dargestellt ist. Die Reihenfolge der Verfahren ergibt sich aus der Zahl der benötigten Tasten. Die Matrix-Tastatur besitzt für jede einzugebende Stelle eine Spalte von 10 Tasten für die Ziffern 0 bis 9. Sie entspricht der früher verwendeten mechanischen Eingabevorrichtung bei Registrierkassen, die pro Stelle einen drehbaren Hebel mit 10 Raststellen aufwiesen. Die Matrix-Tastatur war zu der Zeit eine günstige Lösung, als die elektronischen Ziffernanzeigen noch aufwendig waren. Deshalb wurde hier die Rückmeldung der eingegebenen Ziffer durch Aufleuchten der gedrückten Taste bewirkt. Mittlerweile ist diese vollparallele Eingabevorrichtung durch serielle oder halbserielle Systeme abgelöst worden, die sich deutlich durch die Zahl der benötigten Tasten unterscheiden; außerdem besitzen sie in der Regel eine Anzeige für die eingegebenen Ziffern.

Die Zehner-Tastatur führt auch bei ungeübten Benutzern zu geringeren Fehlerraten als die Matrix-Tastatur, außerdem stellt sie die subjektiv bevorzugte Eingabevorrichtung dar, verglichen auch mit anderen Eingabesystemen in Form von Drehknöpfen und Hebeln. Die Zehner-Tastatur weist insbesondere den Vorteil auf, daß sie von geübten Benutzern blind betätigt werden kann. Unglücklicherweise haben sich zwei verschiedene Anordnungen der Tasten für die 10 Ziffern durchgesetzt: die Telefonanordnung mit den Ziffern 1, 2 und 3 in der obersten Reihe und die Taschenrechneranordnung mit den Ziffern 7, 8 und 9 in dieser Reihe. Zahlreiche Untersuchungen waren dem Vergleich dieser beiden Varianten gewidmet, z.B. Conrad, Hull 1968. Wichtigste Ergebnisse dieses Vergleiches sind:

- Die 1,2,3-Anordnung entspricht der Erwartung des Benutzers mehr als die 7,8,9-Tastatur, da die Ziffernreihenfolgen links-rechts und oben-unten der Lesegewohnheit in vielen Sprachen Rechnung trägt.
- Geübte Benutzer zeigen bei beiden Tastaturen die gleiche Leistung; ein ständiger Wechsel zwischen ihnen führt jedoch zu einer Leistungsminderung.
- Das Ergebnis eines experimentellen Vergleiches des Umganges ungeübter Benutzer mit beiden Tastenanordnungen zeigt Abb. 3-8 (Conrad, Hull 1968). Bei dieser Untersuchung wurden nicht nur die Eingabegeschwindigkeit und die Fehlerrate bei der Eingabe achtstelliger Zahlen mit Hilfe einer der beiden Anordnungen getrennt gemessen, sondern auch unter der Bedingung, daß nach jeweils 10 Zahlen ein Wechsel zwischen den beiden Alternativen stattfindet. Bei der Telefon-Tastatur ist die Eingaberate geringfügig höher und die Fehlerrate deutlich niedriger als bei der Rechner-Tastatur. Die abwechselnde Benutzung der beiden Tastaturen bewirkt erwartungsgemäß eine Verringerung der Einga-

## 3. Informationseingabe durch den Menschen

| | |
|---|---|
| Matrix-Tastatur | |
| Zehner-Tastatur | |
| Sequenz-Tastatur | |
| 2 Tasten | |
| 1 Taste | |

Tab. 3-4: Tastaturen für die Zifferneingabe.

berate. Aus diesen Ergebnissen folgt, daß die einheitliche Verwendung der 1, 2, 3-Anordnung bei allen technischen Geräten wünschenswert wäre.

Die Möglichkeit der Blindbetätigung ist in zahlreichen Anwendungsfällen von Bedeutung. Bei der Führung eines Kraftfahrzeuges z.B. hat der Fahrer das äußere Verkehrsgeschehen möglichst ununterbrochen zu beobachten. Eingabeaufgaben im Fahrzeug sollen ihn dabei möglichst wenig ablenken. Bouis et al. 1981 haben daher für den Bordcomputer im Kraftfahrzeug die Sequenz-Tastatur untersucht. Im Unterschied zur Zehner-Tastatur enthält die Sequenz-Tastatur nicht für jede Dezimalziffer, sondern nur für jede Dezimalstelle eine Taste. Falls z.B. Zahlen mit maximal drei Dezimalstellen einzugeben sind, besteht die Sequenz-Tastatur aus drei Tasten. Die Ziffern der einzelnen Dezimal-

## 3.4 Organisation der Information

|  | Telefon-Tastatur | Rechner-Tastatur | Wechsel zwischen den Tastaturen ||
|---|---|---|---|---|
| Eingaberate (Ziffern/s) | 1,03 | 0,99 | 0,90 ||
| Fehlerrate (%) | 0,93 | 1,21 | 1,05 | 1,06 |
| Nichterkannte Fehler (%) | 0,45 | 0,67 | 0,61 | 0,70 |

Abb. 3-8: Vergleich der Eingabeleistung bei Telefon- und Rechner-Tastatur (Conrad, Hull, 1968).

stellen werden der Reihe nach eingetippt, indem die einzelnen Stellentasten so oft betätigt werden, wie es dem Wert der einzugebenden Ziffer entspricht (Eingabe-Sequenzen). Die Zahl 53 beispielsweise wird durch fünfmaliges Drücken der Zehnertaste und durch dreimaliges Drücken der Einertaste eingegeben. Die Verwendung der Sequenz-Tastatur statt der Standardform der Ziffern-Tastatur läßt sich nur rechtfertigen, wenn der Benutzer deutliche Vorteile erhält. Für den Fall des Einsatzes im Kraftfahrzeug ergab der Vergleich mit der konventionellen Telefon-Tastatur für die Eingabe dreistelliger Zahlen zwar eine Verdopplung der Eingabezeit. Die Auswertung der Blickbewegungen während der Fahrt zeigte jedoch eine deutlich kürzere Dauer des längsten Blickes zur Tastatur. Ferner liegt der Anteil der freiwilligen Blindbetätigungen mit ca. 60 % bei der Sequenz-Tastatur wesentlich höher als bei der Telefon-Tastatur, die nur 15 % Betätigungen ohne Blickkontakt aufweist.

Die Zifferneingaben mittels zweier Tasten oder nur einer Taste stellen platz- und kostensparende Lösungen dar, die z.B. bei Uhren häufig verwendet werden. Bei zwei Tasten dient die eine zur Auswahl der Digitalstelle, die zweite zur Eingabe der Sequenz der Tastenbetätigungen, deren Zahl der einzugebenden Ziffer entspricht. Bei der Eingabe mittels einer einzigen Taste wird durch das Drücken der Taste das Durchlaufen der Ziffern bewirkt, das bei Erreichen des einzugebenden Wertes durch Loslassen der Taste abgestoppt wird. Le Cocq 1976 empfiehlt für das Stellen von Digitalarmbanduhren eine Ziffemdurchlaufrate von 2 Hz, die bei subjektiver Beurteilung als Optimum ermittelt wurde; außerdem ist bei höherer Durchlaufrate ein starker Anstieg der Einstellfehler zu beobachten. Die Zifferneingabe mittels einer oder zweier Tasten kommt nur für seltene Eingabevorgänge in Betracht.

Sonstige Eingabeverfahren sind der Drehknopf und die Wählscheibe. Beide sind in der erreichbaren Eingabegeschwindigkeit den Tastaturen unterlegen, und sie schneiden hinsichtlich der Einstellgenauigkeit schlechter ab.

**3.4.2 Eingabe alphanumerischer Zeichen**

Für die Eingabe alphanumerischer Zeichen haben sich Standard-Tastaturen herausgebildet. Die englische Form wird mit QWERTY bezeichnet gemäß der Reihenfolge der Belegung der ersten Buchstabentasten; die deutsche Version QWERTZ weicht nur geringfügig davon ab. Daneben wird auch im Hinblick auf ungeübte Benutzer die Belegung der Tasten in alphabetischer Reihenfolge verwendet, ohne daß wesentliche Vorteile nachgewiesen werden konnten. Tab. 3-5 gibt eine Übersicht über diese und weitere Tastaturen zur Eingabe alphanumerischer Zeichen.

Für die Eingabe alphanumerischer Zeichen wurde die Akkord-Tastatur (chord keyboard) mehrfach vorgeschlagen. Hier wird eine Reduzierung der Zahl der Tasten und damit des benötigten Platzbedarfes dadurch erreicht, daß zur Eingabe einzelner Zeichen mehrere Tasten gleichzeitig betätigt werden. Das gleichzeitige Betätigen mehrerer Tasten kann auch mit einem Finger erfolgen, wenn die Tasten dicht nebeneinander angeordnet sind. In Tab. 3-5 ist ein Vorschlag für eine Akkord-Tastatur enthalten (Rochester et al. 1978), die aus 10 quadratischen Tasten besteht. Für jedes Zeichen besitzt das Tastenfeld eine ovale Vertiefung, die sich über eine, zwei oder vier Tasten erstreckt. Neben der Platzeinsparung werden als weitere Vorteile die Einhandbetätigung und die Bewältigung großer Alphabete angeführt, die jedoch nur bei geübten Benutzern zum Tragen kommen.

Zur platz- und tastensparenden Eingabe von Buchstaben werden auch Zehnertastaturen mit einer Vierfachbelegung der Tasten verwendet. Insbesondere bei tragbaren Eingabegeräten werden die Zifferntasten dadurch für die Eingabe von je drei Buchstaben erweitert, daß drei Umschalttasten (L, M, R) für die Eingabe des linken, mittleren und des rechten Buchstabens vorhanden sind. Hornsby 1981 stellte nicht nur erwartungsgemäß bei der Eingabe von Buchstaben eine deutliche Verringerung der Eingabegeschwindigkeit im Vergleich zur Volltastatur fest,

## 3.4 Organisation der Information

| | |
|---|---|
| **QWERTY-, QWERTZ-Tastatur** | 1 2 3 4 5 6 7 8 9 0<br>Q W E R T Z U I O P<br>A S D F G H J K L<br>Y X C V B N M |
| **ABC-Tastatur** | 1 2 3 4 5 6 7 8 9 0<br>A B C D E F G H I J<br>K L M N O P Q R S<br>T U V W X Y Z |
| **Akkord-Tastatur** | D B  F S  N K  J U  A<br>T W  P V  H X  Z  E<br>G C  M L  R Q  Y I  O |
| **Zehner-Tastatur** | ABC DEF GHI    L M R<br> 1    2    3<br>JKL MNO PQR<br> 4    5    6<br>STU VWX YZ<br> 7    8    9<br>     0 |

Tab. 3-5: Tastaturen für Eingabe alphanumerischer Zeichen.

sondern ermittelte auch bei der Zifferneingabe eine gegenüber der Zehnertastatur mit ausschließlicher Ziffernbelegung deutlich verringerte Eingaberate. Um das normale Telefon zur Buchstabeneingabe verwenden zu können, muß auf die Umschalttasten verzichtet werden. Die Eingabe von Buchstabenkombinationen ohne Redundanz kann dann nur mittels Mehrfachbetätigung der Tasten durchgeführt werden. Jedoch bei der Aufgabe, Namen einzutippen, genügt es wegen der darin enthaltenen Redundanz, daß der Benutzer die Tasten nur einmal betätigt, da die Mehrdeutigkeit der einzelnen Tasteneingaben nur in seltenen Fällen zu Verwechslungsgefahr führt (Smith, Goodwin 1971), die durch eine geeignete Benutzerführung vermieden werden kann. Allerdings muß hier auf die unmittelbare optische Rückmeldung der eingegebenen Buchstaben so lange verzichtet werden, bis die Folge der Tastenbetätigungen eindeutig ist.

### 3.4.3 Auswahl von Funktionen

Funktions-Tastaturen, z.B. bei Taschenrechnern, sind auf das Funktionsspektrum des jeweiligen technischen Gerätes zugeschnitten (Tab. 3-6). Im günstigsten Fall weisen sie für jede Funktion eine eigene Taste auf. Wegen Platzmangels ist die Bezeichnung der einzelnen Funktionen meist nur in Form von Abkürzungen oder Bildzeichen möglich. Die dadurch für den ungeübten Benutzer gegebene Erschwernis ist noch ausgeprägter bei der Funktions-Tastatur mit Mehrfachbelegung, der sogenannten Multifunktions-Tastatur. Hier können mit speziellen Umschalttasten (FU) den einzelnen Funktionstasten bis zu vier Funktionen zugewiesen werden. Dabei erweist sich die Funktionsumschaltung als weitere Fehlerquelle, insbesondere dann, wenn keine Anzeige der aktuellen Tastenbelegung vorhanden ist.

Zur Lösung dieses Problems dient die Menü-Tastatur oder programmierbare Tastatur (Softkeys) (Frühauf 1982), die ein ansteuerbares Anzeigefeld besitzt, auf dem die den Tasten momentan zugeordneten Funktionen angezeigt werden. Bei der zyklischen Funktionsauswahl kann mit einem Eingabeelement die gewünschte Funktion gewählt werden, allerdings auf Kosten des wahlfreien Zugriffs. Der Vorschlag der Sprechenden Tastatur (Abb. 3-9, Geiser et al. 1982) zielt ebenfalls in diese Richtung, indem eine Sprachausgabe integriert wird, die eine Ansage der aktuellen Funktion ermöglicht. Hierzu ist jede Taste mit einem zusätzlichen Berührungssensor ausgestattet. Da die Sprachausgabe bei Berührung der Taste aktiviert wird und die Funktionsauslösung wie üblich erfolgt, wird der geübte Benutzer durch die akustische Benutzerführung nicht belästigt. Eine andere Form der Realisierung ohne zusätzliche Tastensensoren kann dadurch erreicht werden, daß die Sprachausgabe nur bei langdauernder Betätigung einer Funktionstaste anspricht.

## 3.5 Vergleich verschiedener Eingabeverfahren

Mit dem Ziel, Auswahlregeln für die Eingabeverfahren zu erarbeiten, wurden empirische Vergleiche durchgeführt. Greenstein, Arnaut 1987 stellten verschiedene Untersuchungen zusammen, bei denen die Zielauswahl im Vordergrund stand. Als eines der Beispiele wird die Untersuchung von Haller et al. 1984 beschrieben, in der Lichtgriffel, Graphik-Tablett, Maus, Rollkugel, Richtungstasten und Spracheingabe bei der Aufgabe der Fehlerkorrektur in einem Text verglichen wurden. Die

## 3.5 Vergleich verschiedener Eingabeverfahren

| | |
|---|---|
| **Funktions-Tastatur** | F1 F2 F3 F4 · · / · · · · · / · · · · · |
| **Multifunktions-Tastatur** | F1/F3, F2/F4 grid … FU |
| **Menü-Tastatur** | Funktion N−1 / Funktion N / Funktion N+1 … FU |
| **Zyklische Funktionswahl** | Funktion N−1 ◀ / Funktion N / Funktion N+1 … ▼ E |

Tab. 3-6: Tastaturen für die Funktionsauswahl.

Versuchspersonen hatten die Lichtmarke (Cursor) auf einen bereits markierten falschen Buchstaben mit den verschiedenen Eingabeverfahren zu positionieren (Positionierung) und diesen anschließend durch den richtigen zu ersetzen (Korrektur). Die Korrektur wurde entweder mit der Tastatur oder der Spracheingabe durchgeführt. Abb. 3-10 zeigt die Positionierungszeit bei den verschiedenen Eingabeverfahren für jeweils drei Positionen des falschen Buchstabens auf dem Bildschirm (oben, in der Mitte, unten). Die Spracheingabe und die Richtungstasten bedingen den weitaus größten Zeitaufwand für die Positionierung und erweisen sich damit als ungeeignet für diese Aufgabe. Die anderen Ein-

## 3. Informationseingabe durch den Menschen

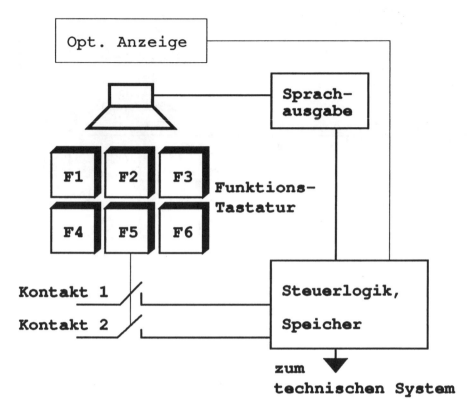

Abb. 3-9: Blockschaltbild der Sprechenden Tastatur mit den Funktionen F1 bis F6.

gabeverfahren unterscheiden sich im Zeitbedarf nur gering. Bei zusätzlicher Berücksichtigung des subjektiven Urteils der Versuchspersonen sind Lichtgriffel und Maus für die betrachtete Aufgabe am besten geeignet.

Für die manuelle Steuerung der Bewegung eines Roboters beim Programmiervorgang (teach-in) wurde die Eignung der Spracheingabe von Renkert et al. 1983 untersucht. Die Aufgabe bestand darin, beginnend von einer Ausgangsposition ein Werkstück zu greifen und über einen vorgegebenen Weg in einer Endposition abzulegen. Als Eingabeverfahren wurden verwendet: Programmierhandgerät mit Richtungstasten, Spracheingabe mit Start-/Stopptaste und Spracheingabe mit Stoppkommando und Eingabemöglichkeit für diskrete Bewegungsschritte. Abb. 3-11 zeigt, daß die Eingabe mittels Richtungstasten zu einem erheblich kürzeren Zeitbedarf führt als die Spracheingabe. Daraus folgt, daß die Spracheingabe zur Steuerung kontinuierlicher Vorgänge nicht geeignet ist.

## 3.5 Vergleich verschiedener Eingabeverfahren

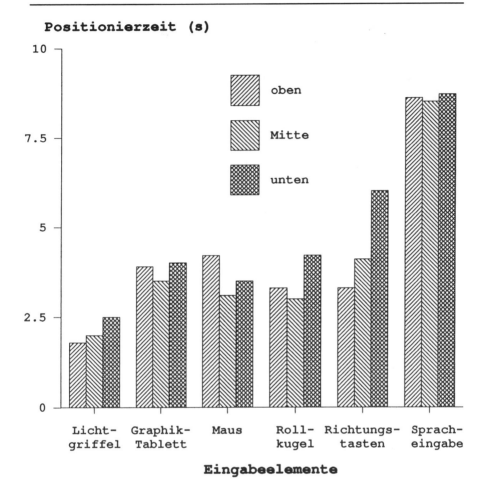

Abb. 3-10: Zeitdauer für die Positionierung der Lichtmarke (Cursor) auf einen bereits markierten falschen Buchstaben in einem Text mit unterschiedlicher Position auf dem Bildschirm (oben, in der Mitte, unten) (Haller et al. 1984).

## 3. Informationseingabe durch den Menschen

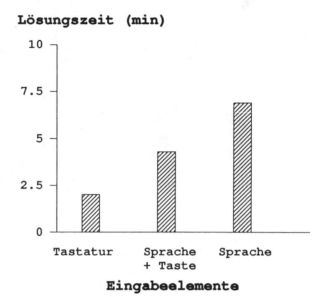

Abb. 3-11: Zeitbedarf für die Steuerung der Bewegung eines Roboters bei Befehlseingabe mittels Tastatur und Sprache (Renkert et al. 1983).

# 4. Informationsdarstellung für den Menschen

## Zusammenfassung

*Die dem Menschen zu übermittelnden Informationen können mittels optischer, akustischer und auch haptischer Anzeigen dargestellt werden. Für die ergonomische Gestaltung sind die Aufgaben der Anpassung an die Sensorik, die Codierung und die Organisation der Information zu lösen. Darstellungsparameter von Anzeigen werden durch den sensorischen Aufnahmeprozeß bestimmt; im Falle optischer Anzeigen sind dies z.B. Seh- und Beobachtungswinkel, Kontrast, Zeichenform. Die daraus abgeleitete Beobachtungsgeometrie ergibt den zulässigen Aufenthaltsbereich von Beobachtern im Falle einer oder mehrerer Anzeigen. Verständlichkeit und Natürlichkeit sind charakteristische Kenngrößen für die Sprachausgabe. Die Codierung der Information wird wesentlich durch die Eigenschaften des Menschen bei der Informationsübertragung beeinflußt. Ausgehend von dem informationstheoretischen Modell des Nachrichtenkanales ergeben sich Regeln für den Umfang von Codealphabeten. Die Wahl z.B. zwischen optischer/akustischer, analoger/digitaler oder alphanumerischer/Bildzeichencodierung ist hauptsächlich aufgrund der Aufgabe des Beoachters zu entscheiden. Für die Organisation optischer Information, d.h. der Strukturierung einer Informationsmenge in zeitlicher, örtlicher und inhaltlicher Hinsicht, geben die Gestaltfaktoren wichtige Hinweise. Das Fischaugeprinzip und Hypertext bzw. Hypermedia stellen interessante Vorschläge zur Organisation der Information dar. Die quantitative Bewertung der Organisation der Information erfolgte bisher im Hinblick auf die örtliche Struktur; für die Bestimmung der kognitiven Komplexität liegt ein neuerer Ansatz vor.*

## 4.1 Einleitung

Die Darstellung von Information von einer Maschine für den Menschen erfolgt mittels Anzeigen. In diesem Kapitel wird die Gestaltung optischer und akustischer Anzeigen anhand der in Kapitel 2 eingeführten Gestaltungsaufgaben behandelt. Die Auswahl und Gestaltung der Anzeigesysteme wird von vier Gruppen von Einflußgrößen bestimmt (Abb. 4-1):

# 4. Informationsdarstellung für den Menschen

- Aufgaben des Menschen,
- Eigenschaften des Menschen,
- Eigenschaften der darzustellenden Nachrichten und
- verfügbare Anzeigetechnologien.

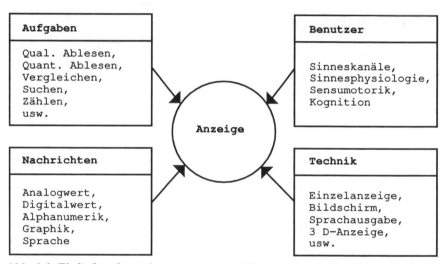

Abb. 4-1: Einflußgrößen bei der Auswahl und Gestaltung von Anzeigesystemen.

Für den Beobachter einer Anzeige, z.B. in einer Prozeßleitwarte, im Büro oder in einem Fahrzeug, gibt es eine Vielfalt möglicher Aufgaben, wie z.B. Suchen, Klassifizieren, Übertragen, Merken, Überwachen, Zählen, Vergleichen, Interpolieren, Extrapolieren, Verrechnen. Diesen unmittelbar auf die Anzeige bezogenen Aufgaben schließen sich die höheren kognitiven Aktivitäten an, wie Planen, Entscheiden, Problemlösen.

Die Einflüsse von Seiten des Benutzers, die hier eine Rolle spielen, lassen sich wie folgt gliedern: Die Sinneskanäle des Menschen dienen zur Informationsaufnahme aus der Umwelt. Hierfür stehen dem Menschen verschiedene Sinnesorgane zur Verfügung: Auge, Ohr, Geruchs-, Geschmacks- und Gleichgewichtssinn. Diese stellen jeweils einen Teil des Gehirns dar; sie sind mit den übrigen Teilen durch Nervenfasern mit hoher Übertragungsrate verbunden. Weitere Sinne, die nicht zum Gehirn gehören, erlauben die Wahrnehmung von Druck, Berührung, Vibration, Kälte, Wärme, Schmerz (Tast- oder Hautsinn = taktiler Sinn) sowie von Bewegung (Stellungs- und Kraftsinn = kinästhetischer Sinn).

Für die Aufnahme von auf Anzeigen dargestellter Information eignen sich das Auge, das Ohr, der Tastsinn und der kinästhetische Sinn.

## 4.1 Einleitung

| Sinnesorgane bzw. Sinne | | Sinnesmodalität | Anzeigeart |
|---|---|---|---|
| Sehsinn | } "5 Sinne" | visuell | optisch |
| Hörsinn | | auditiv | akustisch |
| Geruchssinn | | olfaktorisch | — |
| Geschmackssinn | | gustatorisch | — |
| Gleichgewichtssinn | | vestibulär | — |
| Drucksinn | } Hautsinn, Tastsinn | } taktil | } haptisch |
| Berührungssinn | | | |
| Vibrationssinn | | | |
| Kältesinn | | | |
| Wärmesinn | | | |
| Schmerzsinn | | | |
| Stellungssinn | } Propriozeptoren | } kinästhetisch | |
| Kraftsinn | | | |

Tab. 4-1: Sinnesorgane bzw. Sinne des Menschen, Bezeichnungen der Sinnesmodalitäten und zugehörige Anzeigeformen.

Die Darstellung dieser Information erfolgt mittels *optischer, akustischer* und *haptischer* Anzeigen. Tab. 4-1 zeigt die Einteilung der Sinnesorgane bzw. Sinne und der Anzeigearten und gibt einen Überblick über die verwendeten Begriffe.

Aus der Sinnesphysiologie und Wahrnehmungspsychologie ergeben sich wichtige Gestaltungsanforderungen für Anzeigen. Auf den Aufbau und die Funktionsweise der Sinnesorgane wird im folgenden jedoch nicht eingegangen, sondern es wird auf die einschlägige Literatur verwiesen (von Campenhausen 1981). Die Sensumotorik betrifft das Zusammenwirken von Sinneskanälen und Effektoren. Die kognitive Informationsverarbeitung umfaßt die Interpretation von aufgenommener Information.

Die Eigenschaften der darzustellenden Nachrichten kommen in deren Codierung zum Ausdruck: Analogwert, Digitalwert, alphanumerische Zeichen, Graphik, Sprache.

Die verfügbaren Anzeigetechnologien sind in Tab. 4-2 aufgeführt. Für den Benutzer unterscheiden sie sich insbesondere durch die Codierung der dargestellten Information und durch die Art des Ablesevorganges. Bei den optischen Anzeigen wird neben dem Einzelinstrument zunehmend der Bildschirm eingesetzt, da dadurch neben der analogen, digitalen und Bildzeichencodierung die Codierung durch Text, Graphik

# 4. Informationsdarstellung für den Menschen

| Anzeige-verfahren | Codierung | Ablesung | Anzeigegeräte (Beispiele) |
|---|---|---|---|
| Einzel-instrument | analog, digital, Bildzeichen | AW/KB/BW | Zeigerinstrument, Digitalanzeige |
| Bildschirm | analog, digital, Text, Bildzeichen, Graphik | AW/KB/BW/S | Kathodenstrahl-, LCD-Bildschirm |
| Großanzeige | analog, digital, Text, Bildzeichen, Graphik | AW/KB/BW/S | Projektions-, elektromechanische u. LCD-Großbildschirme |
| 3-D-Anzeige | Graphik, Animation | AW/KB/BW/S | Anaglyphenverfahren, holographische Anzeige |
| Head up-Anzeige | analog, digital, Bildzeichen | AW/BW | Projektions-, Helmanzeige |
| Sprachausgabe | Text | AW | Signalform-, param. Codierung, Vollsynthese |
| Haptische Anzeige | analog, digital, (Text, Graphik, Sprache) | AW | Blindenhilfsmittel |

AW: Aufmerksamkeitswechsel, KB: Kopfbewegung, BW: Blickwechsel, S: Suchvorgang

Tab. 4-2: Anzeigeverfahren für die Mensch-Maschine-Komunikation.

und Animation (Bewegungseffekte) erfolgen kann. Außerdem stehen hier die Möglichkeiten der flexiblen Organisation der Information zur Verfügung, mit denen der erforderliche Suchvorgang unterstützt werden kann. Zur Darstellung räumlicher Sachverhalte werden 3-D-Anzeigen entwickelt. Bei allen diesen optischen Anzeigen sind bei der Ablesung neben der Zuwendung der Aufmerksamkeit Bewegungen des Kopfes und der Augen erforderlich. Zur Verminderung der visuellen Ablenkung des Menschen, z.B. bei der Flug- oder Fahrzeugführung, werden Head up-Anzeigen verwendet oder entwickelt, bei denen die abzulesende Information in den Bereich eingeblendet wird, auf den das Auge wegen der Hauptaufgabe vorzugsweise ausgerichtet ist. Eine Sonderform ist die Helmanzeige, bei der die Anzeigeeinheit am Helm des Benutzers befestigt ist. Die Sprachausgabe und die haptische Anzeige bewirken keine visuelle Ablenkung, letztere ist allerdings bisher nur als Blindenhilfsmittel in breitem Einsatz. Die Technik der Anzeigen wird im folgenden nicht behandelt, für optische Anzeigen vgl. z.B. Knoll 1986, Bosman 1989.

## 4.2 Anpassung an die Sensorik

### 4.2.1 Ablesevorgang bei optischen Anzeigen

Eine typische Ablesesituation bei optischen Anzeigen besteht darin, daß sie in unterschiedlichen Abständen vom Beobachter angeordnet sind. Die Wirkungsweise der Augen bedingt eine Reihe von Teilprozessen bei der Ablesung:

**Fixation der Anzeige**

Zur Ablesung der Anzeige ist eine Abbildung auf die Zone schärfsten Sehens (Fovea) der Netzhaut (Retina) erforderlich, die eine Ausdehnung von ca. $1°$ bis $2°$ besitzt. Durch folgende Faustregel kann dies veranschaulicht werden: Bei ausgestrecktem Arm wird ungefähr die Fläche des Daumennagels scharf gesehen. Dieser relativ kleine Bereich ist eine Folge der ortsabhängigen Besetzungsdichte der Rezeptoren *Zapfen* und *Stäbchen* auf der Netzhaut. Die Dichte der Zapfen beträgt in der Fovea ca. 150.000 Zapfen pro $mm^2$ und fällt zur Peripherie hin sehr schnell auf einen Wert unter 10.000 ab. Die für das Sehen bei Nacht mit geringerer Auflösung zuständigen Stäbchen haben ihre maximale Besetzungsdichte außerhalb der Fovea. Die Fixation erfolgt mit Hilfe von Augen- und Kopfbewegungen; bei sehr ausgedehnten Anzeigesystemen (z.B. Prozeßleitwarten) kann auch die Bewegung des gesamten Körpers erforderlich sein. Willkürliche Augenbewegungen werden in sprunghafter Form (Sakkaden) durchgeführt. Unter normalen Bedingungen ist die Amplitude kleiner als $20°$; die maximale Amplitude liegt bei ca. $90°$. Bei solch großen Abständen zwischen zwei Fixationspunkten kommen jedoch Kopf- und andere Körperbewegungen hinzu.

**Akkommodation**

Der Vorgang der Anpassung des Auges an die Entfernung eines Sehobjektes wird Akkommodation genannt. Sie wird dadurch bewirkt, daß die Brechkraft der Augenlinsen durch Verformung mittels der Ziliarmuskeln erhöht oder verringert wird. Sie wird außerdem durch eine Veränderung der Pupillenweite und des Konvergenzwinkels der beiden Sehachsen begleitet. Wenn die Akkommodationsmuskulatur in Ruhe, d.h. entspannt ist, nimmt die Augenlinse eine relativ flache Form an, so daß Sehobjekte in großer Entfernung scharf gesehen werden (Fernakkommodation). Bei Nahakkommodation dagegen bewirkt der angespannte Ziliarmuskel eine stärkere Krümmung der Augenlinse und damit eine Reduzierung der Brennweite. Die Akkommodationsbreite des Auges wird durch den Fern- und den Nahpunkt bestimmt, d.h. durch den Maximal- und den Minimalabstand, den ein scharf zu erkennendes Sehobjekt vom Auge besitzen kann. Akkommodationsentfernungen werden üblicherweise durch ihren Kehrwert mit der Maßeinheit Dioptrie (dpt) gekennzeichnet; 1 dpt bezeichnet die Akkommodationsentfernung 1 m.

Der *Zeitbedarf* für die Akkommodation hängt vom Akkommodationshub und geringfügig von dessen Richtung ab. Bei kleinem Akkommodationshub (1 dpt) beträgt der Zeitbedarf ca. 0,2 s, bei großem Hub (7 dpt) wächst diese Zeitspanne auf ca. 1 s an (Hartmann 1970).

Der Einfluß der *Leuchtdichte*, auf die das Auge adaptiert ist, rührt daher, daß die Schärfentiefe des Auges vom Pupillendurchmesser abhängt, und daß die wirksamen Akkommodationsreize bei Nacht sehr viel schwächer sind als bei Tag. Bei Nacht ist infolge des großen Pupillendurchmessers eine geringere Schärfentiefe als bei Tag gegeben, so daß ein höherer Akkommodationsaufwand erforderlich ist.

Der *Alterseinfluß* auf die Akkommodation beruht auf der bereits in jungen Jahren beginnenden Verhärtung der Augenlinsen. Dies führt dazu, daß die anfängliche Akkommodationsbreite des kindlichen Auges von ca. 15 dpt kontinuierlich abnimmt und im Alter von 60 Jahren den Wert 1 dpt erreicht; d.h., der Abstand des Nahpunktes (kürzeste Entfernung eines noch scharf wahrzunehmenden Sehobjektes) ist von wenigen Zentimetern auf 1 m vom Auge weggerückt.

**Adaptation**

Die Adaptation des Auges ist der Vorgang der Anpassung an die Helligkeit eines Sehobjektes und seines Hintergrundes, so daß sein Arbeitsbereich den weiten Bereich der Leuchtdichte von ca. $10^{-6}$ cd/m$^2$ bis $10^5$ cd/m$^2$ umfaßt. In diesem Bereich variiert allerdings die Sehleistung (Unterschiedsempfindlichkeit, Sehschärfe, Formerkennung) beträchtlich. Ab einer Leuchtdichte von ca. 100 cd/m$^2$ behält das Auge bis zur Blendung weitgehend konstante Sehschärfe und Unterschiedsempfindlichkeit. Der Adaptationsvorgang verläuft entweder in Richtung auf ein höheres Leuchtdichteniveau (Helladaptation) oder auf ein niedrigeres (Dunkeladaptation). Er umfaßt drei Mechanismen: Die motorische Veränderung der Pupillenweite durch die Iris, den Übergang von der Wirksamkeit der Zapfen beim Tagessehen zur Aktivierung der Stäbchen beim Nachtsehen und umgekehrt und die Empfindlichkeitsänderung der Zapfen und Stäbchen. Im Hinblick auf den Adaptationsbereich von $1:10^{11}$ leistet die Pupillenreaktion einen geringen Anteil. Wesentlich wirksamer ist der Wechsel zwischen Zapfen- und Stäbchensehen.

Der Zeitbedarf für die Adaptation ist von der Richtung und vom Leuchtdichteunterschied abhängig. Für die Gestaltung optischer Anzeigen ergeben sich aus dem Adaptationsvorgang wichtige Gesichtspunkte. Der Adaptationsvorgang beim Ablesen einer Anzeige dauert um so länger, je größer die Differenz zwischen den Leuchtdichteniveaus vor und während der Ablesung ist. Falls ein Beobachter häufige Fixationswechsel zwischen mehreren Anzeigen durchführen muß, resultiert aus zu hohen Leuchtdichteunterschieden zwischen diesen Anzeigen eine wesentliche Beeinträchtigung der Sehleistung, und außerdem ist mit einer vorzeitigen Ermüdung zu rechnen. In Tab. 4-3 sind die bei der Anzeigenablesung zu berücksichtigenden Teilzeiten zusammengestellt.

| | | |
|---|---|---|
| Reaktionszeit | 0,5 ... 1,5 | s |
| Fixation | | |
|    Bewegung des Körpers | > 1 | s |
|    Bewegung des Kopfes | ~ 0,5 | s |
|    Bewegung der Augen | < 0,1 | s |
| Akkommodation | ~ 0,5 | s |
| Adaptation | $0,1 ... 2 \cdot 10^3$ | s |

Tab. 4-3: Zeitdauer der Teilprozesse bei der Ablesung optischer Anzeigen.

### 4.2.2 Darstellungsparameter optischer Anzeigen.

Abb. 4-2 zeigt die Darstellungsparameter optischer Anzeigen für den Fall von Schriftzeichen. Kokoschka 1988 gibt einen Überblick über die Zusammenhänge zwischen Bildschirmdarstellungsparametern und der Beleuchtung. Wegen der Komplexität der menschlichen visuellen Wahrnehmung und der zahlreichen darauf wirkenden Einflüsse können häufig keine scharfen Grenzwerte für die Wahl der Parameter angegeben werden. Vielfach spiegeln die in der Literatur vorhandenen Unterschiede der Gestaltungsempfehlungen die Abweichungen der Untersuchungsbedingungen wider, unter denen sie ermittelt wurden.

**Sehwinkel, Beobachtungsabstand**

Das begrenzte Auflösungsvermögen des menschlichen Auges macht es erforderlich, daß ein Zeichen mit einer Mindestgröße auf der Netzhaut abgebildet wird. Dadurch ist die Ablesung eines Zeichens nur bis zu einem maximalen Beobachtungsabstand möglich. Dies bedeutet, daß Schriftzeichen unter einem Mindestsehwinkel $\alpha$ dargeboten werden müssen. Der Sehwinkel ist durch den relativen Beobachtungsabstand D/h festgelegt. Die Angabe der Zeichenhöhe h oder des Beobachtungsabstandes D allein ist nicht ausreichend! Es gilt

$D_0 \approx h/\tan\alpha$.

## 4. Informationsdarstellung für den Menschen

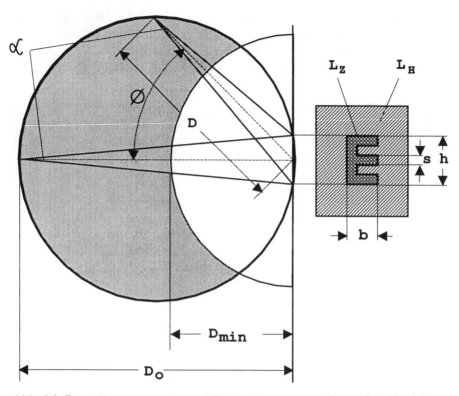

Abb. 4-2: Darstellungsparameter und Beobachtungsgeometrie von Schriftzeichen.

Der bei gegebener Zeichenhöhe h maximal zulässige Beobachtungsabstand wird als *visuelle Reichweite* $D_0$ des Schriftzeichens bezeichnet. Der Mindestsehwinkel kontinuierlicher Schriftzeichen beträgt 12' (Van Cott, Kinkade 1972), obwohl für normalsichtige Beobachter bei günstigen Bedingungen Schriftzeichen bereits ab dem Sehwinkel 5' erkennbar sind. Für Schriftzeichen auf Bildschirmen im Bürobereich fordert die DIN 66234 Teil 2 (1983) den Wert 18', für Punktmatrix-Anzeigen empfehlen Snyder, Maddox 1978 bei Zeichen im Kontext den Mindestwert 16' und bei Einzelzeichen 1°. Im ANSI/HFS Standard No.100-1988 werden 16' als Mindestwert für Zeichen auf Bildschirmen verlangt. Als empfohlene Zeichengröße wird dort der Bereich 20' bis 22' genannt. Wenn nicht anders vermerkt, ist der Sehwinkel $\alpha$ eines Zeichens stets für dessen Ausdehnung in vertikaler Richtung definiert. Der horizontale Sehwinkel $\beta$ ist durch das Formatverhältnis b/h festgelegt (b Zeichenbreite). Tab. 4-4 gibt eine Zusammenstellung empfohlener Werte für den Mindestsehwinkel und den relativen Beobachtungsabstand.

## 4.2 Anpassung an die Sensorik

| Zeichenart | Mindestsehwinkel α | $D_0/h$ |
|---|---|---|
| Kontinuierlich | 12 ' | 290 |
| Punktraster | 16 ' bzw. 60 ' | 230 bzw. 60 |

**Tab. 4-4:** Mindestsehwinkel und relativer Beobachtungsabstand bei kontinuierlichen und gerasterten Schriftzeichen.

Nach unten wird der Beobachtungsabstand durch das begrenzte Akkommodationsvermögen des Auges beschränkt. Der Abstand des Nahpunktes vom Auge bestimmt die kürzeste Entfernung $D_{min}$ eines noch scharf wahzunehmenden Sehobjektes; im folgenden wird der Wert $D_{min} = 50$ cm zugrundegelegt.

**Beobachtungswinkel**

Der Beobachtungswinkel ∅ ist der Winkel zwischen der Verbindungslinie Auge-Schriftzeichen und der Flächennormalen der Anzeige (Abb. 4-2). Der Beobachter einer Anzeige wird im allgemeinen bestrebt sein, den Blick senkrecht auf die Anzeige zu richten. Aus verschiedenen Gründen kann es jedoch erforderlich sein, Ableseaufgaben bei variablem Beobachtungswinkel ∅ durchzuführen. Solche Gründe sind: Beobachtung einer großflächigen Anzeige, Beobachtung mehrerer Anzeigen, variabler Beobachterstandort oder Beobachtung einer Anzeige durch mehrere Beobachter. Unter der Voraussetzung isotroper Zeichen, bei denen α = ß, ist bei variablem Beobachtungswinkel ∅ die Bedingung einzuhalten, daß der Sehwinkel eines Zeichens stets nicht kleiner ist als der Mindestsehwinkel α. Der geometrische Ort, auf dem diese Bedingung gerade erfüllt ist, ist der Faßkreis, der in Abb. 4-2 dargestellt ist. Bei schräger Sicht ist der Beobachtungsabstand zu verringern, damit der Mindestsehwinkel α erhalten bleibt. Da $D_0 \gg h$, kann der Faßkreis durch einen Kreis mit dem Durchmesser $D_0$ angenähert werden, der die Anzeigeebene an der Stelle des abzulesenden Zeichens tangiert. Es gilt dann für den Beobachtungsabstand D als Funktion des Beobachtungswinkels ∅

$$D(\emptyset) = D_0 \cos\emptyset,$$

wobei $D_0$ den maximalen Beobachtungsabstand bei ∅ = 0° (visuelle Reichweite) bezeichnet. Berücksichtigt man noch den minimalen Beobachtungsabstand $D_{min}$, so ist die in Abb. 4-2 gerasterte Fläche der zulässige Aufenthaltsbereich von Beobachtern des Einzelzeichens (Beobachterfläche).

# 4. Informationsdarstellung für den Menschen

Die für die Ebene dargestellten Überlegungen gelten bei isotropen Zeichen, d.h. Zeichen ohne Vorzugsrichtung, auch für den räumlichen Fall, so daß der zulässige Aufenthaltsbereich des Beobachters eines Einzelzeichens (Beobachterraum) durch die Kugel mit dem Durchmesser $D_0$ gegeben ist, abzüglich des Bereiches, der innerhalb der Halbkugel mit dem Radius $D_{min}$ um das Zeichen liegt.

Mit der Beachtung des Mindestabstandes $D_{min}$ ist eine Beschränkung des Beobachtungswinkels $\emptyset > \emptyset_{max}$ verbunden:

$$\emptyset_{max} = \arccos(D_{min}/D_0).$$

Damit werden Bereiche des Beobachtungswinkels ausgeschlossen, die wegen der verzerrt wahrgenommenen Zeichen ohnehin zu vermeiden wären. Eine zusätzliche Beschränkung des Beobachtungswinkels ist erforderlich bei ausgeprägter Richtcharakteristik der optischen Anzeige oder zur Vermeidung störender Reflexionen heller Objekte, die seitlich vor der Anzeige aufgestellt sind. Für Kathodenstrahlbildschirme wird der Wert $\emptyset_{max} \approx 40°$ empfohlen (Meister 1984).

Diese theoretischen Annahmen werden durch experimentell gewonnene Daten bestätigt (Reinig 1977). Es wurde bei Leseexperimenten mit zweisilbigen Wörtern gezeigt, daß bei freier Wahl des Beobachtungsstandortes die Punkte maximalen Beobachtungsabstandes auf einem Kreis liegen, der das zu lesende Wort berührt und dessen Durchmesser gleich dem maximalen Beobachtungsabstand bei senkrechtem Blick auf die Anzeige ist.

**Relative Strichstärke**

Die Strichstärke alphanumerischer Zeichen s wird auf die Zeichenhöhe h bezogen angegeben. Es ist zu unterscheiden zwischen Zeichen mit DH-Kontrast (positiver Kontrast: dunkles Zeichen auf hellem Grund) und Zeichen mit HD-Kontrast (negativer Kontrast, helles Zeichen auf dunklem Grund). Wegen der im Auge auftretenden Überstrahlung (Irradiation), die helle Flächen größer als dunkle erscheinen läßt, ist die Strichstärke bei DH-Kontrast größer zu wählen als bei HD-Kontrast. McCormick, Sanders 1982 empfehlen folgende Wertebereiche für die relative Strichstärke s/h bei den beiden Kontrastarten:

|  | Verhältnis s/h |
|---|---|
| DH-Kontrast | 1:6 ... 1:8 |
| HD-Kontrast | 1:8 ... 1:10 |

**Formatverhältnis**

Das Formatverhältnis b/h kennzeichnet das Verhältnis Zeichenbreite zu Zeichenhöhe. Aufgrund der Betrachtung der Struktur alphanumerischer Zeichen liegt es nahe, das Formatverhältnis 3:5 zu wählen, da beispielsweise das Zeichen B sich in einem Punktraster aus mindestens 3 Spalten und 5 Zeilen zusammensetzt. Der empfohlene Bereich für b/h liegt zwischen den Werten 2:3 und 1:1 (McCormick, Sanders 1982).

**Zeichenkontrast**

Der Zeichenkontrast ist als das Verhältnis Zeichenleuchtdichte $L_z$ zu Hintergrundleuchtdichte $L_H$ definiert. Neben dem Farbkontrast ist er ein Maß dafür, wie stark ein Zeichen sich vom Hintergrund abhebt. Für Bildschirmarbeitsplätze wird als optimaler Kontrast der Bereich 5:1 bis 10:1 empfohlen, der erstens subjektiv bevorzugt wird und sich zweitens positiv auf die Leistung des Beobachters auswirkt (Kokoschka 1980). Dieser Bereich gilt sowohl für HD- als auch für DH-Kontrast. Während der DH-Kontrast subjektiv bevorzugt wird, konnte bei der Leistungsmessung kein signifikanter Unterschied zwischen den beiden Kontrastarten festgestellt werden (Kokoschka, Fleck 1982).

**Farbe**

Farbe ist ein wesentliches Merkmal der Reize des visuellen Systems. Sie wird beschrieben durch die drei Dimensionen Farbton, Helligkeit und Sättigung. Aufgrund der Eigenschaften des visuellen Systems ergeben sich spezielle Anforderungen an die Darstellungsparameter farbiger optischer Anzeigen. Zur Unterstützung der geeigneten Verwendung der Farbe bei optischen Anzeigen ist eine Norm der ISO (International Organization for Standardization) in Vorbereitung (Smith 1988). Dort wird z.B. empfohlen, bei farbigen Bildelementen einen Mindestsehwinkel von 16' zu wählen, mit Ausnahme der Farben Gelb und Blau, für die als Mindestwert 20' gilt. Wegen der Möglichkeit der Farbfehlsichtigkeit sollen Farben sich in ihren Primärkomponenten unterscheiden, da sie sich dann im Farbton, in der Sättigung und in der Helligkeit voneinander abheben.

**Rasterung**

Die Rasterung von Schriftzeichen, die mit elektrooptischen Anzeigeverfahren dargestellt werden, erfolgt mit dem Ziel, die Zeichen in ihrer gewohnten Form mit einem begrenzten Vorrat von diskreten Bildelementen (Rasterelemente) darzustellen. Um den Aufwand für die Anzeige selbst und für die Ansteuerung der Rasterelemente gering zu halten, wird versucht, mit möglichst wenigen Rasterelementen auszukommen.

Die gebräuchlichste Form der Rasterung ist die Punktmatrix-Darstellung, bei der die Zeichen aus einzelnen Punkten einer rechteckförmigen $m \times n$ Punktmatrix zusammengesetzt werden, wobei m und n die Auflösung in horizontaler und vertikaler Richtung angeben. Das Minimum für die Punktmatrix-Darstellung ist das $5 \times 7$-Raster, empfehlenswert ist aufgrund von experimentellen Untersuchungen das 7 × 9-Raster (Helander, Rupp 1984).

**4.2.3 Anzeigen für Beobachter mit variablem Standort**

In zahlreichen Anwendungsfällen sind optische Anzeigen nicht nur für Einzelbeobachter, sondern für eine Gruppe von Beobachtern zu gestalten. Insbesondere bei räumlich ausgedehnten Anzeigen stellt sich die Frage nach der Gestaltung des Anzeigesystems und nach der Gruppierung der Beobachter, d.h. nach dem zulässigen Aufenthaltsbereich der Beobachter. Dieser im folgenden als *Beobachterraum* bezeichnete Bereich ist außerdem in den Fällen von Interesse, in denen Einzelbeobachter mit variablem Standort auftreten, z.B. in Prozeßleitwarten großer technischer Anlagen.

Im folgenden werden wichtige Gesichtspunkte für die Gruppenbeobachtung einer ebenen optischen Anzeige in Anlehnung an Weiss 1966 behandelt.

**Beobachterraum einer ebenen großflächigen Anzeige**

Wie in Abschnitt 4.2.2 gezeigt, ist der Beobachterraum eines einzelnen Zeichens eine Kugel, welche die Anzeigefläche an der Stelle des Zeichens berührt und deren Durchmesser durch den maximalen Beobachtungsabstand $D_0$ (visuelle Reichweite) gegeben ist. Soll der Beobachter in der Lage sein, ein Zeichen unabhängig von dessen Position auf einer rechteckförmigen Anzeige zu lesen, so muß er sich innerhalb des Überschneidungsbereiches aller möglichen Reichweitekugeln der Anzeige befinden, d.h. innerhalb des Raumes, der den die vier Ecken der Anzeige berührenden Kugeln gemeinsam ist. Abb. 4-3 zeigt drei Schnitte durch den Beobachterraum einer rechteckförmigen Anzeige mit dem Formatverhältnis $H/B = 1/\sqrt{2}$ und der visuellen Reichweite $D_0 = \sqrt{2}\ C$, wobei B die Breite, H die Höhe und C die Diagonale der Anzeige bezeichnen. Die horizontale Beobachterfläche ergibt sich als Schnittfläche der Ebene in Augenhöhe mit dem Beobachterraum. Da die Beobachterfläche maximal wird, wenn sie das Zentrum des Beobachterraumes schneidet, gibt es zwei Möglichkeiten zur Erreichung einer möglichst großen Beobachterfläche unter Vermeidung der Sichtbehinderung eines Beobachters durch einen anderen. Die erste ist die senkrechte Aufstellung der großflächigen Anzeige und die Neigung der Beobachterfläche (siehe Abb. 4-3). Als zweite Möglichkeit bietet sich die geneigte Aufstellung der großflächigen Anzeige und die horizontale Ausrichtung der Beobachterfläche an, so daß die Augenhöhe gleich der Höhe der Unterkante der Anzeige ist. Abb. 4-4 zeigt den Vergleich der Beobachterflächen bei senkrecht stehender und bei geneigter Anzeige für verschiedene Reichweiten $D_0$. Die Neigungswinkel sind dabei jeweils so gewählt, daß sich die maximale Beobachterfläche ergibt, d.h., daß

## 4.2 Anpassung an die Sensorik

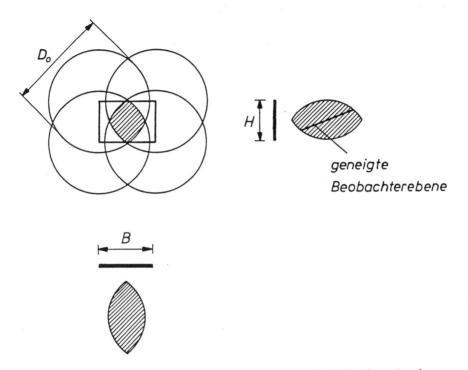

Abb. 4-3: Schnittflächen des Beobachterraumes einer rechteckförmigen Anzeige (Weiss 1966).

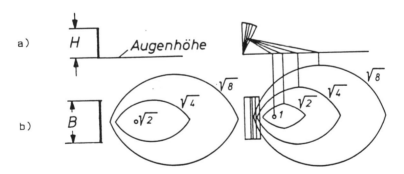

Abb. 4-4: Beobachterflächen bei Variation der visuellen Reichweite $D_0$ (angegeben als Vielfaches der Bildschirmdiagonalen). Senkrechte (links) und jeweils optimale Neigung (rechts) der Anzeige: (a) Grundriß, (b) Seitenriß (Weiss 1966).

# 4. Informationsdarstellung für den Menschen

diese den Beobachterraum im Zentrum schneidet. Der optimale Neigungswinkel nimmt mit wachsender visueller Reichweite der Anzeige ab. Es zeigt sich, daß der Gewinn an Beobachterfläche durch die Neigung der Anzeige bei kleiner visueller Reichweite am größten ist.

**Kapazität und Ausnutzung einer großflächigen ebenen Anzeige**

Voraussetzung für die Erkennbarkeit eines Zeichens einer Anzeige ist, daß sein Sehwinkel den Mindestwert $\alpha$ besitzt (vgl. Abschnitt 4.2.2). Bei einer visuellen Reichweite $D_0$ nimmt ein solches Zeichen die Fläche $(D_0 \alpha)^2$ ein, so daß auf der gesamten Anzeige mit der Fläche F

$$N = \frac{F}{(D_0 \alpha)^2} \tag{4.1}$$

Zeichen dargestellt werden können. Bei Verkleinerung der visuellen Reichweite $D_0$ kann diese Zahl erhöht werden. Die maximale Zahl der darstellbaren Zeichen wird erreicht, wenn die visuelle Reichweite $D_0$ gleich der Diagonalen C der Anzeigefläche ist und der Beobachterraum dadurch auf einen Punkt im Abstand C/2 vom Mittelpunkt der Anzeige zusammengeschrumpft ist:

$$N_{max} = \frac{F}{(C \alpha)^2} \tag{4.2}$$

Als *Kapazität* einer Anzeige wird der Raumwinkel $N_{max} \alpha^2$ definiert, eine Kenngröße, die unabhängig von der absoluten Größe der Anzeige ist.

$$K = N_{max} \alpha^2$$

Die maximale Kapazität besitzen kreisförmige Anzeigen mit dem Wert $\pi/4$ Steradiant (sr). Auf einer quadratischen Anzeige, die bis zur Kapazität K = 1/2 sr ausgenutzt wird, finden ca. 26 000 Zeichen mit einem Sehwinkel $\alpha$ = 15' (einschließlich Zwischenraum) Platz, die allerdings nur von einem einzigen Punkt aus unter mindestens diesem Sehwinkel gesehen werden können. Um eine größere als diese punktförmige Beobachterfläche zu erreichen, sind Anzeigen unterhalb ihrer Kapazität zu betreiben, abgesehen von der Frage, ob die parallele Darstellung der oben genannten Zeichenmenge überhaupt sinnvoll ist. Um dies zu kennzeichnen, wird als weitere Größe die *Ausnutzung*

$$U = N \alpha^2 \tag{4.3}$$

definiert, die als der effektive Raumwinkel interpretiert werden kann. Die Ausnutzung U kennzeichnet die Belegung des Sehraumes durch eine Anzeige.

## 4.2 Anpassung an die Sensorik

**Optimale Anzeige-Beobachter-Konfiguration**

Abb. 4-5 zeigt die geometrischen Verhältnisse für eine rechteckförmige Anzeige (Breite B, Höhe H, Diagonale C), deren untere Kante sich im Abstand E über der Augenhöhe befindet. Die Anzeigeebene ist so um den Winkel $\tau$ gegen die Senkrechte geneigt, daß die Beobachterfläche das Zentrum des Beobachterraumes schneidet und somit ihren maximalen Wert besitzt. G ist der Abstand dieses Zentrums von der Unterkante der Anzeige und $D_0$ ist die visuelle Reichweite. R ist der Radius der die Beobachterfläche begrenzenden Kreise. Mit den folgenden geometrischen Beziehungen

$$G = \frac{1}{2}\sqrt{D_0^2 + H^2 - 4E^2},$$

$$\sin \tau = 2\,\frac{GH + ED_0}{D_0^2 + H^2},$$

$$\cos \tau = 2\,\frac{GD_0 + EH}{D_0^2 + H^2},$$

$$R = \frac{1}{2}\sqrt{D_0^2 - H^2 \cos^2\tau},$$

ergibt sich die Beobachterfläche

$$A = 2R^2 \left(\arccos \frac{H\sin\tau}{2R} - \arcsin \frac{B}{2R}\right) + HB\sin\tau -$$
$$\frac{1}{2}\left(B\sqrt{D_0^2 - B^2 - H^2 \cos^2\tau} + H\sqrt{D_0^2 - H^2}\,\sin\tau\right). \quad (4.4)$$

**Effektivität einer großflächigen Anzeige**

Das Verhältnis der Beobachterfläche A zur Fläche F einer Anzeige kann als Maß für die Effektivität einer Anzeige herangezogen werden. Als Bezugsgröße hierfür eignet sich

$$\eta_0 = \frac{\pi}{4N\,\alpha^2}, \quad (4.5)$$

ein Wert, den das Verhältnis A/F bei sehr kleiner Ausnutzung $N\alpha^2$ annimmt. In diesem Fall kann der Beobachterraum durch eine einzige Kugel mit dem Durchmesser $D_0$ und der Beobachterfläche $D_0^2\pi/4$ angenähert werden. Mit dieser Bezugsgröße ergibt sich die Definition der Kenngröße *Effektivität* der Anzeige:

$$\eta = \frac{4A}{\pi F} N\alpha^2, \quad (4.6)$$

## 4. Informationsdarstellung für den Menschen

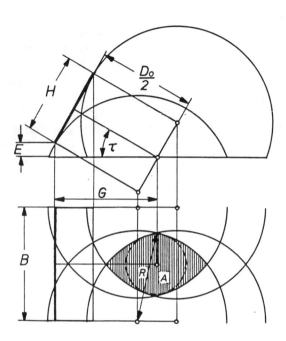

Abb. 4-5: Geometrie der Anzeigeanordnung und der Beobachterfläche (Seiten- und Grundriß) (Weiss 1966).

wobei das Verhältnis A/F nach den Gleichungen (4.1) und (4.4) eine Funktion der Ausnutzung $N \alpha^2$ ist.

In Abb. 4-6 ist die Effektivität als Funktion der Ausnutzung für drei verschiedene Anzeigen mit unterschiedlichem Formatverhältnis H/B dargestellt. Die Effektivität fällt vom Wert 1 bei verschwindender Ausnutzung zum Wert 0 bei der maximalen Ausnutzung der Kapazität der Anzeige. Dies bedeutet, daß nur bei kleiner Ausnutzung der Anzeigefläche, (kleiner Ausnutzung des Sehraumes) eine hohe Effektivität der Anzeige, d.h. ein hohes Verhältnis von Beobachter- zu Anzeigefläche, erreicht werden kann. Bei großer Anzeigefläche muß somit auf hohe Effektivität der Anzeige verzichtet werden.

### Beispiele

Betrachtet werde eine Anzeige mit dem Formatverhältnis H/B = 2, deren Unterkante sich in Augenhöhe befindet und auf der 160 × 80 quadratische Zeichen mit dem Sehwinkel $\alpha$ = 4,1 mrad (15 Bogenminuten) darzustellen sind. Die Ausnutzung ist $N \alpha^2$ = 0,22 sr, die gemäß Abb. 4-6 einer Effektivität von $\eta$ = 0,1 entspricht. Wie Formel (4.6) muß die Anzeigefläche um den Faktor 2,7 größer sein als die Beobachterfläche. Die optimale Anzeige-Beobachter-Konfiguration zeigt Abb. 4-7. Falls

## 4.2 Anpassung an die Sensorik

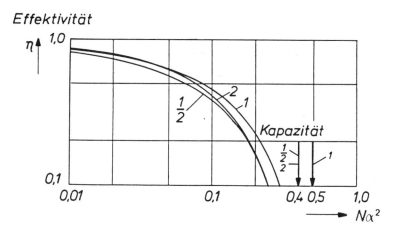

Abb. 4-6: Effektivität einer Anzeige als Funktion der Ausnutzung bei verschiedenen Formatverhältnissen H/B (Weiss 1966).

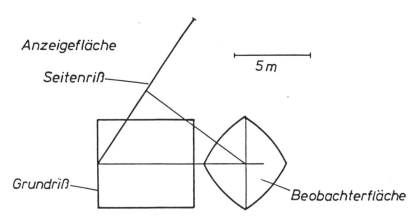

Abb. 4-7: Optimale Konfiguration Anzeige-Beobachterfläche bei einem Formatverhältnis H/B=2 und der Ausnutzung 0,22 Steradiant (60% der Kapazität) (Weiss 1966).

von einer solch hohen Ausnutzung abgesehen wird, ergeben sich wesentlich günstigere Verhältnisse, wie aus Abb. 4-8 ersichtlich ist. Hier wurde von einem Viertel der Zeichenmenge ausgegangen, so daß die Effektivität auf ca. 65 % anwuchs und damit eine um den Faktor 25 kleinere Anzeigefläche ermöglicht wurde.

## 4. Informationsdarstellung für den Menschen

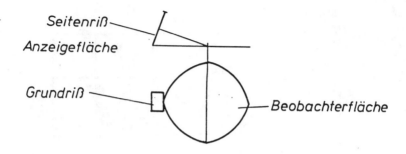

Abb. 4-8: Optimale Konfiguration Anzeige-Beobachterfläche bei einem Formatverhältnis H/B=2 und der Ausnutzung 0,06 Steradiant (15% der Kapazität) (Weiss 1966).

### 4.2.4 Beobachtungsgeometrie einzelner oder mehrerer Bildschirme mit ebener oder gekrümmter Anzeigefläche

**Beobachtungsgeometrie eines ebenen Bildschirmes**

Wegen der um ca. 30° nach unten geneigten Sehachse bei aufrechter Sitzhaltung (Hill, Kroemer 1986) ist ein Bildschirm um $\tau = 30°$ gegen die Senkrechte geneigt aufzustellen. In Abb. 4-9 ist die Beobachtungsgeometrie maßstäblich dargestellt, wobei von einem Bildschirm mit einer Diagonale C = 51 cm (Breite B = 41 cm, Höhe H = 30 cm) ausgegangen wurde. Die Zeichenhöhe beträgt h = 0,7 cm, so daß bei einem Mindestsehwinkel $\alpha = 15'$ die visuelle Reichweite $D_0$ = 160 cm beträgt. Die Bildschirmoberkante befindet sich E = 15 cm unterhalb der Augenhöhe $L_A$ und 10 cm über der Tischoberkante mit der Höhe $L_T$. In Abb. 4-9 sind drei Beobachterflächen angedeutet. Fläche $A_1$ steht senkrecht auf der Anzeigeebene und besitzt maximale Größe

$$A_1 = 2R^2 \arccos \frac{B}{2R} - BR \qquad (4.7)$$

mit

$$R = \frac{1}{2} \sqrt{D_0^2 - H^2}.$$

Fläche $A_2$ ist oberhalb der Augenhöhe und beinhaltet den Mittelpunkt des Beobachterraumes ebenfalls. Für die Beobachterfläche $A_2$ gilt die Gleichung (4.4).
Für die Fläche $A_3$ in Augenhöhe $L_A$ gilt

$A_3 < A_2 < A_1$.

4.2 Anpassung an die Sensorik

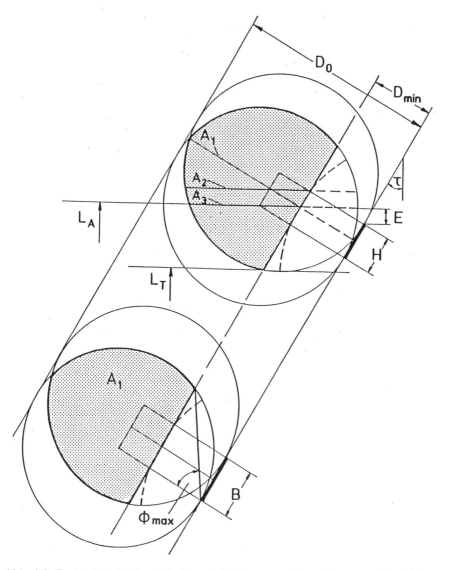

Abb. 4-9: Beobachterflächen A1, A2 und A3 eines geneigten, ebenen, rechteckförmigen Bildschirmes.

Im folgenden wird angenommen, daß sich die Augen des Beobachters innerhalb der Fläche $A_1$ bewegen, da der Kopf beim Annähern an den Bildschirm gesenkt und beim Entfernen angehoben wird. Bei Berücksichtigung des Mindestabstandes $D_{min}$ hat die Beobachterfläche den Wert

$$A_1' = A_1 - F_N , \qquad (4.8)$$

77

mit der Fläche des Nahbereiches $F_N$.
Da $D_0 \gg H$, ergibt sich für $F_N$ näherungsweise

$$F_N \approx \frac{D_0^2}{4} \left( \arccos \frac{\frac{D_0}{2} - D_{min}}{D_0} - \arcsin \frac{B}{D_0} \right) + \frac{BD_0}{4} - BD_{min}$$

$$- \sqrt{\frac{1}{2} D_0 D_{min} - D_{min}^2} \left( \frac{D_0}{2} - D_{min} \right), \quad D_0 \geq \frac{D_{min}}{2}. \qquad (4.9)$$

Mit den oben angegebenen Zahlenwerten für die Bildschirmabmessungen B und H, den Mindestabstand $D_{min}$ und die visuelle Reichweite $D_0$ hat die Beobachterfläche die Größe

$A_1' \approx 10000 \text{ cm}^2$.

Der maximale Beobachtungswinkel gemäß Abb. 4-9 beträgt

$$\emptyset_{max} = \arctan \frac{\sqrt{D_0 D_{min} - D_{min}^2} - H^2/4}{D_{min}}. \qquad (4.10)$$

Da $D_0 \gg H$, gilt die Näherung

$$\emptyset_{max} \approx \arctan \sqrt{\frac{D_0}{D_{min}} - 1}. \qquad (4.11)$$

Bei dem gewählten Zahlenbeispiel ergibt sich

$\emptyset_{max} = 56°$.

**Beobachtungsgeometrie eines konvex gekrümmten Bildschirmes**
Die heutigen weit verbreiteten Kathodenstrahlanzeigen haben einen Bildschirm mit sphärisch konvexer Krümmung; solche mit möglichst ebenem Bildschirm sind in der Entwicklung. Bei einem sphärisch konvex gekrümmten Bildschirm wird der Beobachterraum in entsprechender Weise ermittelt, indem die vier Beobachterkugeln an die Eckpunkte des Bildschirmes angelegt werden und der gemeinsame Schnittraum bestimmt wird. Die Mittelpunkte der den Beobachterraum begrenzenden Kreise liegen auf den Normalen der Eckpunkte, d.h. auf den vom Krümmungsmittelpunkt des Bildschirmes ausgehenden vier Strahlen, auf denen die Eckpunkte liegen. Als Krümmungsradius K des Bildschirmes wird im folgenden
$K = 5C/3$ \hfill (4.12)

angenommen, wobei C die Bildschirmdiagonale bezeichnet (vgl. Datenblätter verschiedener Röhrenhersteller). Die Beobachterfläche wird hier nicht mehr durch Kreisbögen begrenzt, ihre Konstruktion erfolgt daher aus einzelnen Randpunkten. Betrachtet wird auch hier die Beobachterfläche, die senkrecht auf dem Mittelpunkt des Bildschirmes steht; sie ist in Abb. 4-10 dargestellt.

Bedingt durch die konvexe Krümmung ergibt sich ein wesentlich kleinerer Beobachterraum im Vergleich zum ebenen Bildschirm. Wie die Gegenüberstellung der Flächen $A_1'$ und $A_{1konv}'$ in Abb. 4-9 und 4-10 zeigt, bewirkt die Krümmung des Bildschirmes sowohl eine Einschränkung der seitlichen Bewegungsfreiheit als auch eine Reduzierung des maximalen Beobachtungsabstandes durch eine stärkere Verjüngung der Beobachterfläche mit wachsendem Abstand.

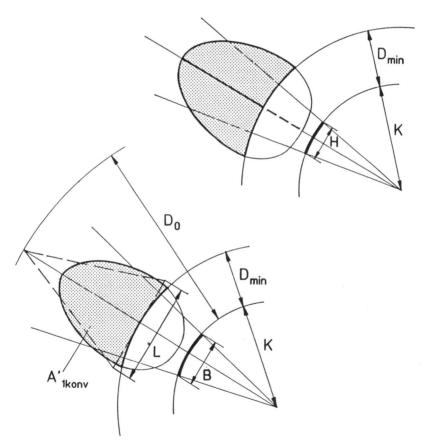

Abb. 4-10: Zwei Schnitte durch den Beobachterraum eines sphärisch konvex geümmten Bildschirmes.

Für die Beschreibung der Beobachterfläche in der Praxis wird eine Näherung in Form eines gleichschenkligen Dreiecks vorgeschlagen, das in Abb. 4-10 eingezeichnet ist. Eine genauere Näherung wäre mit Hilfe eines Trapezes erreichbar. Die Höhe dieses Dreieckes beträgt

$$H_D = D_0 - D_{min} \tag{4.13}$$

und die Grundseite errechnet sich aus

$$L \approx 2\sqrt{D_0 D_{min} - D_{min}^2} - B(1 + \frac{D_0}{2K}), \tag{4.14}$$

dabei wurde $D_0 \gg H$ angenommen.

Als Beobachterfläche ergibt sich näherungsweise

$$A_{1konv}' \approx \frac{D_0 - D_{min}}{2} (2\sqrt{D_0 D_{min} - D_{min}^2} - B(1 + \frac{D_0}{2K})). \tag{4.15}$$

Bei dem gewählten Zahlenbeispiel ergibt sich

$$A_{1konv}' \approx 8400 \text{ cm}^2,$$

d.h., der konvex gekrümmte Bildschirm weist nur 84 % der Beobachterfläche des ebenen Bildschirmes auf.

**Beobachtungsgeometrie eines konkav gekrümmten Bildschirmes**

Obwohl es technologisch aufwendig erscheint, konkav gekrümmte Bildschirme zu realisieren, wird auch deren Beobachtungsgeometrie hier betrachtet. Falls ein solcher Bildschirm sphärisch gekrümmt ist mit dem Krümmungsradius K gleich der halben visuellen Reichweite $D_0$,

$$K = D_0/2,$$

so sind sämtliche Beobachterkugeln des Bildschirmes identisch, gleichgültig welche Abmessungen er aufweist. Der Beobachterraum ist daher gleich der Beobachterkugel mit dem Durchmesser $D_0$. Jede das Zentrum des Beobachterraumes enthaltende Beobachterfläche besitzt den maximalen Flächeninhalt

$$A_{1konv}' = \frac{\pi}{4} D_0^2. \tag{4.16}$$

Von dieser Fläche ist der durch $D_{min}$ gegebene Nahbereich abzuziehen. Bei einem Bildschirm mit der Breite B ergibt sich (vgl. Abb. 4-11):

$$A_{1konk}' \approx \frac{\pi}{4} D_0^2 - \frac{D_{min}}{D_0} (D_0 - D_{min}) (B + 2D_{min}). \tag{4.17}$$

## 4.2 Anpassung an die Sensorik

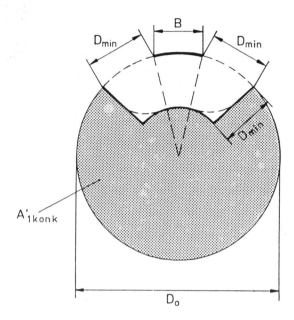

Abb. 4-11: Beobachterfläche eines sphärisch konkav gekrümmten Bildschirmes.

Bei dem gewählten Zahlenbeispiel ergibt sich

$A_{1konk}' \approx 17500$ cm$^2$,

d.h., die Beobachterfläche des konkav gekrümmten Bildschirmes ist um 75 % größer als die des ebenen Bildschirmes und sie ist mehr als doppelt so groß wie bei konvexer Krümmung!

Die Betrachtung der Abstrahlcharakteristik ebener und gekrümmter Bildschirme wird in Abb. 4-12 anhand der Annahme idealer Lambert-Strahler durchgeführt. Bei allen Bildschirmen verringert sich die Helligkeit im Randbereich; jedoch ist der Abfall bei konkaver Krümmung am geringsten. Dieser Effekt fällt bei ausgeprägter keulenförmiger Richtcharakteristik des Bildschirmes weitaus stärker ins Gewicht. Außerdem gibt es bei konkaver Krümmung einen Punkt der Beobachterfläche, nämlich den Mittelpunkt des Kreises, von dem der gesamte Bildschirm mit konstanter Helligkeit wahrgenommen wird.

Neben der Abstrahlcharakteristik sind die Reflexionsbedingungen des Bildschirmes von Interesse, und zwar insbesondere dann, wenn er eine Oberfläche aus Glas besitzt. Bereits als Begründung für die Entwicklung des ebenen Bildschirmes wurde der Raumwinkelbereich herangezogen, aus dem Reflexionen für den Beobachter wirksam werden (Hamano et al. 1984). In Abb. 4-13 sind für gleichen Beobachtungsab-

4. Informationsdarstellung für den Menschen

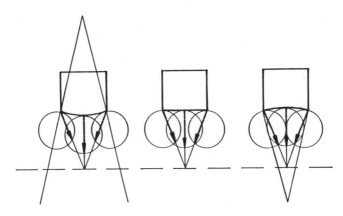

Abb. 4-12: Abstrahlcharakteristika von Bildschirmen unterschiedlicher Krümmung (Lambert-Strahler).

stand die Winkelbereiche bei konvexem, ebenem und konkavem Bildschirm dargestellt, aus denen Reflexionen entstehen, die für das Auge störend werden können. Auch hieraus ergibt sich ein erheblicher Vorteil für den konkaven Bildschirm. Während bei konvexer Krümmung praktisch der gesamte Hintergrund des Beobachters erfaßt wird, ist im Falle des konkaven Bildschirmes gegebenenfalls nur der Bereich des Kopfes des Beobachters wirksam.

Für die Beurteilung der Reflexionen eines Bildschirmes ist nicht nur der erfaßte Raumwinkelbereich maßgebend, sondern auch die Abbildungseigenschaft der reflektierenden Oberfläche (Miyazaki 1979). Der Abstand Y des reflektierten Bildes von einem konkaven Spiegel als Funktion des Objektabstandes X ergibt sich aus der in der Optik bekannten Beziehung

$$Y = \frac{Xf}{X-f}, \qquad (4.18)$$

wobei f die Brennweite des Hohlspiegels mit dem Krümmungsradius K = 2f bezeichnet. Um ein reflektiertes Bild scharf wahrnehmen zu können, muß ein Beobachter wegen des durch seinen Nahpunkt gegebenen Mindestabstandes $D_{min}$ den Beobachtungsabstand

$$D = Y + D_{min} \qquad (4.19)$$

einhalten. In Abb. 4-14 ist D als Funktion des Objektabstandes X aufgetragen. Daraus ist ersichtlich, daß der Beobachter alle Objekte, für de-

4.2 Anpassung an die Sensorik

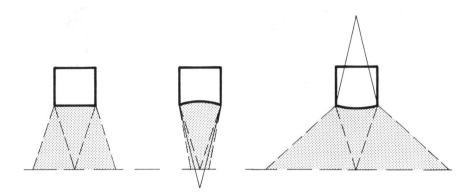

Abb. 4-13: Durch Reflexion erfaßter Bereich bei Bildschirmen unterschiedlicher Krümmung.

ren Abstand $0 < X < \infty$ gilt, unscharf sieht, sofern er seinen Beobachtungsabstand

$$D < \frac{Xf}{X-f} + D_{min} \qquad (4.20)$$

wählt.

Da die unscharfe Wahrnehmung von reflektierten Sehobjekten wesentlich weniger störend ist als die scharfe, ist der in Abb. 4-14 gerasterte Bereich der bei der Beobachtung eines konkaven Bildschirmes anzustrebende.

Will der Beobachter auch sein eigenes Spiegelbild unscharf sehen, so ergibt sich damit der zulässige Bereich des Beobachtungsabstandes

$$f \leq D \leq \frac{1}{2}(2f + D_{min} + \sqrt{4f^2 + D_{min}^2}). \qquad (4.21)$$

Dieser ist in Abb. 4-14 durch den verstärkt gezeichneten Bereich der Winkelhalbierenden dargestellt. Wählt man als Krümmungsradius des konkaven Bildschirmes $K = 1/2D_0 = 80$ cm, beträgt $f = 40$ cm. Vereinfachend kann in diesem Fall $D_{min} \approx f$ gesetzt werden, so daß der zulässige Bereich durch

$$0{,}25 D_0 \leq D \leq 0{,}65 D_0 \qquad (4.22)$$

(40 cm $\leq D \leq$ 117 cm) bestimmt ist.

Diese unter dem Aspekt der Reflexionen aufgestellte Forderung ist gut vereinbar mit der aus dem begrenzten Auflösungsvermögen des Au-

## 4. Informationsdarstellung für den Menschen

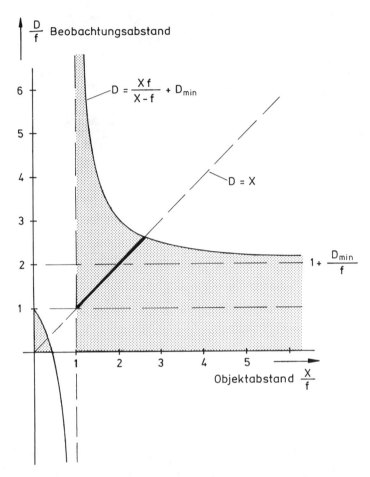

Abb. 4-14: Bereiche des Beobachtungsabstandes, in denen bei einem konkav gekrümmten Bildschirm reflektierte Sehobjekte unscharf wahrgenommen werden ($f = D_{min}$).

ges resultierenden Beobachterfläche (Abb. 4-11). Die günstigsten Beobachtungsbedingungen bei einem konkaven Bildschirm sind somit im Bereich des Krümmungsmittelpunktes gegeben. Durch die unscharfe Wahrnehmung von reflektierten Sehobjekten einschließlich des eigenen Spiegelbildes des Beobachters ist damit ein weiteres gewichtiges Argument für die konkave Krümmung des Bildschirmes vorhanden.

Bei der Darstellung von realen Szenen auf einem Fernsehbildschirm mit einem Zeilenraster von ca. 500 Zeilen wird als maximaler Beobachtungsabstand $D_0$ das Drei- bis Vierfache der Bildschirmdiagonalen empfohlen. Der hieraus abzuleitende Krümmungsradius stimmt

## 4.2 Anpassung an die Sensorik

mit dem unter dem Aspekt der Schriftzeichendarstellung geforderten näherungsweise überein.

**Beobachtungsgeometrie bei mehreren gekrümmten Bildschirmen**

Falls ein Beobachter mehrere Bildschirme zu überblicken hat, ergibt sich die gemeinsame Beobachterfläche durch Überlagerung der Beobachterflächen der einzelnen Bildschirme. Betrachtet werden im folgenden zwei und drei Bildschirme mit dem Ziel, Regeln für deren Anordnung abzuleiten.

In Abb. 4-15 und 4-16 sind die Reihenanordnungen zweier und dreier konvex gekrümmter Bildschirme dargestellt. Der Abstand zwischen den Bildschirmen ist mit S bezeichnet. Nähert man die Beobachterfläche eines einzelnen Bildschirmes durch das oben eingeführte Dreieck an, so ergibt sich als gemeinsame Beobachterfläche zweier Bildschirme in Reihenanordnung (Abb. 4-15) ebenfalls ein Dreieck mit der Fläche

$$A_{12konv}' = \frac{1}{2L} (L - B - S)^2 (D_0 - D_{min}), \quad S < L-B. \tag{4.23}$$

Diese Fläche nimmt mit wachsendem Abstand S ab, so daß als Gestaltungsregel daraus folgt, daß die Bildschirme möglichst dicht nebeneinander zu stellen sind, damit die maximale Beobachterfläche

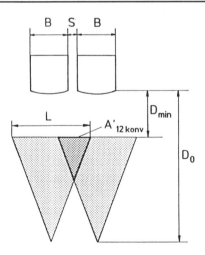

Abb. 4-15: Beobachterfläche zweier konvex gekrümmter Bildschirme in Reihenanordnung.

## 4. Informationsdarstellung für den Menschen

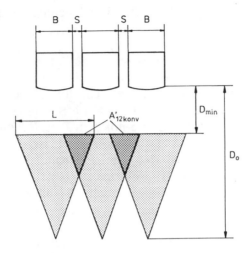

Abb. 4-16: Beobachterfläche dreier konvex gekrümmter Bildschirme in Reihenanordnung.

$$\hat{A}_{12konv}' = \frac{1}{2L} (L - B)^2 (D_0 - D_{min}), \quad L > B. \tag{4.24}$$

angestrebt wird.

Bei drei Bildschirmen in Reihenanordnung (Abb. 4-16) ist die gemeinsame Beobachterfläche

$$A_{123konv}' = \frac{2}{L} (\frac{L}{2} - B - S)^2 (D_0 - D_{min}), \quad S < \frac{L}{2} - B. \tag{4.25}$$

Für $S = 0$ folgt

$$\hat{A}_{123konv}' = \frac{1}{L} (\frac{L}{2} - B)^2 (D_0 - D_{min}), \quad L > 2B. \tag{4.26}$$

Wie aus Abb. 4-16 ersichtlich, ist bei drei Bildschirmen in Reihenanordnung mit realistischen Werten der Abmessungen der visuellen Reichweite und des Abstandes zwischen den Bildschirmen keine Beobachterfläche gegeben, von der aus alle drei Bildschirme überblickt werden können. Als erster Ausweg bietet sich die Winkelanordnung von drei Bildschirmen an. In Abb. 4-17 ist dargestellt, wie durch Hinzufügen eines um $\beta = 45°$ geneigten Bildschirmes die Beobachterfläche von zwei Bildschirmen nur mit geringer Einbuße auf die von drei Bildschirmen erweitert werden kann. Es ist zu sehen, daß schon bei zwei Bildschirmen eine abgewinkelte Aufstellung zu einem erheblichen Gewinn an Beobachterfläche führt. Die zweite Möglichkeit zur Gewährleistung einer gemeinsamen Beobachterfläche für drei und mehr Bildschirme ist die Polygonanordnung (Abb. 4-18). So kann z.B. durch die um $\beta = 30°$ abgewinkelte Aufstellung der Bildschirme eine weitgehende Überschneidung der Beobachterflächen der einzelnen Bildschirme erreicht werden. Durch Neigung der Bildschirme zueinander wird die Forderung nach möglichst geringem Abstand entschärft.

Bei mehreren konkav gekrümmten Bildschirmen, die am Rand der Kugel mit dem Durchmesser $D_0$ angeordnet sind, fallen die Beobachterkugeln der einzelnen Bildschirme zusammen. Die gemeinsame Beobachterfläche ist ein Kreis, abzüglich des Nahbereiches. Für den Fall von drei Bildschirmen (Abb. 4-19) erhält man

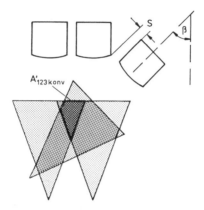

Abb. 4-17: Beobachterfläche dreier konvex gekrümmter Bildschirme in Winkelanordnung ($\beta = 45°$).

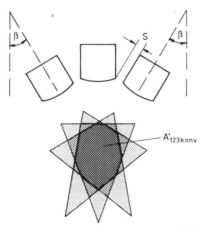

Abb. 4-18: Beobachterfläche dreier konvex gekrümmter Bildschirme in Polygonanordnung ($\beta = 30°$).

$$A_{123\text{konk}}' \approx \frac{\pi}{4} D_0^2 - \frac{D_{\min}}{D_0} (D_0 - D_{\min})(3B + 2S + 2D_{\min}). \quad (4.27)$$

Für S = 0 ergibt sich der Maximalwert

$$\hat{A}_{123\text{konk}}' \approx \frac{\pi}{4} D_0^2 - \frac{D_{\min}}{D_0} (D_0 - D_{\min})(3B + 2D_{\min}). \quad (4.28)$$

Bei dem gewählten Zahlenbeispiel erreicht die Beobachterfläche höchstens den Wert

$$\hat{A}_{123\text{konk}}' \approx 12700 \text{ cm}^2.$$

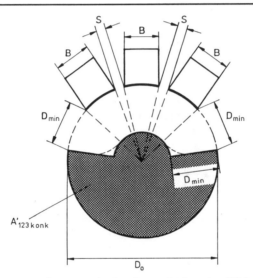

Abb. 4-19: Beobachterfläche dreier konkav gekrümmter Bildschirme in Kreisanordnung.

Der Vergleich dreier konkaver Bildschirme in Kreisanordnung und dreier konvexer Bildschirme in Polygonanordnung zeigt, daß die Beobachterfläche konkaver Bildschirme ein Vielfaches der Beobachterfläche konvexer Bildschirme beträgt. Zu den Vorteilen des konkaven Bildschirmes bei isolierter Aufstellung kommt somit noch der Vorteil der erheblich vergrößerten gemeinsamen Beobachterfläche bei mehreren Bildschirmen hinzu.

Bei der Weiterentwicklung der Bildschirme ist daher zu prüfen, ob es technisch möglich ist, Bildschirme mit konkaver Krümmung zu realisieren. Dies gilt insbesondere für die Anzeigetechnologien, die heute schon die Realisierung ebener Bildschirme erlauben, wie z.B. Flüssigkristall-, Plasma- und Elektrolumineszenzanzeigen.

Die VDI/VDE-Richtlinie 3546 "Konstruktive Gestaltung von Prozeßleitwarten" (1989) basiert zu einem Teil auf diesen Ergebnissen zur Beobachtungsgeometrie konvexer Bildschirme; über ihre Anwendung bei der Gestaltung einer neuen Warte in der Netzleittechnik berichten Bergmann et al. 1989. Auch auf Großanzeigen in Bahnhöfen, Flughäfen oder Sportstadien sind die dargestellten Überlegungen übertragbar.

**4.2.5 Sprachausgabe**

Durch die Entwicklung der Mikroelektronik sind neben die konventionellen akustischen Anzeigen (Klingel, Hupe, Tongenerator usw.) Sprachausgabesysteme getreten, die es ermöglichen, Informationen aus einem technischen System in Form von Sprache darzubieten. Die Verfahren zur Sprachausgabe lassen sich gemäß Abb. 4-20 in drei Gruppen einteilen (Fellbaum 1984):

**Signalformcodierung**

Dabei wird menschliche Sprache gespeichert, digitalisiert und komprimiert. Hierzu dienen Verfahren aus der Sprachsignalübertragung wie Pulscodemodulation (PCM), Differenz-Pulscodemodulation (DPCM), Adaptive Differenz-Pulscodemodulation (ADCPM) und Deltamodulation (DM). Die typische Datenrate beträgt 16 bis 32 kbit/s. Bei der Sprachausgabe wird aus den digitalen Daten wieder ein möglichst originalgetreues analoges Sprachsignal erzeugt.

**Parametrische Codierung**

Hier wird statt des Sprachsignals selbst eine parametrische Beschreibung gespeichert. Dadurch reduziert sich die Datenrate auf ca. 1 bis 10 kbit/s. Bei dieser Gruppe der halbsynthetischen Verfahren wird mit einem Modell der menschlichen Spracherzeugung gearbeitet. Durch zwei Signalquellen, einen Puls- und einen Rauschgenerator, wird eine stimmhafte und eine stimmlose Anregung erzeugt. Diese Anregungssignale durchlaufen eine Filterschaltung (Modell des Vokaltraktes). In der Analysephase werden die Filterkoeffizienten, die Grundfrequenz, die Amplitude sowie die stimmhaften Anteile ermittelt. Diese Parameter, die jeweils für ein kurzes Zeitintervall (z.B. 20 ms) berechnet und gespeichert werden, dienen in der Syntheseschaltung zur Steuerung des Modells. Bekanntestes Verfahren dieser Gruppe ist das LPC-Verfahren (linear predictive coding), bei dem das Filter zur Rekonstruktion der Sprache durch ein rekursives digitales Filter gebildet wird.

# 4. Informationsdarstellung für den Menschen

### a) Signalformcodierung

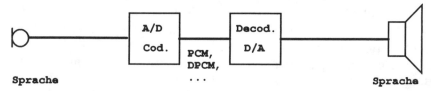

### b) Parametrische Codierung

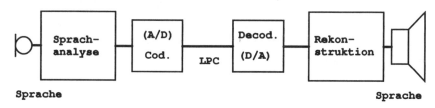

### c) Vollsynthese

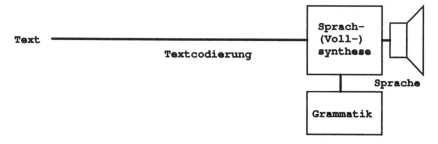

Abb. 4-20: Verfahren zur Sprachausgabe (Fellbaum 1984).

Vollsynthese

Verfahren der Vollsynthese setzen Sprache aus Lautelementen zusammen und erzeugen Wörter oder Sätze, die nicht von einem menschlichen Sprecher vorher gesprochen wurden. Allerdings stammen die Lautelemente meist von einem Menschen. Auf diese Weise kann ausgehend von einem begrenzten Vorrat von Lautelementen (z.B. 40 Phoneme) und beliebigem Text in orthographischer Form die Sprachausgabe erzeugt werden. Die Datenrate beträgt hier nur noch ca. 0,1 kbit/s. Allerdings ist hier ein Verfahren zur automatischen linguistisch-phonetischen Transkription erforderlich, das den zu sprechenden Text (z.B. in

Form von ASCII-Code) in Lautschrift beschrieb. Hierfür liegen bis jetzt noch unbefriedigende Verfahren vor, so daß die vollsynthetisch erzeugte Sprache noch Mängel hinsichtlich Natürlichkeit und Verständlichkeit aufweist.

Tab. 4-5 zeigt einen Vergleich der drei Verfahren zur Sprachausgabe. Wesentliche Vergleichskriterien sind die Datenrate, die Verständlichkeit und die Natürlichkeit der erzeugten Sprache. Die parametrische Codierung ist die zur Zeit am meisten eingesetzte Methode, weil sie bei einer relativ guten Qualität der Sprache einen Speicherplatzbedarf besitzt, der heute in vielen Anwendungsfällen mit wirtschaftlich vertretbarem Aufwand bereitgestellt werden kann. Diese Methode bietet sich insbesondere bei Einsatz in größerer Stückzahl an, da hier die Kosten für die Sprachsynthese weniger ins Gewicht fallen. Außerdem kommt sie bei umfangreichem Wortschatz (Dauer: mehrere Minuten) in Frage. Die Signalformcodierung, die eine wesentlich höhere Qualität der Sprache bietet, eignet sich für kurze Sprachausgaben (wenige Minuten) und auch für geringe Stückzahlen. Die Flexibilität des Vokabulars, die in zahlreichen Anwendungsfällen erwünscht oder gar erforderlich ist (z.B. bei einem Blindenlesegerät), kann nur mit der Vollsynthese unbeschränkt erreicht werden. Neben den bisher genannten technisch-wirtschaftlichen Kriterien entscheiden die Verständlichkeit und die Natürlichkeit über die Leistungsfähigkeit der sprachlichen Mensch-Maschine-Kommunikation und über die Akzeptanz der Sprachausgabe durch den Benutzer. In den Abb. 4-21 und 4-22 sind Ergebnisse des Vergleiches der Ziffernverständlichkeit (Signal-Rauschabstand 0 dB) und der subjektiven Beurteilung der Natürlichkeit der Sprache dargestellt, die bei Vertretern der drei Verfahren zur Sprachausgabe gemessen wurden (Erbacher, Schönbein 1986). Zum Vergleich wurde die analog mit einem Tonband aufgezeichnete natürliche Sprache herangezogen. Der Geräuscheinfluß auf die Verständlichkeit wirkt sich besonders bei den Verfahren der Vollsynthese aus, die noch unbefriedigende Erkennungsraten besitzen. Der Abstand der Verständlichkeit der Sprache vom Tonband von derjenigen der Sprachausgabesysteme ist in der subjektiven Bewertung größer als bei der objektiv gemessenen Verständlichkeit. Eine mögliche Erklärung hierfür ist darin zu sehen, daß die Natürlichkeit bei der subjektiven Bewertung der Verständlichkeit eine Rolle spielt. Die subjektive Bewertung der Natürlichkeit der Tonbandsprache unterscheidet sich erheblich von der Bewertung der mit den Sprachausgabemodulen erzeugten Sprache.

Eine der wenigen Untersuchungen zur Wahl von Parametern der Sprachausgabe wurde von Simpson, Mirchionda-Frost 1984 mit einem Verfahren der Vollsynthese durchgeführt. Am Beispiel von Warnmeldungen für Hubschrauberpiloten wurden die Grundfrequenz und die Sprechgeschwindigkeit in Anwesenheit von Störgeräuschen untersucht.

## 4. Informationsdarstellung für den Menschen

|  | Signalform-codierung | Parametrische Codierung | Vollsynthese |
|---|---|---|---|
| Datenrate (kbit/s) | 16...32 | 1...10 | ca. 0,1 |
| Wortschatz | fest | fest | variabel |
| Verständlichkeit | hoch | mittel - hoch | niedrig - mittel |
| Natürlichkeit | hoch | mittel | niedrig |
| Sprechererkennbarkeit | ja | ja | nein |
| Gerätekosten | niedrig | hoch | mittel |
| Speicherkosten | hoch | mittel | niedrig |
| Vokabularherstellkosten | niedrig | hoch | mittel |

Tab. 4-5: Vergleich der verschiedenen Sprachausgabeverfahren (Erbacher, Schönbein 1987).

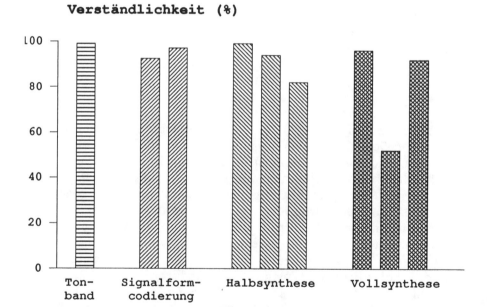

Abb. 4-21: Ziffernverständlichkeit bei verschiedenen Sprachausgabemodulen bei Hubschraubergeräuschen mit Signal-Rauschabstand 0 dB (Erbacher, Schönbein 1987).

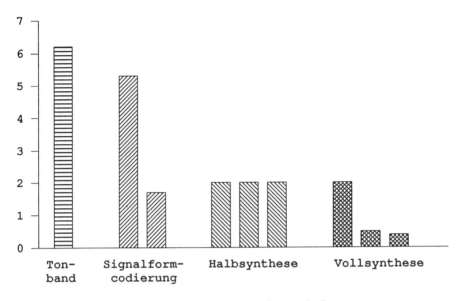

Abb. 4-22: Subjektive Beurteilung der Natürlichkeit bei verschiedenen Sprachausgabemodulen; Auszug aus dem Polaritätsprofil (Erbacher, Schönbein 1987).

Anhand von Leistungsdaten wie Erkennungsrate und Antwortzeit sowie der subjektiven Bewertung werden als günstige Werte für die Grundfrequenz der Bereich 90 bis 120 Hz und für die Sprechgeschwindigkeit ca. 150 Wörter/Minute angegeben.

## 4.3 Codierung der Information

Beim Zusammenwirken von Mensch und Maschine haben beide Teilsysteme sowohl die Funktion der Nachrichtenquelle als auch des Empfängers. Die von der Maschine erzeugten Nachrichten geben dem Menschen Aufschluß über ihren Betriebszustand, z.B. über Betriebsstörungen. Die vom Menschen gebildeten Nachrichten dienen zur Beeinflussung des Betriebsablaufes der Maschine oder dem Abruf von Nachrichten aus der Maschine. Die Schnittstellen zur Übergabe der Nachrichten stellen die Eingabe- und Anzeigeelemente dar. Eine Nachricht wird duch Auswahl aus einer vereinbarten Menge von Zeichen gebildet. Die Beschränkung auf eine vereinbarte Menge von Zeichen zur Nachrichtenübermittlung wird als *Codierung* bezeichnet.

# 4. Informationsdarstellung für den Menschen

Im folgenden wird die Codierung optisch darzustellender Information behandelt, wobei auch ein Blick auf die akustische und die haptische Informationsdarstellung geworfen wird. Die Arbeiten, auf denen die dargestellten Ergebnisse beruhen, stammen vorwiegend aus den 60er und 70er Jahren; dennoch sind sie bei praktischen Gestaltungsaufgaben von hoher Aktualität.

### 4.3.1 Aufgabe der Informationsübertragung

Bei zahlreichen Aufgaben übernimmt der Mensch zumindest als Teilfunktion die Aufgabe eines Nachrichtenübertragungssystemes, die darin besteht, auf jedes Element eines Satzes von physikalischen Reizen (Codezeichen) in einer vereinbarten Weise zu antworten. Beispiele hierfür sind das Ablesen eines Meßinstrumentes, das Übertragen vorgegebener Daten mittels einer Tastatur in ein Texterfassungssystem und das Betätigen von Gas- und Bremspedal eines Kraftfahrzeuges in Abhängigkeit von den Lichtzeichen einer Verkehrssignalanlage.

Diese Aufgabe wird im folgenden näher betrachtet. Nach einer kurzen Darstellung des SHANNON-WIENERschen Informationsmaßes wird dieses zur Beschreibung des Menschen als Informationsübertragungssystem angewandt. In Verbindung mit experimentellen Befunden ergeben sich daraus Gestaltungsregeln zur Codierung der Information im Hinblick auf die menschliche Aufnahme und Ausgabe von Information. Diese Regeln besitzen grundsätzliche Bedeutung für die Gestaltung der Informationsdarstellung, da auch komplexere Aufgaben des Menschen, die z.B. mit einer Informationsreduktion oder -generierung verbunden sind, vergleichbare Informationsaufnahme- und -ausgabeprozesse aufweisen. Die Behandlung dieses Themenkreises stützt sich im wesentlichen auf Sheridan, Ferrell 1974.

### 4.3.2 SHANNON-WIENERsches Informationsmaß

Das für technische Probleme der Nachrichtenübertragung entwickelte Informationsmaß nach SHANNON und WIENER setzt zwei vollständige Ereignissysteme $X = \{x_k\}$, $k = 1...R$ und $Y = \{y_i\}$, $i = 1...S$ voraus. Dabei wird unter einem vollständigen Ereignissystem eine endliche Menge sich gegenseitig ausschließender Ereignisse verstanden, von denen eines mit Sicherheit eintritt, d.h.

$$\sum_{k=1}^{R} p(x_k) = 1,$$

mit $p(x_k)$ den Auftrittswahrscheinlichkeiten der Ereignisse $x_k$, $k = 1...R$.

Allgemein repräsentieren die Ereignisse $x_k$ und $y_i$ diskrete, stochastische Variable. Im Zusammenhang mit dem Problem der Nachrichtenübertragung stellen die $x_k$ die über einen Nachrichtenkanal gesendeten Signale dar, und die $y_i$ sind die empfangenen Signale. Im Hinblick auf die Übertragung codierter Information durch den Menschen bilden die $x_k$ die durch das Codealphabet gegebenen Reize und die $y_i$ die Antworten des Menschen. Es interessiert die *Information* $I(x_k;y_i)$, die ein empfangenes Signal $y_i$ über ein gesendetes Signal $x_k$ liefert. Von einem Informationsmaß werden intuitiv vier Eigenschaften verlangt; es kann gezeigt werden, daß die Erfüllung dieser Forderungen zu dem SHANNON-WIENERschen Informationsmaß führt. Die gewünschten Eigenschaften lauten:

1. Die Information, die durch $y_i$ über $x_k$ geliefert wird, ist eine einmal differenzierbare Funktion der a priori-Wahrscheinlichkeit von $x_k$, bevor $y_i$ empfangen wurde, und der a posteriori-Wahrscheinlichkeit von $x_k$, nachdem $y_i$ empfangen wurde:

$$I(x_k;y_i) = F[p(x_k), p(x_k|y_i)]. \qquad (4.29)$$

2. Die Information, die über $x_k$ durch $y_j$ bei gegebenem $y_i$ geliefert wird, besitzt die Form

$$I(x_k;y_j|y_i) = F[p(x_k|y_i), p(x_k|y_i,y_j)]. \qquad (4.30)$$

3. Wenn $y_i$ und $y_j$ zwei unabhängig voneinander empfangene Signale sind, so genügt die Information, die sie zusammen über $x_k$ liefern, der Gleichung:

$$\begin{aligned}I(x_k;y_i,y_j) &= F[p(x_k), p(x_k|y_i,y_j)] \\ &= F[p(x_k), p(x_k|y_i)] + F[p(x_k|y_i), p(x_k|y_i,y_j)].\end{aligned} \qquad (4.31)$$

Die Information, die das Paar von Beobachtungen $y_i,y_j$ über $x_k$ liefert, ist gleich der Summe der Information, die $y_i$ über $x_k$ und die $y_j$ über $x_k$ liefert, wenn $y_i$ bekannt ist.

4. Falls die Signale $x_k$ und $x_l$ über zwei unabhängige Kanäle übertragen werden, so ist die Information, die durch das Paar unabhängiger Beobachtungen $y_i,y_j$ erhalten wird:

$$I(x_k,x_l;y_i,y_j) = F[p(x_k), p(x_k|y_i)] + F[p(x_l), p(x_l|y_j)]. \qquad (4.32)$$

Die Information, die durch das Paar unabhängiger Beobachtungen $y_i,y_j$ über das Paar $x_k,x_l$ erhalten wird, ist bei Übertragung durch zwei getrennte Kanäle gleich der Summe der Information, die $y_i$ über $x_k$ liefert, und der Information, die $y_j$ über $x_l$ liefert.

Durch diese vier Eigenschaften ist die Funktion F bis auf eine multiplikative Konstante festgelegt:

4. Informationsdarstellung für den Menschen

$$I(x_k;y_i) = -k \ln \frac{p(x_k|y_i)}{p(x_k)}. \qquad (4.33)$$

Die Information, die ein Ereignis $y_i$ über ein Ereignis $x_k$ liefert ist zu dem Logarithmus des Verhältnisses a posteriori-Wahrscheinlichkeit zu a priori-Wahrscheinlichkeit von $x_k$ proportional. Die Wahl des Faktors k bestimmt das Vorzeichen und die Einheit des Informationsmaßes. Üblich ist die Wahl

$$k = -\mathrm{ld}\, e$$

mit der daraus resultierenden Einheit bit. Daraus folgt

$$I(x_k;y_i) = \mathrm{ld}\, \frac{p(x_k|y_i)}{p(x_k)} \ [\text{bit}]. \qquad (4.34)$$

### 4.3.3 Informationstheoretische Beschreibung des Nachrichtenkanales

Der ursprünglich für rein technische Zwecke betrachtete Nachrichtenkanal als Modell für die gestörte Informationsübertragung wird auch als Funktionsmodell zur Beschreibung biologischer Systeme verwendet. Abb. 4-23 enthält die den Nachrichtenkanal beschreibenden Informationskenngrößen.

Aus der bei einem speziellen empfangenen Signal $y_i$ über ein spezielles gesendetes Signal $x_k$ erhaltenen Information $I(x_k;y_i)$ ergibt sich die mittlere, pro empfangenem Signal übertragene Information als Erwartungswert, der mit Transinformation $T(x;y)$ bezeichnet wird:

$$T(x;y) = \sum_{k=1}^{R} \sum_{i=1}^{S} p(x_k,y_i)\, I(x_k;y_i)$$

$$= \sum_{k=1}^{R} \sum_{i=1}^{S} p(x_k,y_i)\, \mathrm{ld}\, \frac{p(x_k|y_i)}{p(x_k)}. \qquad (4.35)$$

Mittels der BAYESschen Regel

$$p(x|y) = \frac{p(x,y)}{p(y)}$$

und teilweiser Summation läßt sich dieser Ausdruck aufspalten

$$T(x;y) = \sum_{k=1}^{R} p(x_k)\, \mathrm{ld}\, \frac{1}{p(x_k)} + \sum_{i=1}^{S} p(y_i)\, \mathrm{ld}\, \frac{1}{p(y_i)}$$
$$- \sum_{k=1}^{R} \sum_{i=1}^{S} p(x_k,y_i)\, \mathrm{ld}\, \frac{1}{p(x_k,y_i)}. \qquad (4.36)$$

## 4.3 Codierung der Information

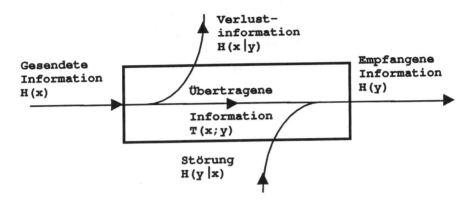

Abb. 4-23: Informationskenngrößen des Nachrichtenkanales.

Die beiden ersten Terme stellen die mittlere pro Ereignis enthaltene Information der Sende- bzw. Empfangssignale dar:

$$H(x) = \sum_{k=1}^{R} p(x_k) \, \text{ld} \, \frac{1}{p(x_k)}, \qquad (4.37)$$

$$H(y) = \sum_{i=1}^{S} p(y_i) \, \text{ld} \, \frac{1}{p(y_i)} . \qquad (4.38)$$

Der letzte Term ist die Verbundentropie

$$H(x,y) = \sum_{k=1}^{R} \sum_{i=1}^{S} p(x_k,y_i) \, \text{ld} \, \frac{1}{p(x_k,y_i)} . \qquad (4.39)$$

Mit diesen Größen wird aus Gleichung (4.36)

$$T(x;y) = H(x) + H(y) - H(x,y) . \qquad (4.40)$$

Nach Abb. 4-23 ergibt sich die Information, die im Mittel zusätzlich notwendig ist, um von einem empfangenen Signal auf ein gesendetes schließen zu können (Verlustinformation, Äquivokation) aus

# 4. Informationsdarstellung für den Menschen

$$H(x|y) = H(x) - T(x;y)$$

$$= \sum_{k=1}^{R} \sum_{i=1}^{S} p(x_k,y_i) \, \text{ld} \, \frac{1}{p(x_k|y_i)} \,. \qquad (4.41)$$

In entsprechender Weise wird die Störung (Irrelevanz) erhalten

$$H(y|x) = H(y) - T(x;y)$$

$$= \sum_{k=1}^{R} \sum_{i=1}^{S} p(x_k,y_i) \, \text{ld} \, \frac{1}{p(y_i|x_k)} \qquad (4.42)$$

$H(y|x)$ ist die Information, die im Mittel zusätzlich notwendig ist, um von einem gesendeten Signal mit Sicherheit auf das empfangene schließen zu können.

### 4.3.4 Experimentelle Bestimmung der Informationskenngrößen des Menschen

Zur experimentellen Bestimmung der Übertragungseigenschaften des Menschen sind die Eingangsgrößen, die Reize $x_k$, und die Ausgangsgrößen, die Antworten $y_i$, zu beobachten. Im Verlauf des Experimentes werden dem Beobachter verschiedene Reize $x_k$ in zufälliger Reihenfolge dargeboten, auf die er jeweils mit einer der Antwortkategorien $y_i$ reagiert. Als Ergebnis wird eine Datenmatrix gemäß Abb. 4-24 erhalten. Jedes Element der Matrix enthält die Zahl $n_{ki}$ der Fälle, in denen ein bestimmter Reiz $x_k$ eine bestimmte Antwort $y_i$ hat. Bei insgesamt N Reiz-Antwort-Paaren ergeben sich aus der Matrix folgende relative Häufigkeiten:

$$h_{ki} = \frac{n_{ki}}{N}, \qquad (4.43)$$

$$h_{k.} = \frac{n_{k.}}{N}, \qquad (4.44)$$

$$h_{.i} = \frac{n_{.i}}{N} \,. \qquad (4.45)$$

Mit diesen Näherungswerten für die zugehörigen Wahrscheinlichkeiten $p(x,y)$, $p(x)$ und $p(y)$ lassen sich nach den Gleichungen (4.37 - 4.42) Schätzwerte $\hat{H}(x)$, $\hat{H}(y)$, $\hat{H}(x,y)$ $\hat{T}(x;y)$, $\hat{H}(x|y)$ und $\hat{H}(y|x)$ für die Informationskenngrößen des menschlichen Nachrichtenkanales berechnen.

## 4.3 Codierung der Information

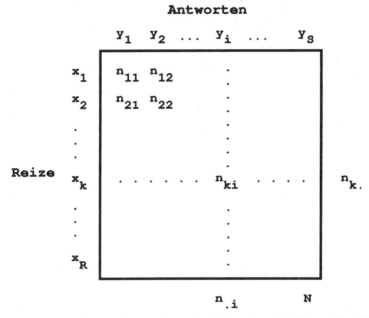

Abb. 4-24: Datenmatrix zur Beschreibung des Menschen als Informationsübertragungssystem.

### 4.3.5 Leistung des Menschen bei Absoluturteilen

Die Aufgabe der Informationsübertragung des Menschen erfordert häufig die Bildung von Absoluturteilen. Hier hat der Beobachter die durch einen Reiz (Codezeichen) hervorgerufene Empfindung ohne externen Vergleichsreiz, d.h. nur aufgrund der im Gedächtnis gespeicherten Klasseneinteilung, zu klassifizieren. Im Gegensatz dazu besteht beim Relativurteil eine Vergleichsmöglichkeit mit einem anderen Reiz. Beispiele für die Bildung eines Absoluturteiles sind die Klassifizierung der Größe, Helligkeit oder der Farbe eines einzelnen optischen Reizes.

Reize, die auf ein menschliches Sinnesorgan wirken, besitzen eine oder mehrere Merkmaldimensionen (ein- oder mehrdimensionale Reize). Im Hinblick auf die Codierung von Information werden als Merkmaldimensionen die wahrnehmbaren physikalischen Parameter eines Reizes bezeichnet, z.B. Länge, Winkellage eines Zeigers, Helligkeit, Blinkfrequenz. Durch Kombination von Merkmaldimensionen ergeben sich mehrdimensionale Reizalphabete. Beispiele hierfür sind die Farbe (drei Merkmaldimensionen: Farbton, Helligkeit und Sättigung), alphanumerische Zeichen und Bildzeichen.

Zur Beantwortung der Frage nach der bei Absoluturteilen vom Menschen übertragbaren Informationsmenge wurden zahlreiche experimentelle Untersuchungen unter Verwendung ein- und mehrdimensiona-

# 4. Informationsdarstellung für den Menschen

ler Reizalphabete für verschiedene Sinneskanäle durchgeführt. Hierbei hat sich die Informationstheorie zur Beschreibung der Leistung des Menschen als nützlich erwiesen.

**Informationsübertragung bei eindimensionalen Reizen**

Garner 1951 hat die Klassifizierung der Lage $y_i$ eines Zeigers innerhalb eines Interpolationsintervalles ohne Hilfsskala untersucht, wobei jeweils eine konstante Anzahl (5, 10, 20 und 30) diskreter Zeigerstellungen $x_k$ verwendet wurde. Aus den Ergebnissen dieser Experimente läßt sich gemäß den vorherigen Abschnitten die mittlere pro Zeigerstellung übertragene Information $T(x;y)$ bestimmen. In Abb. 4-25 ist diese Kenngröße für die menschliche Informationsübertragung als Funktion der mittleren pro Zeigerstellung enthaltenen Information $H(x)$ dargestellt. Daraus ist die Begrenzung der Kanalkapazität der menschlichen Informationsübertragung deutlich zu erkennen. Weitere Experimente mit ebenfalls eindimensionalen Reizalphabeten bestätigen den Verlauf von $T(x;y)$: Linearer Anstieg der übertragenen Information mit wachsender Eingangsinformation bis zu einem Wert von ca. 2 bit, dann Annäherung an eine Asymptote zwischen 2 und 3 bit. Abb. 4-26 zeigt die aus Untersuchungen verschiedener Autoren stammenden Kurven (zitiert in Sheridan, Ferrell 1974). Für verschiedene Merkmaldimensionen und verschiedene Sinnesorgane beträgt die maximale übertragbare Information pro Zeichen 2 bis 3 bit, d.h., es können nur ca. 6 gleichwahrscheinliche Zeichen entlang einer Merkmaldimension fehlerfrei absolut klassifiziert werden. Als Ausnahmeerscheinung ist das absolute Gehör zu betrachten, das zu einer Absolutklassifizierung von 50 bis 60 Tonhöhen in der Lage ist, d.h., die Transinformation beträgt ca. 6 bit.

**Informationsübertragung bei mehrdimensionalen Reizen**

Trotz der sehr geringen Kanalkapazität von 2 bis 3 bit bei der Übertragung eindimensionaler Reize ist der Mensch fähig, z.B. mehrere hundert menschliche Gesichter oder auch Gegenstände absolut zu klassifizieren. Diese Fähigkeit beruht darauf, daß diese Reize sich nicht nur in einer einzigen Merkmaldimension unterscheiden, sondern daß die Klassifikation anhand mehrerer, teilweise unabhängiger Merkmaldimensionen erfolgt.

Im folgenden werden zwei unabhängige Merkmaldimensionen w und x betrachtet mit den Reizalphabeten

$w_k$, k = 1...R,
$x_l$, l = 1...S.

Gemäß Gleichung (4.37) ist die mittlere pro Merkmal enthaltene Information

## 4.3 Codierung der Information

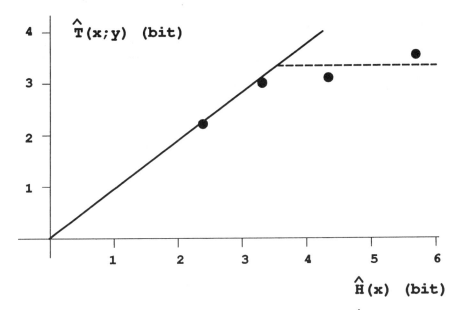

Abb. 4-25: Mittlere pro Zeigerstellung übertragene Information $\hat{T}(x;y)$ als Funktion der mittleren pro Zeigerstellung enthaltenen Information $\hat{H}(x)$ (Garner, Hake 1951).

$$H(w) = \sum_{k=1}^{R} p(w_k) \, \text{ld} \frac{1}{p(x_k)},$$

$$H(x) = \sum_{l=1}^{S} p(x_l) \, \text{ld} \frac{1}{p(x_l)}.$$

Wegen der Additionseigenschaft des Informationsmaßes (Gleichung 4.32) ergibt sich als mittlere, pro Merkmalpaar $(w_k, x_l)$ enthaltene Information

$$H(w,x) = H(w) + H(x).$$

Für die mittlere pro Merkmalpaar übertragene Information stellt dieser Wert den oberen Grenzwert dar, d.h.

$$T(w,x;y,z) = H(w,x).$$

Experimentelle Untersuchungen zeigen, daß dieser Maximalwert vom Menschen nicht erreicht wird. So beträgt z.B. die maximale über-

## 4. Informationsdarstellung für den Menschen

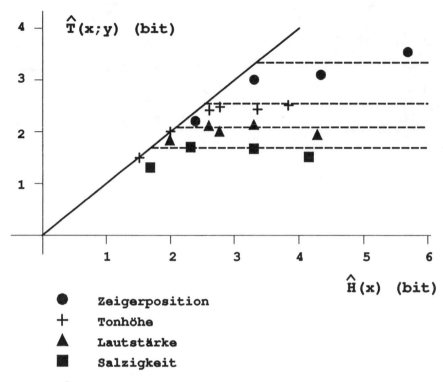

Abb. 4-26: Übertragene Information bei eindimensionalen Reizen (Sheridan, Ferrell 1974).

tragene Information bei der Interpolation eines Punktes in der Ebene nicht das Doppelte des Wertes, der bei der Interpolation eines Punktes entlang einer Strecke erreicht wird (3,25 bit), sondern nur 4,6 bit. Ein weiteres Beispiel stammt aus dem Bereich der Akustik (Pollack 1953). Hier wurden die Dimensionen Pegel und Frequenz eines Tones variiert, wobei jede Dimension 5 verschiedene Werte annehmen konnte, so daß insgesamt 25 verschiedene Reize vorhanden waren. Abb. 4-27 beinhaltet die Ergebnisse der informationstheoretischen Auswertung, bei der die Antworten der Versuchspersonen auf zwei verschiedene Arten untersucht wurden. Die übertragene Information wurde einerseits für die Kombination der beiden Dimensionen berechnet ($\hat{T}(x_F, x_P; y_F, y_P)$) und andererseits für jede der beiden Dimensionen getrennt ($\hat{T}(x_F, x_P; y_F)$ bzw. $\hat{T}(x_F, x_P; y_P)$). Außerdem sind in Abb. 4-27 auch die Werte der Transinformation bei eindimensionaler Darstellung $\hat{T}(x_F; y_F)$ bzw. $\hat{T}(x_P; y_P)$ sowie die theoretisch maximalen eingetragen.

Daraus ergibt sich, daß die theoretisch maximalen Werte der Transinformation $H(x_F)$, $H(x_P)$ und $H(x_F, x_P)$ nicht erreicht werden. Ferner zeigt sich, daß im zweidimensionalen Fall 3,1 bit übertragen werden, ein Wert, der größer ist als die entsprechenden Werte im eindimensionalen Fall, aber kleiner als deren Summe (3,5 bit). Außerdem sinkt bei den zweidimensionalen Reizen im Vergleich zu eindimensionalen die über die einzelne Dimension übertragbare Information von 1,7 auf 1,3 bit beim Pegel bzw. von 1,8 auf 1,6 bit bei der Frequenz.

**Informationsübertragung bei Redundanz**

Mehrere Merkmaldimensionen eines Reizes können zur Erzeugung von Redundanz verwendet werden. Die Redundanz eines Reizalphabetes ist die Differenz zwischen dem maximalen mittleren Informationsgehalt pro Zeichen und dem tatsächlichen, bezogen auf den Maximalwert:

$$r = \frac{H_{max} - H}{H_{max}}.$$

Bei einem Reizalphabet mit m gleich wahrscheinlichen Merkmaldimensionen und jeweils n gleich wahrscheinlichen Merkmalklassen pro Dimension beträgt

$H_{max} = ld\ n^m$.

Bei vollständiger Korrelation aller m Merkmaldimensionen ergibt sich die maximale Redundanz

$$r_{max} = \frac{m-1}{m}.$$

Hier enthält jedes Merkmal eines Reizes die vollständige Information.

Es ergibt sich die Frage, ob diese Art der Redundanz zu einer Erhöhung der bei Absoluturteilen des Menschen übertragbaren Informationsmenge führt. Eriksen, Hake 1955 untersuchten die Merkmaldimensionen Fläche, Helligkeit und Farbton mit unterschiedlicher Redundanz. In sieben Versuchsreihen wurden die drei Merkmaldimensionen alleine, paarweise redundant und als Tripel redundant für die Aufgabe der absoluten Unterscheidung verwendet. Während bei der Codierung durch Helligkeit und durch das Paar Fläche/Helligkeit je 17 Reize verwendet wurden, umfaßten alle anderen Alphabete je 20 Merkmale. Abb. 4-28 zeigt die experimentell ermittelte Transinformation in Abhängigkeit von der Redundanz $r_{max}$ der verschiedenen Codierungen. Die bei 20 gleich wahrscheinlichen Reizen pro Reiz maximal übertragbare Informationsmenge beträgt $T(x;y)_{max} = 4,32$ bit. Bei Verwendung jeweils einer Merkmaldimension Fläche, Helligkeit oder Farbton beträgt die übertragene Informationsmenge im Mittel 2,75 bit. Die paarweise voll-

# 4. Informationsdarstellung für den Menschen

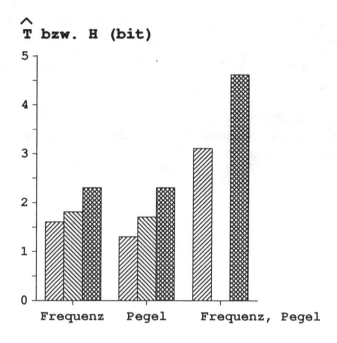

Abb. 4-27: Vergleich der Transinformationswerte bei ein- und zweidimensionalen akustischen Reizen (Pollack 1953).

ständig redundante Verwendung dieser drei Merkmaldimensionen führt zu einer Erhöhung der übertragenen Informationsmenge im Mittel auf 3,43 bit. Bei der vollständig redundanten Verwendung aller drei Merkmaldimensionen schließlich ergab sich ein Wert von 4,11 bit. Diese experimentellen Ergebnisse zeigen, daß durch die redundante Verwendung mehrerer Merkmaldimensionen bei Absoluturteilen die übertragbare Information gesteigert werden kann.

**Zahl der absolut unterscheidbaren Stufen verschiedener Codes**

Aus der beschränkten Fähigkeit des Menschen zur Bildung von Absoluturteilen folgt die Notwendigkeit, bei der Codierung jeweils nur eine begrenzte Anzahl von Codestufen bei den einzelnen Reizdimensionen vorzusehen. In der Literatur werden Empfehlungen für die Höchst-

## 4.3 Codierung der Information

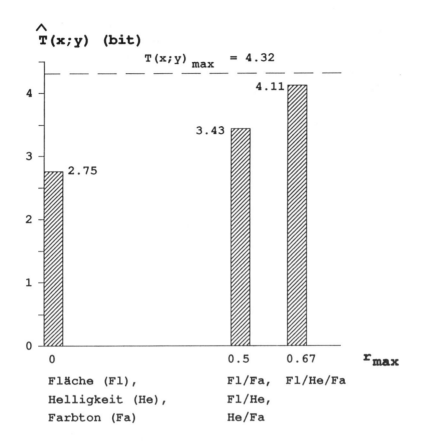

Abb. 4-28: Mittlere pro Reiz übertragene Information $\hat{T}(x;y)$ als Funktion der Redundanz $r_{max}$ (Eriksen, Hake 1955).

zahl von Codestufen angegeben, die nicht immer einheitlich sind, da sie auf unterschiedlichen Voraussetzungen, wie Aufgabenstellung und Wahrnehmungsbedingungen des Beobachters, beruhen. Unter diesem Gesichtspunkt sind die in Tab. 4-6 zusammengestellten Angaben zu beurteilen und als Anhaltswerte zu betrachten (vgl. Meister 1984).

### 4.3.6 Grenzen des SHANNON-WIENERschen Informationsmaßes

Das SHANNON-WIENERsche Informationsmaß eignet sich zur Beschreibung der Unterscheidungsleistung des Menschen bei Absoluturteilen. Darüber hinaus spielt es eine Rolle bei der Beschreibung der Reaktionszeit in Wahlreaktionsaufgaben sowie als Schwierigkeitsindex bei manuellen Zielbewegungen. Voraussetzung für die Anwendung bei Unterscheidungsaufgaben ist das Vorliegen eines vollständigen Ereignissystemes (vgl. Abschnitt 4.3.2).

4. Informationsdarstellung für den Menschen

| Code | Empfohlene Höchstzahl der Codestufen |
|---|---|
| *Eindimensionale Reize* | |
| Länge, Stärke einer Linie | 4 |
| Winkellage einer Linie | 8 |
| Helligkeit | 3 |
| Farbton | 5 |
| Blinkfrequenz | 3 |
| Fläche (Größe) | 3 |
| *Mehrdimensionale Reize* | |
| Form (geom. Zeichen, Bildzeichen) | 10...100 |
| Alphanumerische Zeichen | unbegrenzt |

Tab. 4-6: Empfohlene Höchstzahl der Codestufen bei verschiedenen Codes für Absoluturteile.

Während diese Voraussetzung in einfachen Versuchssituationen erfüllt ist, ist dies in realen Situationen im allgemeinen nicht der Fall, z.B. bei der vom Operateur in einem Leitstand oder vom Kraftfahrer im Straßenverkehr zu verarbeitenden Information. In vielen Fällen besitzt der menschliche Beobachter eines technischen Systemes nur unvollständige Kenntnisse über die in einer bestimmten Situation möglichen alternativen Ereignisse. Ferner ist der auf den Wahrscheinlichkeiten der einzelnen Ereignisse beruhende Aspekt der klassischen Informationstheorie nicht die einzige Komponente der quantitativen Beschreibung der vom Menschen zu verarbeitenden Information. Insbesondere zwei weitere Aspekte sind bedeutsam: Der semantische Aspekt berücksichtigt die Bedeutung der Information, der pragmatische Aspekt beinhaltet die Bewertung der Information durch den Beobachter.

### 4.3.7 Vergleich verschiedener Codes

Wegen der Vielzahl der Einflußgrößen bei der Codierung der dem menschlichen Beobachter darzustellenden Information ist es schwierig, allgemeingültige Regeln für die Auswahl der Codes (Wahl der Sinnesmodalität, der Reizdimensionen) und für die Gestaltung des Codes (maximaler Umfang eines Codealphabetes, Unterscheidbarkeit, Sinnverständlichkeit) zu formulieren. Im folgenden werden anhand von Vergleichen verschiedener Codes Auswahl- und Gestaltungsregeln formuliert, die als Empfehlung zu verstehen sind.

## 4.3 Codierung der Information

**Wahl der Sinnesmodalität**

Für die Übermittlung von Nachrichten an den menschlichen Beobachter eines technischen Systemes kommen der visuelle, der auditive und der taktile Sinneskanal in Betracht.

a) Vergleich optischer und akustischer Codierung

Die Wahl zwischen optischer oder akustischer Codierung hat aufgrund der Eigenschaften des visuellen und des auditiven Systemes des Menschen sowie seiner Aufgabe zu erfolgen. Tab. 4-7 enthält Gesichtspunkte für die Wahl zwischen optischer und akustischer Codierung, die teilweise auf plausiblen Annahmen und teilweise auf experimentellen Untersuchungen basieren.

Falls von dem Sonderfall der Codierung durch geschriebene oder gesprochene Sprache abgesehen wird, eignet sich die optische Codierung besser für umfangreiche Mengen von Nachrichten, da die Unterscheidungsleistung des Menschen umfangreichere optische Codealphabete zuläßt als akustische. Wegen der Möglichkeit der simultanen, d.h. gleichzeitigen Darstellung mehrerer Zeichen lassen sich auf optischem Wege komplexe oder lange Nachrichten besser darstellen. Hier wirkt sich auch die große Zahl der im optischen Bereich verfügbaren Codierungsdimensionen günstig aus. Die optische Codierung erlaubt die Darstellung örtlicher und zeitlicher, diskreter und kontinuierlicher Nachrichten, während die akustische Codierung vorwiegend für die Übermittlung diskreter Nachrichten, die eine Funktion der Zeit sind, geeignet ist. Falls die optische Codierung speichernde Eigenschaften besitzt, kann der Beobachter auf die dargestellte Nachricht mehrmals zurückgreifen. Diese Eigenschaft ist bei akustischer Codierung nur durch ständige Wiederholung oder durch explizites Abrufen möglich, beides Maßnahmen, die vom Beobachter meist als lästig empfunden werden. Die optische Codierung weist ferner das wichtige Merkmal auf, daß der Beobachter die dargestellte Information an von ihm gewählten Zeitpunkten und bei mehreren Nachrichten in einer von ihm festgelegten Reihenfolge abrufen kann. Der Beobachter besitzt also eine wahlfreie Zugriffsmöglichkeit in zeitlicher und örtlicher Hinsicht.

Bei der akustischen Codierung dagegen sind die Nachrichten sofort und in der dargestellten Reihenfolge vom Beobachter aufzunehmen. Auf optischem Wege können mehrere Nachrichten entweder simultan oder sequentiell dargestellt werden. Die simultane Darbietung wird durch eine parallele Anordnung mehrerer Anzeigeorte erreicht. Bei der sequentiellen Darbietung besteht neben der seriellen Darstellung an einem einzigen Anzeigeort ebenfalls die Möglichkeit der parallelen Anordnung. Da die akustische Codierung nur die sequentielle Darstellung erlaubt, ist hier bei prioritätsbehafteten Nachrichten dafür zu sorgen, daß die Darstellungsreihenfolge entsprechend den Prioritäten der einzelnen Nachrichten erfolgt. Bei optischer Codierung ist der zu-

## 4. Informationsdarstellung für den Menschen

| Optische/akustische Codierung | | |
|---|---|---|
| Merkmal der Ableseaufgabe | Anwendungsbeispiel | Codierung |
| Große Nachrichtenmenge | Prozeßüberwachung | optisch |
| Komplexe Nachrichten | Reparaturanweisung | optisch |
| Örtliche Nachrichten | Schaltplan | optisch |
| Kontinuierl. Nachrichten | Regelabweichung | optisch |
| Diskrete Nachrichten | Störungsmeldung | akustisch |
| Gleichzeitige Nachrichten | Editieren von Text | optisch |
| Variabler Standort | Große Produktionsanlage | akustisch |
| Mehrere Beobachter | Leitzentrale | akustisch |
| Langzeitbeobachtung | Überwachungstätigkeit | akustisch |
| Platzmangel | tragbares Gerät | akustisch |
| Hoher Geräuschpegel | Maschinenhalle | optisch |
| Visuelle Überlastung | Fahrzeugführung | akustisch |

Tab. 4-7: Gesichtspunkte für die Wahl zwischen optischer und akustischer Codierung.

lässige Aufenthaltsbereich des Beobachters eingeengt. Die optische Codierung gestattet die gezielte Nachrichtenübermittlung an einen einzelnen Beobachter, aber auch an eine Gruppe von Beobachtern, während bei der akustischen Codierung ein gezieltes Ansprechen einzelner Gruppenmitglieder nur mittels Kopfhörer möglich ist. Insbesondere bei Langzeitbeobachtung weist die akustische Codierung eine höhere Auffälligkeit auf als die optische, da das auditive System angesprochen werden kann, ohne daß der Beobachter seine Aufmerksamkeit vorher ausrichtet. Ein weiterer Aspekt ist der Platzbedarf optischer Anzeigen innerhalb des Blickfeldes des Beobachters, der bei akustischer Codierung entfällt. Schließlich können auch die Umgebungsbedingungen (Lärm, Beleuchtung) die Wahl zwischen optischer und akustischer Codierung beeinflussen.

b) Kombinierte optische und akustische Codierung

Die redundante Kombination von optischer und akustischer Codierung führt insbesondere bei Langzeitbeobachtungsaufgaben zu einer Erhöhung der Detektionsleistung des Beobachters. Buckner und McGrath 1961 untersuchten die Detektionsleistung in einer simulierten Überwachungsaufgabe von einstündiger Dauer bei optischer, akustischer und kombiniert optisch/akustischer Codierung. Die optische Codierung bestand in einem Helligkeitsanstieg eines intermittierenden Lichtes mit einem Tastverhältnis (Verhältnis Einschaltzeit zur Periodendauer) von 0,33. Die akustische Codierung erfolgte in entsprechender

Weise durch den Lautstärkeanstieg eines intermittierenden 750 Hz Tones mit dem gleichen Tastverhältnis. Bei der optisch/akustischen Codierung traten beide Signale gleichzeitig auf. Abb. 4-29 zeigt den Verlauf der Detektionsrate in Abhängigkeit von der Beobachtungsdauer für die drei Codierungsarten; außerdem sind die Werte der Detektionsraten, die in einem Vorexperiment vor der Langzeitbeobachtung ermittelt wurden, eingetragen. Während hier die drei Codes zu annähernd gleichen Leistungen führen, ermöglicht im Verlauf der Langzeitüberwachung die kombiniert optisch/akustische Codierung die weitaus beste Detektionsleistung, gefolgt von der akustischen Codierung.

Neben der Überwachungsaufgabe bietet sich die Regelungstätigkeit des Menschen für eine kombiniert optisch/akustische Darstellung des Regelfehlers an, insbesondere bei der gleichzeitigen Regelung mehrerer Strecken. Aus mehreren Untersuchungen, vgl. z.B. Uhlemann, Geiser 1975, können folgende Regeln abgeleitet werden. Bei einkanaligen Regelaufgaben ist eine gut gestaltete optische Anzeige des Regelfehlers der akustischen vorzuziehen. Die kombinierte optisch/akustische Darstellung des Regelfehlers führt nur zu einer geringen Leistungssteigerung des Menschen. Bei mehrkanaligen Regelaufgaben, d.h. bei mehreren gleichzeitig zu regelnden Strecken, ist eine kombinierte Darstellung des Regelfehlers einer Strecke dann zu empfehlen, wenn es nicht möglich ist, alle optischen Anzeigen im zentralen Gesichtsfeld des Beobachters anzuordnen, wenn also zur Beobachtung der optischen Anzeigen Blickwechsel zur Überwindung größerer Abstände und gegebenenfalls Adaptationsvorgänge zur Anpassung an unterschiedliche Lichtintensitäten erforderlich sind.

c) Haptische Codierung

Neben der optischen und akustischen eignet sich die haptische Codierung zur Informationsübermittlung an den Menschen. Die statischen haptischen Anzeigen werden vorwiegend zur Codierung von Eingabeelementen und ihrer Stellungen verwendet. Die dynamischen Anzeigen zur Übermittlung dynamischer Information eignen sich für Melde- oder Alarmanzeigen, d.h. für Anzeigen, welche die sofortige Zuwendung der Aufmerksamkeit des Beobachters erfordern. Daneben werden dynamische haptische Anzeigen für Blindenhilfsgeräte verwendet.

Von Johnston 1971 wird ein experimenteller Vergleich einer optischen, akustischen und haptischen Warnanzeige beschrieben. Die optische Anzeige war eine rote Lampe, die akustische Anzeige war ein Summer und die haptische Anzeige bestand aus einem Vibrator (Frequenz 13 Hz) der am Brustbein der Versuchsperson befestigt war. Die Aufgabe der Versuchsperson bestand darin, die Warnanzeige mit einem Knopfdruck zu beantworten. Gemessen wurde die Reaktionszeit von dem Beginn der Darbietung des Warnsignals bis zur Betätigung des Knopfes unter vier verschiedenen Bedingungen. Bei der ersten hatte die Ver-

## 4. Informationsdarstellung für den Menschen

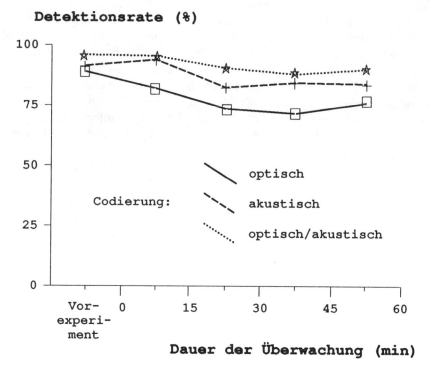

Abb. 4-29: Detektionsrate bei einer einstündigen Überwachungsaufgabe mit optischer, akustischer und optisch/akustischer Codierung (Buckner, McGrath 1961).

suchsperson keine Zusatzaufgabe zu erledigen, bei den übrigen drei Bedingungen war entweder eine akustische, eine optische oder eine kombiniert akustisch/optische Zusatzaufgabe gestellt. Bei der akustischen Zusatzaufgabe wurden Buchstaben in zufälliger Folge und mit Rauschen überlagert akustisch dargeboten; der Buchstabe E war zu detektieren. Bei der optischen Zusatzaufgabe wurden dreistellige Zahlen kurzzeitig optisch dargeboten, von denen die geradzahligen zu detektieren waren. Abb. 4-30 zeigt die Reaktionszeit bei optischer, akustischer und haptischer Warnanzeige in Abhängigkeit von der Art der Zusatzaufgabe. Die haptische Warnanzeige führt zur kürzesten Reaktionszeit, die außerdem bei den verschiedenen Zusatzaufgaben am geringsten ansteigt.

**Vergleich analoger und digitaler Codierung**

Die Darstellung gemessener oder berechneter quantitativer Größen mit einem vielstufigen oder kontinuierlichen Wertevorrat kann durch analoge und digitale Codierung erfolgen. Bei der analogen Codierung

## 4.3 Codierung der Information

wird die darzustellende Größe durch eine physikalische Größe abgebildet, die ebenfalls einen vielstufigen oder kontinuierlichen Wertevorrat aufweist. Beispiele hierfür sind die Darstellung der Fahrgeschwindigkeit durch die Winkellage eines Zeigers oder die Anzeige der Temperatur durch die Länge einer Flüssigkeitssäule. Bei der digitalen Codierung wird der Zahlenwert der darzustellenden Meßgröße angezeigt.

Für die Wahl zwischen analoger und digitaler Codierung ist in erster Linie die Ableseaufgabe des Beobachters ausschlaggebend. Für verschiedene Ableseaufgaben liegen Ergebnisse experimenteller Vergleiche vor, aus denen Auswahlregeln folgen. Allerdings wird diese Wahl häufig dadurch erschwert, daß an derselben Anzeige verschiedene Ableseaufgaben zu bewältigen sind. Geiser 1983a und Walter 1989 haben experimentelle Untersuchungen zum Vergleich analoger und digitaler Codierung zusammengestellt, letzterer ausschließlich mit Blick auf die Anwendung im Kraftfahrzeug.

a) Statische Ablesung

Bei der statischen Ablesung bleibt die abzulesende Größe während des Ablesezeitintervalles konstant.

• Quantitative Ablesung

Von Nason und Bennett 1973 wird die Aufgabe der quantitativen Ablesung untersucht, d.h. die Ablesung der Anzeige mit vorgegebener Genauigkeit. Bei der Analogcodierung wurde die Zahl der abzulesenden Dezimalstellen von 1 bis 3 variiert, wobei die Skalengestaltung jeweils angepaßt war (Abb. 4-31). Um gleiche Skalenlängen zu erreichen, wurde bei der dreistelligen Ablesung ein feststehender Zeiger mit einem Skalenausschnitt verwendet. In keinem der drei Fälle war bei der Ablesung eine Interpolation zur Ermittlung der Zeigerstellung zwischen zwei Skalenstrichen erforderlich. Gegebenenfalls mußte lediglich eine Auf- oder Abrundung durchgeführt werden. Die zu vergleichende Digitalcodierung bestand aus den entsprechenden Zahlenwerten mit 1 bis 3 Dezimalstellen, so daß hier der Rundungsvorgang entfiel.

Als Ergebnis ist in Abb. 4-32 die Ablesezeit als Funktion der Zahl der abzulesenden Stellen für die beiden Codierungsarten gezeigt. Die Ablesezeit, die im Experiment von den Versuchspersonen durch Knopfdruck selbst bestimmt wurde, ist für die Analoganzeigen stets größer als für die Digitalanzeigen. Während die Ablesezeit für die Digitalanzeigen in dem untersuchten Bereich unabhängig von der Stellenzahl ist, steigt sie bei den Analoganzeigen proportional mit der Stellenzahl. Damit wächst der Vorteil der Digitalanzeige bei quantitativer Ablesung mit zunehmender Stellenzahl.

## 4. Informationsdarstellung für den Menschen

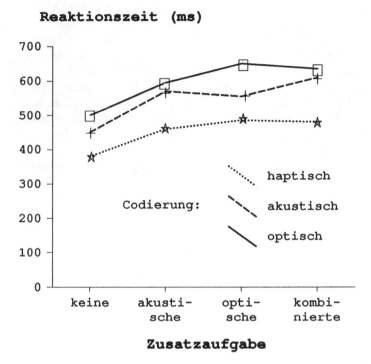

Abb. 4-30: Reaktionszeit bei optischer, akustischer und haptischer Warnanzeige in Abhängigkeit von der Art der Zusatzaufgabe (Johnston 1971).

• Qualitative Ablesung

Unter der qualitativen Ablesung wird die Ermittlung des ungefähren Wertes verstanden. Durch diese Definition ist jedoch keine scharfe Abgrenzung zur quantitativen Ablesung gegeben. Vielmehr ordnet sich auch die qualitative Ablesung in die Reihe der quantitativen Ableseaufgaben mit variabler Ablesegenauigkeit ein. Die in der oben beschriebenen Untersuchung (Nason, Bennett 1973) gezeigte Reduzierung der Genauigkeitsanforderung von drei Dezimalstellen auf eine läßt sich fortführen bis zur binären Ablesung einer zweigeteilten Analogskala oder einer zweiwertigen Digitalanzeige. Diese Überlegung und insbesondere die Extrapolation der in Abb. 4-32 dargestellten Kurven in Richtung kleiner Ablesegenauigkeit führen zu dem Schluß, daß eine günstig gestaltete Digitalanzeige für die qualitative Ablesung mindestens ebenso geeignet ist wie eine entsprechende Analoganzeige, wenn die Ablesezeit als Bewertungskriterium zugrundegelegt wird. Somit ist die in der Literatur gegebene generelle Empfehlung, vgl. z.B. McCormick, Sanders 1982, für die qualitative Ablesung die Analogcodierung zu verwenden, nicht haltbar.

4.3 Codierung der Information

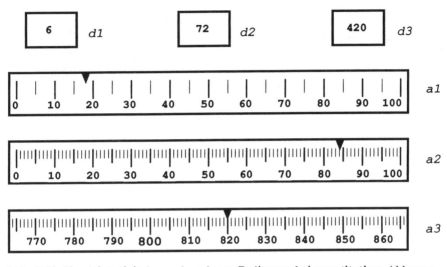

Abb. 4-31: Vergleich digitaler und analoger Codierung bei quantitativer Ablesung von 1 bis 3 Dezimalstellen (Nason, Bennett 1973).

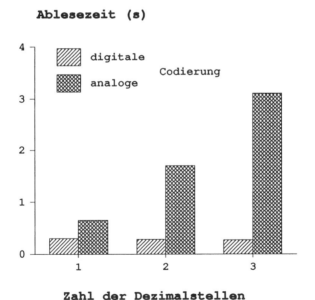

Abb. 4-32: Ablesezeit als Funktion der Zahl der abzulesenden Dezimalstellen bei digitaler und analoger Codierung gemäß Abb. 4-31 (Nason, Bennett 1973).

## 4. Informationsdarstellung für den Menschen

- Kontrollablesung

   Bei der ausschließlichen Kontrollablesung ist zu ermitteln, ob der Wert einer Variablen sich in einem zulässigen Bereich befindet. Für diesen Fall ist eine Digitalanzeige, d.h. eine binäre Codierung zu empfehlen. Die Kontrollablesung kommt häufig auch an einer in erster Linie für qualitative oder quantitative Ablesung gestalteten Anzeige vor. Hier bietet die Analoganzeige den Vorteil, daß sie neben dem Wert der Variablen auch Bezugswerte darstellt, wie z.B. Anfangs-, End- und Grenzwerte.

- Quantitative Ablesung und Protokollierung

   Am Beispiel der Uhr wurde von Zeff 1965 die Aufgabe der quantitativen Ablesung (auf die Minute genau) mit anschließender Protokollierung bei Analog- und Digitalcodierung verglichen, wobei das Schwergewicht auf möglichst schnelle Ablesung gelegt wurde. Gemessen wurde die Zeit zwischen dem Beginn der Darbietung der Uhrzeit und dem Beginn des Niederschreibens der Antwort. Tab. 4-8 und 4-9 enthalten die mittleren Antwortzeiten für die beiden Zeitbereiche 0 - 12 Uhr und 13 - 24 Uhr und die Zahl der Fehler für beide Codierungsarten. Bei der analogen Anzeige wurden für die beiden Zeitbereiche verschiedene Bezifferungen verwendet. Der fast vierfache Zeitbedarf bei Analogcodierung führt zu der Empfehlung, bei dieser Aufgabe eine digitale Darstellung zu wählen. Auch die Auswertung der Fehler spricht für die Digitalcodierung.

- Quantitativer Vergleich zweier Werte

   Häufig ist die Differenz zweier Werte mit vorgegebener Genauigkeit zu ermitteln, z.B. die Differenz zwischen Ist- und Sollwert eines Regelkreises. Van Nees 1972 untersuchte diese Aufgabe, ebenfalls am Beispiel der Uhr. Mit der Genauigkeit von einer Minute war die Differenz zwischen jeweils zwei Uhrzeiten zu bilden, wobei Schnelligkeit und Genauigkeit als gleichermaßen wichtig vorgegeben wurden. Die Uhrzeiten wurden paarweise analog, digital und gemischt analog/digital dargeboten. Tab. 4-10 zeigt die drei Darstellungsarten sowie die mittlere Zeitdauer und die mittlere Fehlerzahl pro Differenzbildung. Zu empfehlen ist bei dieser Aufgabe die rein digitale Codierung, die zu angenähert halb so großer Zeitdauer und Fehlerzahl wie bei rein analoger oder bei gemischt analog/digitaler Anzeige führt.

- Ablesung mehrerer Anzeigen

   Bei verschiedenen Mensch-Maschine-Systemen, z.B. in der Flugführung und Prozeßlenkung, hat der Mensch die Aufgabe, mehrere Anzeigen zu überwachen. Diese Überwachungsaufgabe besteht im einzelnen aus verschiedenen Ableseaufgaben. Im ungestörten Betrieb sind Abweichungen vom Normalzustand zu erkennen durch Kontrollable-

## 4.3 Codierung der Information

sungen und durch den Vergleich mehrerer Anzeigen. Im Störungsfall ist die Störung zu analysieren und es sind ihre Ursachen zu diagnostizieren, z.B. durch quantitative Ablesungen. Für die erstgenannte Aufgabe erweist sich die Analoganzeige (mit gerader Skala) als beste Lösung. Bei der Gruppierung mehrerer Analoganzeigen kommt die menschliche Fähigkeit zur Gestalterkennung zum Tragen. Abb. 4-33 vergleicht zwei Gruppierungsformen für mehrere Analoganzeigen: zeilenförmige und radiale Anordnung mehrerer analog dargestellter Werte sowie die entsprechende digitale Codierung. Bei der Analogcodierung ist es vorteilhaft, die einzelnen Größen so zu normieren, daß sich im ungestörten Zustand eine einfache Form ergibt (Gerade, Kreis), von der Abweichungen leicht zu erkennen sind. Die zeilenförmige Anordnung hat sich in der Prozeßüberwachung bewährt (Scanline).

| Angezeigte Uhrzeit | Codierung | |
|---|---|---|
| | digital | analog |
| 0-12 Uhr | 0,93 s | 3,37 s |
| 13-24 Uhr | 0,95 s | 3,71 s |
| Mittelwert | 0,94 s | 3,54 s |

Tab. 4-8: Mittlere Antwortzeit bei der Aufgabe der quantitativen Ablesung der Uhrzeit mit Protokollieren.

| Zahl der Ablesungen | Codierung | |
|---|---|---|
| | digital | analog |
| 800 | 4 (0,5 %) | 50 (6,3 %) |

Tab. 4-9: Zahl der Felder (prozentualer Anteil) bei der Aufgabe der quantitativen Ablesung der Uhrzeit mit Protokollieren.

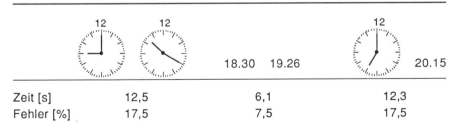

| | | | |
|---|---|---|---|
| | | 18.30 19.26 | 20.15 |
| Zeit [s] | 12,5 | 6,1 | 12,3 |
| Fehler [%] | 17,5 | 7,5 | 17,5 |

Tab. 4-10: Zeitbedarf und prozentualer Anteil der Fehler bei der Differenzbildung von zwei Uhrzeiten bei analoger, digitaler und gemischt analog/digitaler Codierung.

4. Informationsdarstellung für den Menschen

b) Dynamische Ablesung
Bei der dynamischen Ablesung ändert sich die dargestellte Größe innerhalb des Ablesezeitintervalles. Auch hier ist zwischen verschiedenen Aufgaben zu unterscheiden.

• Quantitative Ablesung
Ostertag, verglichen eine zweistellige Digital- und eine Analoganzeige bei der Ablesung einer zeitlich schwankenden Größe (1 % Genauigkeit). Die Ableseaufforderung erfolgte durch ein akustisches Signal. Wie Abb. 4-34 zeigt, ist der Ablesefehler bei der Digitalanzeige im wesentlichen auf die Einerstelle beschränkt, bedingt durch die Reaktionszeit nach der Ableseaufforderung, durch das Springen dieser Stelle und durch die begrenzte Abtastrate der Digitalanzeige. Bei der Analogcodierung ist ein Teil der Ablesefehler (bis ca. 4 %) ebenfalls der menschlichen Reaktionszeit zuzuschreiben. Darüber hinaus sind aber hier deutlich größere Ablesefehler als bei der Digitalcodierung zu beobachten. Falls an derselben Anzeige neben der quantitativen Ablesung auch die Ablesung der Änderungsgeschwindigkeit interessiert, ist die Analogcodierung vorzuziehen, da hier schon das Vorzeichen der Änderungsgeschwindigkeit besser zu erkennen ist als bei der Digitalcodierung.

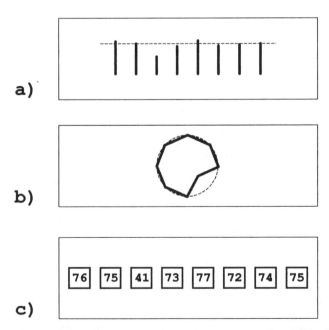

Abb. 4-33: Zeilenförmige und radiale Anordnung analog codierter Größen (a, b) sowie die entsprechende digitale Codierung (c).

## 4.3 Codierung der Information

• Quantitative Einstellung

Bei der Einstellung einer Größe hat der Mensch die Aufgabe, einen vorgegebenen Wert mit einer bestimmten Genauigkeit mit Hilfe eines Eingabeelementes und einer Anzeige zu erzeugen. Beispiele für diese Aufgabe sind das Bedienen einer Dosierwaage oder das Einstellen eines Sollwertes eines Regelkreises. Die Übertragungsfunktion des Eingabeelementes kann hier proportionales oder integrales Verhalten aufweisen. Bei proportionalem Verhalten besitzt das Eingabeelement einen kontinuierlichen Einstellbereich und seine Stellung ist zu der eingestellten Größe proportional. Bei integralem Verhalten sind am Eingabeelement häufig drei diskrete Stellungen vorhanden. In zwei Stellungen vergrößert bzw. verkleinert sich die einzustellende Größe mit konstanter Änderungsgeschwindigkeit, in einer dazwischen liegenden Stellung bleibt die Größe konstant. Ebenfalls von Ostertag, Haller 1974 werden Experimente zum Einstellvorgang bei digitaler und analoger Codierung beschrieben. Die Versuchspersonen hatten zunächst die Aufgabe, eine mit konstanter Änderungsgeschwindigkeit von 0 auf 100 hochlaufende Anzeige bei einem vorgegebenen Wert abzustoppen. Abb. 4-35 zeigt den mittleren prozentualen Fehler pro Einstellvorgang in Abhängigkeit von der Änderungsgeschwindigkeit. Kurve a stellt den Verlauf bei digi-

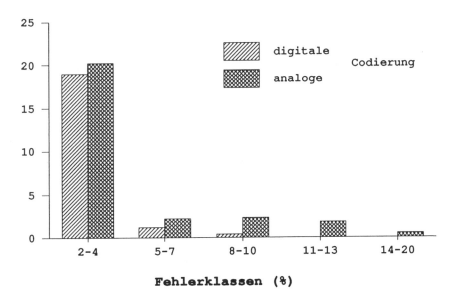

Abb. 4-34: Relative Fehlerzahl in einzelnen Fehlerklassen bei digitaler und analoger Codierung für die quantitative, dynamische Ablesung (Ostertag, Haller 1974).

taler Anzeige dar. Bei analoger Anzeige (Kurve b) ist der Einstellfehler deutlich geringer, insbesondere bei großer Änderungsgeschwindigkeit der Anzeige. Abb. 4-35 zeigt außerdem den Fehler bei digitaler Codierung mit abgedeckter Einerstelle (Kurve c). Der Verlauf läßt erkennen, daß ungefähr ab einer Änderungsgeschwindigkeit von ca. 20 Einheiten pro Sekunde diese Einerstelle nicht nur unnütz ist, sondern sich schädlich auf die Ablesegenauigkeit auswirkt. Als weitere Einstellaufgabe wurde von Ostertag, Haller 1974 die Einstellung vorgegebener Werte bei begrenzter Darbietungszeit mit Hilfe eines Eingabeelementes mit proportionalem Verhalten untersucht. Abb. 4-36 gibt den Verlauf des mittleren prozentualen Einstellfehlers als Funktion der zur Verfügung stehenden Einstellzeit wieder. Der Einstellfehler bei analoger Codierung ist in dem untersuchten Bereich praktisch unabhängig von der Einstellzeit. Bei digitaler Codierung ergibt sich bei kurzen Einstellzeiten (< 4 s) ein wesentlich höherer Einstellfehler als bei der analogen Darstellung. Die Analyse des zeitlichen Verlaufes des Einstellvorganges ergibt, daß bei der Digitalanzeige falsche Drehrichtungen zu Beginn, Unterbrechungen und Überschwingungen vorkommen, während die Einstellbewegung bei der Analoganzeige diese Mängel nicht aufweist, wenn diese schnell genug reagiert. Aus diesen Untersuchungen folgt, daß bei Einstellaufgaben mit hoher Änderungsgeschwindigkeit oder unter Zeitdruck die Analogcodierung vorzuziehen ist.

• Regelaufgabe

Die Regelaufgabe ist als fortwährende Einstellaufgabe unter Zeitdruck zu betrachten, so daß auch hier die analoge Codierung zu empfehlen ist.

Zusammenfassend wird der Vergleich analoger und digitaler Codierung, der anhand von Leistungsparametern (Ablesezeit, -fehler) durchgeführt wurde, mit Hilfe von Tab. 4-11 dargestellt, die eine Übersicht über die Einsatzbereiche von analoger und digitaler Codierung bei statischen und dynamischen Ablese- und Einstellaufgaben enthält. Neben dem Leistungsvergleich des Beobachters spielen bei der Entscheidung zwischen analoger und digitaler Codierung weitere Gesichtspunkte eine Rolle. Z.B. ist der Platzbedarf einer Digitalanzeige geringer bzw. sie kann bei gleichem Platzbedarf aus größerer Entfernung abgelesen werden. Ferner ist zu beachten, daß bei der Digitalanzeige auch kleine Veränderungen der darzustellenden Größe zu einer sprunghaften Veränderung der Anzeige führen. Diese auffälligen Veränderungen können den Beobachter zu einer häufigeren Ablesung der Anzeige veranlassen, als es von der Aufgabe her notwendig ist und ihn dadurch von anderen Aufgaben ablenken. Bei der Codierung einer Anzeigegröße für mehrere verschiedene Ableseaufgaben kann die Kombination von analoger und digitaler Codierung günstig sein. Schließlich ist zu beachten, daß

## 4.3 Codierung der Information

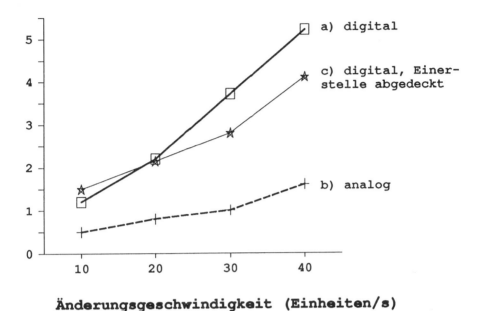

Abb. 4-35: Mittlerer prozentualer Einstellfehler als Funktion der Änderungsgeschwindigkeit bei digitaler und analoger Codierung (Ostertag, Haller 1974).

die Analoganzeige für viele Benutzer (noch) die gewohntere Form darstellt und daß sie deshalb häufig die Digitalanzeige ablehnen.

**Alphanumerische Codierung**

Die Codierung durch Ziffern und Buchstaben eignet sich für die Darstellung von qualitativer und quantitativer Information. Die Gestaltung alphanumerischer Zeichen wurde in Abschnitt 4.2.2 behandelt. Durch die Kombination von Einzelzeichen kann eine praktisch unbegrenzte Anzahl von Codezeichen erzeugt werden. Den weitesten Einsatzbereich besitzt die Sprachcodierung. Die Verwendung von Abkürzungen oder auch künstlichen Zeichenkombinationen setzt beim Beobachter einen Lernvorgang über deren Bedeutung voraus.

**Farbcodierung**

Die Verwendung der Farbe zur Codierung von Nachrichten kann in Form der einfachen Codierung erfolgen, bei der sich die Codezeichen ausschließlich aufgrund der Farbe unterscheiden. Als weitere Möglichkeit ist die mehrfache Codierung gegeben, bei der neben der Farbe zu-

## 4. Informationsdarstellung für den Menschen

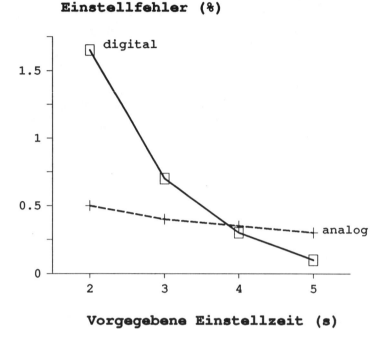

Abb. 4-36: Mittlerer prozentualer Einstellfehler als Funktion der zur Verfügung stehenden Einstellzeit bei digitaler und analoger Codierung (Ostertag, Haller 1974).

sätzliche Unterscheidungsmerkmale wie Größe, Form, Blinken usw. vorhanden sind. Falls die Unterscheidungsmerkmale eines Codezeichens nicht unabhängig voneinander sind, liegt eine redundante mehrfache Codierung vor, bei der im Extremfall jedes der Merkmale für sich allein zur Klassifizierung des Codezeichens ausreicht (vollständige Redundanz).

Von Christ 1975, 1984 wird ein Vergleich der Farbcodierung mit anderen Codes durch Auswertung einer großen Zahl experimenteller Untersuchungen aus der Literatur durchgeführt, aus dem Aussagen zur subjektiven Bewertung, zur Erkennungssicherheit und zum Zeitbedarf bei Suchaufgaben abgeleitet werden.

Bei der Beantwortung der Frage, ob die Farbcodierung verwendet werden soll, wurden vielfach qualitative, *subjektive Bewertungskriterien* angewandt, z.B. bei den Aussagen Farbe erhöht Übersichtlichkeit, Auffälligkeit und den Informationsgehalt einer Darstellung. Die Verwendung von Farbcodes wird grundsätzlich als vorteilhaft eingestuft. Eine Reihe von experimentellen Untersuchungen, zitiert in Christ 1975,

## 4.3 Codierung der Information

| | Analoge(a)/digitale(d) Codierung | | |
|---|---|---|---|
| | Ablese- bzw. Einstellaufgabe | | Codie-rung |
| Statische Ablesung | Qualitative Ablesung | geringe Genauigkeit | d |
| | Kontrollablesung | Variable im Gutbereich? | d |
| | Quantitative Ablesung | hohe Genauigkeit | d |
| | Ablesung u. Protokollierung | Wert aufschreiben | d |
| | Quantitativer Vergleich | Differenz bilden | d |
| | Überwachung mehrerer Größen | Variable im Gutbereich? | a |
| Dynamische Ablesung | Qualitative Ablesung | geringe Genauigkeit | a |
| | Quantitative Ablesung | hohe Genauigkeit | d |
| | Tendenzablesung | Gradient | a |
| | Genaue Einstellung | Wert genau erzeugen | d |
| | Schnelle Einstellung | Wert schnell erzeugen | a |
| | Regelung | Regelfehler minimieren | a |

Tab. 4-11: Einsatzbereiche analoger und digitaler Codierung bei statischen und dynamischen Ablese- und Einstellaufgaben.

bestätigt, daß auch die Benutzer von Anzeigesystemen, wie z.B. erfahrene Piloten, der Farbdarstellung den Vorzug geben. Als Begründung führen sie an, daß die farbige Darstellung weniger eintönig, anstrengend und ermüdend sei. Jedoch wird von Karner 1975 gezeigt, daß diese Art der Bewertung von Anzeigesystemen aufgrund des subjektiven Eindruckes im Widerspruch zu einem anderen Bewertungsverfahren stehen kann, das auf der Messung von Leistungsparametern des Menschen bei einer Beobachtungsaufgabe beruht. Zwei Gruppen von Versuchspersonen hatten Gedächtnisaufgaben zu lösen, bei denen Folgen von Zeichenpaaren dargeboten wurden. Dabei wurde das Erinnerungsvermögen an einzelne Zeichenpaare mit und ohne Farbcodierung gemessen. Bei der einen Versuchspersonengruppe bestanden die Zeichenpaare aus einem Bildzeichen (z.B. Kreis, Quadrat oder Stern) und aus einem Farbzeichen. Bei der zweiten Gruppe war das Farbzeichen jeweils durch seine verbale Bezeichnung ersetzt. Es ergab sich eine deutlich geringere Fehlerrate bei Verzicht auf die Farbcodierung. Daneben wurden die Versuchspersonen aus beiden Gruppen nach dem Experiment befragt, welche der beiden Codierungsarten sie zur Erfüllung der Gedächtnisaufgabe bevorzugen. Ausnahmslos entschieden sich die Versuchspersonen für die Farbcodierung, obwohl jede die Aufgabenstellung nur mit einer Codierungsart durchgeführt hatte. Neben dem Ergebnis, daß für die hier untersuchte Gedächtnisaufgabe die Farbcodierung nicht die vorteilhafteste ist, folgt daraus, daß die Beurteilung des Nutzens der Farbdarstellung aufgrund des subjektiven Eindruckes von der Beurteilung durch Leistungskriterien, wie z.B. Fehlerrate, Zeitbedarf, abweichen kann.

Als Mangel vieler Untersuchungen zur Farbcodierung ist festzustellen, daß die verwendeten Farben nicht farbmetrisch eindeutig beschrieben werden. Neuere Arbeiten, z.B. Kaster, Widdel 1988, bestimmen die Farben photometrisch im Farbenraum, z.B. in dem System CIE 1976 UCS (Uniform Chromaticity Scale).

Ein Vergleich von 10 Untersuchungen der *Erkennungsicherheit* bei einfacher Codierung zeigt, daß die Farbcodierung im allgemeinen der Codierung durch Helligkeit, Größe und Form überlegen ist und daß sie der alphanumerischen Codierung unterlegen ist. Auch beim Vergleich der Erkennungssicherheit der Farbe mit achromatischen Codes bei mehrfacher Codierung, d.h. die Codezeichen unterscheiden sich durch mehrere Merkmale, schneidet die Farbe günstiger ab als Größen- und Formcodes. Während jedoch die Farbe bei einfacher Codierung den alphanumerischen Zeichen unterlegen ist, zeigt der Vergleich bei mehrfacher Codierung keine Vorteile des einen oder anderen Codes. Der dritte Vergleich gilt den Fragen, ob das Hinzufügen von Farbe zu einem achromatischen Code die Erkennungssicherheit der achromatischen Merkmale beeinträchtigt und ob das Hinzufügen eines achromatischen Codes zu einem Farbcode die Erkennung der Farben stört. Fünf experimentelle Untersuchungen ergeben, daß die Farbe die Erkennungssicherheit von anderen Codes wie Form, Größe und Ziffern verringert, während umgekehrt kein Effekt achromatischer Codes auf die Erkennungssicherheit von Farben festzustellen ist. Wird dagegen Farbe als redundanter Code hinzugefügt, so ergibt sich eine deutliche Steigerung der Erkennungssicherheit bei der Darstellung von künstlicher codierter Information.

Bei einfacher Codierung führt die Farbe zu wesentlich kürzeren *Suchzeiten* im Vergleich zu achromatischen Codes. Dieser Vorteil der Farbe ist auch bei der mehrfachen Codierung gegeben. Insbesondere bei redundanter Farbcodierung ergibt sich eine starke Verkürzung der Suchzeit, vorausgesetzt, der Beobachter kennt die Farbe des Suchzieles. Mit zunehmender Anzahl der Bildelemente, welche dieselbe Farbe haben wie das Suchziel, nimmt der Vorteil der Farbcodierung ab. Die Vorteilsgrenze ist erreicht, wenn ca. 70 % der Bildelemente dieselbe Farbe haben wie das Suchziel. Auch bei der Beobachtung realer Szenen (Farbfotografien im Vergleich zu Schwarz-Weiß-Aufnahmen) bewirkt die redundante Verwendung von Farbe eine Verringerung der Suchzeit.

Insgesamt ist die Tendenz feststellbar, daß der Nutzen der Farbcodierung mit wachsender Anzahl der dargestellten Informationselemente zunimmt. Einschränkend ist zu den von Christ 1975 ausgewerteten Untersuchungen zu vermerken, daß meist Versuchspersonen mit geringer

## 4.3 Codierung der Information

Erfahrung eingesetzt wurden. Ferner waren die Versuche so konzipiert, daß die Beobachter ihre volle Aufmerksamkeit auf eine Aufgabe konzentrieren konnten, ohne daß andere Aufgaben um ihre Aufmerksamkeit konkurrierten.

Ein vielfach zu beobachtender Fehler bei der Farbcodierung ist die inkonsistente Zuordnung der Farbklassen zu Nachrichten. So wird z.B. die Farbe Rot zur Kennzeichnung von Warnmeldungen verwendet, während gleichzeitig eine rote Umrandung zur Markierung zusammengehörender Informationen vorhanden ist.

In Tab. 4-12 sind die wichtigsten Regeln zur Wahl der Farbcodierung zusammengefaßt. Bei der Aufgabe der Suche nach einem Objekt bekannter Farbe in einem umfangreichen Informationsangebot verkürzt sich die Suchzeit erheblich. Die Klassifikation einer farbcodierten Nachricht, z.B. eines Warnsignales, wird durch Farbe erleichtert, sofern die Zahl der Klassen gering ist (ca. < 7). Der Vorteil der Farbcodierung sinkt mit wachsender Übung. Die Farbe kann auch zur Strukturierung eines optischen Informationsangebotes günstig verwendet werden, eine Maßnahme, die in den Bereich der Organisation der Information einzuordnen ist (vgl. Abschnitt 4.4). Farbe ist ferner empfehlenswert, wenn die realitätsnahe Darstellung z.B. von realen Szenen beabsichtigt ist. Schließlich bleibt zu erwähnen, daß die Farbcodierung auf den Beobachter attraktiv wirkt und daher zur Erzielung eines positiven Eindrucks, z.B. bei Präsentationsmaterial, beiträgt. Von der Farbcodierung ist abzuraten, wenn die Klassenzahl groß, die Beleuchtung ungünstig, der Sehwinkel klein ist oder die Darbietung im Bereich des peripheren Sehens erfolgt.

Dem Problem der Farbfehlsichtigkeit kann durch redundante Farbcodierung Rechnung getragen werden, d. h., die farbcodierten Nachrichten können zusätzlich durch andere Codes wie Form oder alphanumerische Zeichen unterschieden werden. Mit dieser Maßnahme ist gleichzeitig dafür gesorgt, daß von der farbcodierten Darstellung ohne Informationverlust Schwarz-Weiß-Kopien hergestellt werden können.

**Bildzeichencodierung**

Ein Bildzeichen ist im Gegensatz zum Schriftzeichen die graphische Darstellung einer Nachricht in einer sprachungebundenen Form, d.h. für seine Decodierung ist beim Beobachter nicht die Kenntnis einer speziellen Landessprache erforderlich. Durch Bildzeichen lassen sich Nachrichten unterschiedlicher Bedeutung darstellen: Objekte, Zustände, Ereignisse und Anweisungen. Die Codierung durch Bildzeichen stellt eine Alternative oder Ergänzung der Codierung durch Schriftzeichen dar. Synonym für die Bezeichnung Bildzeichen werden auch die Begriffe Ikone, Piktogramm oder Symbol verwendet.

## 4. Informationsdarstellung für den Menschen

| Farbcodierung | | |
|---|---|---|
| Merkmal der Aufgabe | Anwendungsbeispiel | Codierung |
| Suchen eines Objektes | Großes Informationsangebot | farbig |
| Klassif. weniger Klassen | Warnsignale | farbig |
| Klassif. vieler Klassen | Meßsignale | achromatisch |
| Struktur. einer Anzeige | Aufteilung in Bereiche | farbig |
| Realitätsnahe Darstellung | Reale Szenen | farbig |
| Gefällige Darstellung | Präsentationsmaterial | farbig |
| Schwache Beleuchtung | Einsatz bei Nacht | achromatisch |
| Periphere Darstellung | Randbereich einer Anzeige | achromatisch |
| Darstell. kleiner Objekte | Detailinformation | achromatisch |

Tab. 4-12: Einsatzbereiche der Farbcodierung.

a) Eigenschaften von Bild- und Schriftzeichen

Die Buchstabenschrift basiert auf Wörtern, die aus den einzelnen Buchstaben zusammengesetzt sind, und auf syntaktischen, semantischen und pragmatischen Regeln zur Bildung von Sätzen. Der einzelne Buchstabe enthält für sich alleine wenig Information. Die Bildzeichen bilden wie die Buchstaben ein Alphabet, werden aber überwiegend als Einzelzeichen zur Übermittlung von Information verwendet (Staufer 1987). Meist werden Bildzeichen als statische Elemente eingesetzt; es ist jedoch zu erwarten, daß durch die Möglichkeiten der Animation auch Verformungs- und Bewegungseffekte nutzbringend eingesetzt werden können. Daneben werden Bildzeichen auch als Elemente von visuellen Sprachen verwendet (Chang 1987). Ein Beispiel für eine visuelle Programmiersprache ist das Zustandsübergangsdiagramm (vgl. Kapitel 5).

Bei der Konstruktion von Bildzeichen sind nach Chang 1987 drei Entwurfsprinzipien möglich (Abb. 4-37): Die *Abbildung* eines Objekts durch ein mehr oder weniger von Einzelheiten befreites Bild, die *Abstraktion* eines Sachverhaltes durch eine Analogie oder ein charakteristisches Beispiel oder durch die *Generierung* eines synthetischen Zeichens. Für die Gestaltung von Bildzeichen bieten die Gesetze der Gestaltpsychologie nützliche Hinweise (vgl. Abschnitt 4.4.1)

Für die Bewertung der Qualität eines Bildzeichens sind die Kriterien Unterscheidbarkeit und Verständlichkeit ausschlaggebend (Haller 1979). Lediglich für die Unterscheidbarkeit liegen Ansätze für quantitative Maße vor. Mit der Unterscheidbarkeit von Bildzeichen werden Ähnlichkeit und Verwechselbarkeit eines Bildzeichenalphabetes beschrieben. Als quantitatives Maß für die Unterscheidbarkeit von zwei

## 4.3 Codierung der Information

Bildzeichen x und y, die in einem m × n Punktraster vorliegen, werden Modifikationen der HAMMING-Distanz

$$d_{xy} = \sum_{1}^{n} \sum_{1}^{m} |x_{ij} - y_{ij}|$$

vorgeschlagen, wobei i und j den Zeilen- bzw. den Spaltenindex bezeichnen (Haller 1979, Workman, Fisher 1987).

Die *Verständlichkeit* eines Bildzeichens beschreibt, wie gut der Benutzer auf die Bedeutung schließen kann. Die Verständlichkeit hängt ab von dem zugrundeliegenden Entwurfsprinzip, dem Kontext der Darbietung und dem Vorwissen des Benutzers. Es kann im allgemeinen nicht davon ausgegangen werden, daß ein Bildzeichen selbsterklärend ist. Vielmehr ist vor dem Einsatz von Bildzeichen zu prüfen, ob der Benutzer Gelegenheit hat, die Bedeutung der Bildzeichen zu lernen.

| Entwurfsprinzip | Beispiel | Bedeutung |
|---|---|---|
| Abbildung |  🚭 | Rauchen verboten |
| Abstraktion |  🍷 | Zerbrechliche Ware |
| Generierung |  ▽ | Vorfahrt achten |

Abb. 4-37: Entwurfsprinzipien für Bildzeichen.

b) Vergleich von Bild- und Schriftzeichencodierung

Aufgrund experimenteller Untersuchungen können Regeln für die Wahl zwischen Schrift- und Bildzeichencodierung angegeben werden. (Haller 1979). Ein wichtiger Gesichtspunkt beim Vergleich der beiden Codierungsarten ist die Art der kognitiven Verarbeitung. Die enge Verknüpfung von Schrift und Sprache bedingt eine vorwiegend akustisch orientierte Aufnahme und Speicherung der Schriftzeicheninformation. Bei Bildzeichen ist dagegen der visuelle Charakter stärker betont, so daß neben der akustisch orientierten Aufnahme und Speicherung des sprachlich faßbaren Bedeutungsinhaltes eine zusätzliche visuelle Codierung und Speicherung erfolgt. Dies bewirkt unter anderem eine kürzere Zeit für das Wiedererkennen eines Bildzeichens im Vergleich mit dem alphanumerischen Text.

Ein weiterer Gesichtspunkt beim Vergleich von Bildzeichen und alphanumerischem Text ist die Erkennbarkeit der beiden Codierungsarten. Die Erkennbarkeit kontextfreier Schriftzeichen wird bestimmt durch Schrifttyp und Schrifthöhe. Bei Bildzeichen kann dagegen die zweidimensionale Darstellung eine wesentlich günstigere Ausnutzung des vorhandenen Platzes bewirken. Untersuchungen der Leserlichkeit am Beispiel von Verkehrszeichen ergaben für Bildzeichen im Vergleich zu Schriftzeichen die doppelte visuelle Reichweite mit einer Erkennungsrate von 50 %.

Wie in Kapitel 5 beschrieben, kann der Dialog auf eine Modellwelt abgebildet werden, in welcher der Benutzer auf Objekte und Aktionen durch direkte Manipulation zugreift. Für die Codierung dieser Modellwelt eignen sich Bildzeichen besonders gut zum Aufbau und zur Stützung des mentalen Modells des Benutzers.

Die Suchzeiten für Bildzeichen sind signifikant kürzer als für Wörter. Quantitativ liegt der Unterschied bei 25 %. Die einzelnen Elemente der beiden Codes sind verschieden gut für diese Aufgabe geeignet. Beim Vergleich der alphanumerischen und der Bildzeichencodierung in einer simulierten Flugzeugkanzel kamen Steiner, Camacho 1989 zu dem Ergebnis, daß bei kleinem Informationsangebot (wenige bit) kein Unterschied in der Antwortzeiten des Piloten besteht, daß aber bei größerer Informationsmenge (z.B. 32 bit) die visuelle Erfassung und Auswertung der alphanumerischen Codierung deutlich länger dauert als die der Bildzeichendarstellung.

Beim Ablesen der Information über eine Meßstelle ist die alphanumerische Codierung der Bildzeichencodierung überlegen, wobei aber die Häufigkeit der Fehler abhängt von der Erfahrung der Versuchspersonen, der Reihenfolge des Experimentes und der Art der Einzelcodierung. Das Fehlen der Möglichkeit zur Bildung einer Gedankenstütze mit Hilfe von Kunstwörtern (z.B. PIRCA) wird als weiterer Nachteil der Bildzeichencodierung dargestellt.

Guastello et al. 1989 ermittelten aufgrund von Skalierungsexperimenten, daß die Verständlichkeit bei Kombination von Bild- und Schriftzeichen weitaus höher bewertet wird als bei ausschließlicher Codierung durch Bild- oder durch Schriftzeichen.

Zusammenfassend lassen sich für die Verwendung von Bild- und Schriftzeichen die in Tab. 4-13 zusammengestellten Regeln angeben. Bei der Suche eines Objektes in einem großen Informationsangebot werden Bildzeichen schneller gefunden als durch alphanumerische Zeichen codierte Nachrichten. Bildzeichen werden schneller aufgenommen als Schriftzeichen, was sich bei der Anwendung für Warnsignale vorteilhaft auswirkt. Die höhere visuelle Reichweite von Bildzeichen gegenüber Schriftzeichen gleicher Fläche wird z.B. bei Verkehrszeichen genutzt. Bildzeichen werden besser im Gedächtnis gespeichert als Schriftzeichen (Wegemarkierung). Da Bildzeichen sich besser zum Aufbau von mentalen Modellen mit Hilfe von Metaphern eignen, können sie bei der direkten Manipulation zum Aufbau der Modellwelt dienen (vgl. Kapitel 5). Bildzeichen können sprachunabhängig eingesetzt werden, z.B. im öffentlichen Personenverkehr. Bei der Klassifikation vieler Klassen, z.B. Detailinformation in der Prozeßleittechnik, ist die alphanumerische Codierung vorzuziehen. Ferner ist zu beachten, daß Bildzeichen zur sicheren Bedeutungszuordnung immer einen Lernvorgang notwendig machen. Wo dieser nicht gewährleistet werden kann, sind Bildzeichen als alleiniger Code zu vermeiden. Kombination von Bild- und Schriftzeichen erleichtert die Bedeutungszuordnung wesentlich.

| Bildzeichen-/alphanumerische Codierung | | |
|---|---|---|
| Merkmal der Aufgabe | Anwendungsbeispiel | Codierung |
| Suche eines Objektes | Großes Informationsangebot | Bildzeichen |
| Kurze Wahrnehmungszeit | Warnsignale | Bildzeichen |
| Hohe visuelle Reichweite | Verkehrszeichen | Bildzeichen |
| Speicherung im Gedächtnis | Wegemarkierung | Bildzeichen |
| Bildung mentales Modell | Direkte Manipulation | Bildzeichen |
| Mehrsprachige Benutzer | Öffentlicher Personenverkehr | Bildzeichen |
| Viele Klassen | Leitsystem | Alphanumerik |
| Kein Lernvorgang | Auskunftssystem | Alphanumerik |

Tab. 4-13: Einsatzbereiche der Bildzeichencodierung.

**Blinkcodierung**

Die Blinkcodierung besteht in einem periodischen Ein- und Ausschalten von binären Signalen, alphanumerischen Zeichen, Bildzeichen oder Teilen graphischer Darstellungen. Die Blinkcodierung besitzt eine hohe Auffälligkeit, indem sie die Aufmerksamkeit des Beobachters auf sich lenkt. Der Grund hierfür liegt darin, daß eine angezeigte Information häufig in der Peripherie der Retina des menschlichen Auges abgebildet wird. Da dieser Bereich der Retina am empfindlichsten ist für zeitliche Helligkeitsveränderungen, werden blinkende und auch bewegte Reize unter Umständen bis zur Gesichtsfeldgrenze wahrgenommen, auch wenn ihre Wahrnehmungsgrenze bei statischer Darbietung schon bei einer peripheren Winkellage von $10°$ - $20°$ liegt. Abgesehen vom geringeren Energieverbrauch besteht ein weiterer Vorteil der Blinkcorung darin, daß mit geringem Aufwand aus einer binären eine mehrstufige Anzeige erzeugt werden kann.

Die Blinkfrequenz ist nach oben durch die Flimmerverschmelzungsfrequenz begrenzt, deren niedrigster Wert 10 - 20 Hz beträgt. Der niedrigste Wert der Blinkfrequenz wird durch die maximal zulässige Zeitdauer bestimmt, die dem Beobachter zur Erkennung eines Blinkreizes zur Verfügung stehen muß. Bei einem Tastverhältnis $\tau$ (Verhältnis Einschaltzeit zu Periodendauer) und der Periodendauer T ist die im Mittel notwendige Beobachtungsdauer für die Erkennung eines Blinksignales

$$\bar{t} = (1 + 2\tau - 2\tau^2)T/2.$$

Bei kleinem und großem Tastverhältnis ($\tau \to 0,1$) ist eine mittlere Beobachtungszeit von ca. einer halben Periodendauer aufzuwenden. Wird als mittlere Dauer für eine Fixation der Augen 250 ms zugrundegelegt, so ergibt sich eine Mindestfrequenz von 2 Hz. Aus diesen Überlegungen folgt ein empfohlener Frequenzbereich von 2 - 10 Hz für die Blinkcodierung, vgl. z.B. auch McCormick, Sanders 1982.

Als maximale Zahl der absolut unterscheidbaren Blinkfrequenzen wird der Wert 3 angegeben (vgl. Abschnitt 4.3.5). Die Verwendung von drei Stufen der Blinkfrequenz setzt jedoch einen Lernvorgang und ständige Übung beim Beobachter voraus, damit neben der Unterscheidung auch die richtige Bedeutungszuordnung gewährleistet ist. Falls dies nicht sichergestellt ist, kann neben dem Dauerlicht nur eine Blinkfrequenz verwendet werden.

Die Zahl der in einer Anzeige gleichzeitig blinkenden Elemente ist hauptsächlich durch den Gesichtspunkt der Lästigkeit bestimmt. Ein Feld von mehreren blinkenden Elementen wird vor allem bei Dauerbeobachtung als lästig empfunden. Daher wird empfohlen, die Zahl der gleichzeitig blinkenden Elemente auf 2 zu begrenzen. Mehrere gleichzeitig blinkende Elemente sind synchron, d.h. ohne Phasenverschiebung, anzusteuern. Im übrigen geht der Vorteil des Blinkens dann verloren, wenn neben der relevanten auch irrelevante Information blinkt.

Die Darstellungsparameter und ihre empfohlenen Werte sind in Tab. 4-14 zusammengefaßt (Geiser 1983a).

## 4.4 Organisation der Information

Die vom Menschen von einer Maschine aufzunehmenden Nachrichten werden bei der Codierung auf eine Menge von vereinbarten Zeichen abgebildet. Diese Nachrichten stehen in der Regel nicht beziehungslos nebeneinander, sondern es bestehen Relationen zwischen ih-

## 4.4 Organisation der Information

| | |
|---|---|
| Tastverhältnis τ für maximale Auffälligkeit | 0,5 |
| Blinkfrequenz/Hz | 2 - 10 |
| Zahl der absolut unterscheidbaren Blinkfrequenzen | 3 |
| Zahl der gleichzeitig blinkenden Elemente | 2 |

Tab. 4-14: Darstellungsparameter bei der Blinkcodierung.

nen. Daher kommt als weitere Gestaltungsaufgabe die Organisation der Information hinzu, bei der die Darstellung mehrerer zusammengehöriger Informationen unter Berücksichtigung der zwischen ihnen bestehenden Relationen im Mittelpunkt steht.

Abb. 4-38 zeigt den Gestaltungsschritt Organisation der Information, ausgehend von der aus dem technischen System kommenden Nachrichtenmenge, die örtliche, zeitliche und inhaltliche Strukturen aufweist. Diese Strukturen lassen sich anhand der in einer Prozeßleitzentrale eines Kraftwerkes eingehenden Nachrichten erläutern. Die Nachrichten besitzen eine örtliche Struktur, da sie aus verschiedenen räumlich verteilten Aggregaten des Kraftwerkes kommen. Eine zeitliche Struktur ergibt sich aus der Folge von Ereignissen, wie sie z.B. beim Anfahren des Kraftwerkes abläuft. Die inhaltliche Struktur folgt aus der unterschiedlichen Gewichtung der Nachrichten im Hinblick z.B. auf Betriebssicherheit, Wirtschaftlichkeit usw. Bei der Organisation der Information werden diese Strukturen auf örtliche, zeitliche, inhaltliche und benutzerbezogene Organisationsformen abgebildet. Tab. 4-15 gibt eine Übersicht über die verschiedenen Organisationsformen mit Beispielen. Bei der örtlichen Organisation der Information erfolgt die Anordnung der Elemente auf der Anzeigefläche und die Darstellung der zwischen ihnen bestehenden Relationen, z.B. durch tabellarische Anordnung oder durch einen Graphen. Die zeitliche Organisation betrifft die Reihenfolge der Darstellung und die Ausnutzung von Bewegungs- und Verformungseffekten (Animation). Bei der inhaltlichen Organisation sind die einzelnen Elemente zu gewichten, wobei Form- und Farbcodes oder Blinken verwendet werden. Schließlich kommt als weitere Organisationsform die benutzerbezogene Organisation hinzu, bei der durch ein Netzwerk von Knoten und Zeigern dem Benutzer individuelle

## 4. Informationsdarstellung für den Menschen

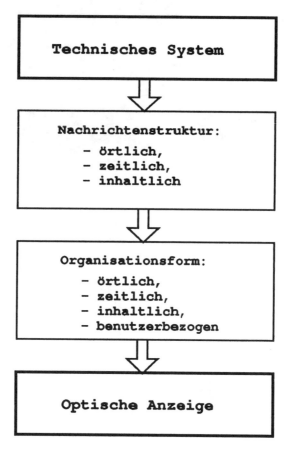

Abb. 4-38: Gestaltungsaufgabe Organisation der Information.

Zugriffsmöglichkeiten auf das Informationsangebot geschaffen werden (Hypertext, Hypermedia).

### 4.4.1 Gestaltfaktoren für die Organisation der Information

Aus den Erkenntnissen der Gestaltpsychologie lassen sich Regeln für die örtliche Organisation ableiten. Die Gestaltpsychologie befaßte sich mit der Frage nach den Merkmalen einer guten Gestalt (Metzger 1966). Dabei wurden die sogenannten Gestaltfaktoren formuliert, die in qualitativer Form Hinweise auf die Zusammenhänge zwischen der Organisation von Bildelementen und der visuellen Wahrnehmung geben. Diese Gestaltfaktoren sind für die Organisation der Information von praktischer Bedeutung, obwohl eine quantitative Beschreibung ihres Einflusses nicht vorliegt.

## 4.4 Organisation der Information

| Organisations-formen | Erläuterung | Beispiele |
|---|---|---|
| Örtliche Organisation | Anordnung der Elemente auf der Anzeigefläche, Darstellung von Relationen | Tabellen, Graphen; orts- und inhaltsabhängige Auflösung |
| Zeitliche Organisation | Reihenfolge der Darstellung, Bewegung, Verformung der Elemente | Folgen von Bildern, Animation |
| Inhaltliche Organisation | Gewichtung der Elemente durch Codierung | Hervorheben durch Form, Farbe, Blinken |
| Benutzerbezogene Organisation | Netzwerk von Knoten und Zeigern | Hypertext, Hypermedia |

Tab. 4-15: Teilbereiche der Organisation der Information auf optischen Anzeigen.

### Faktor der Gleichartigkeit

Gleiche oder ähnliche Elemente des Wahrnehmungsfeldes werden zu einer Gestalt zusammengefaßt.

Abb. 4-39 a) zeigt ein Muster zur Erläuterung dieses Faktors, der bewirkt, daß die gleichartigen Elemente vom Beobacher jeweils zu einer horizontalen Reihe zusammengefaßt werden.

### Faktor der Nähe

Örtlich benachbarte Elemente des Wahrnehmungsfeldes werden zu einer Gestalt zusammengefaßt.

Abb. 4-39 b) zeigt als Beispiel ein Muster, bei dem die Elemente aufgrund des Faktors der Nähe vom Beobachter zu vertikalen Reihen zusammengefaßt werden. Bei dem Muster in Abb. 4-39 c) stehen die beiden Faktoren der Gleichartigkeit und der Nähe in Konkurrenz; in diesem Fall dominiert der Faktor der Nähe.

### Faktor des gemeinsamen Schicksales

Übereinstimmende oder ähnliche Veränderungen bei einzelnen Elementen des Wahrnehmungsfeldes bewirken, daß diese Elemente als zusammengehörend empfunden werden.

Beispiele hierfür sind farbcodierte, bewegte oder blinkende Elemente.

Zu den Gestaltfaktoren gehören ferner die Faktoren der objektiven Einstellung, des Aufgehens ohne Rest, der durchgehenden Kurve und der Geschlossenheit (siehe Metzger 1966).

# 4. Informationsdarstellung für den Menschen

In dem Anwendungsbeispiel von Abb. 4-40 aus dem Bereich der Prozeßüberwachung wurde durch Anwendung des Faktors der Nähe eine Verbesserung der Organisation der Darstellung der Kenngrößen eines Regelkreises erreicht. Haubner 1985 berichtet über Experimente mit Bildschirmmasken, die durch Beachtung der Gestaltfaktoren strukturiert waren. Sowohl die Leistung als auch die subjektive Bewertung von Beobachtern konnten dadurch positiv beeinflußt werden.

## 4.4.2 Fischauge-Organisation zur Verbesserung der Übersicht

In vielen Fällen organisiert der Mensch die von ihm zu verarbeitende Information so, daß er eine ausführliche und eine Übersichtsdarstellung verwendet (Beispiele: Landkarten mit verschiedenen Maßstäben, Prozeßleitwarten mit Detail- und Übersichtsschaltbild). Einzelheiten werden jeweils nur lokal benötigt, um an der Stelle des Interesses auf die volle Information zugreifen zu können, während der globale Kontext dazu dient, die lokale Information einordnen zu können, und er in manchen Fällen überhaupt erst deren Interpretation ermöglicht. Darüber hinaus ist der globale Kontext für die Suche nach weiterer Information erforderlich. Auch die Informationsaufnahme des menschlichen Auges ist prinzipiell so organisiert: In einem engen Bereich um die Sehachse besitzt die Netzhaut hohes Auflösungsvermögen zur Wahrnehmung von lokalen Details um den Fixationspunkt; außerhalb nimmt das Auflösungsvermögen mit zunehmendem Abstand von der Sehachse sehr stark ab, so daß im Bereich des peripheren Sehens nur eine grobe Orientierung möglich ist. Kraiss, Schubert 1979 haben deshalb vorgeschlagen, die örtliche Auflösung von Bildern an die ortsabhängige Auflösung des Auges anzupassen, um die Bandbreite der Bildübertragung reduzieren zu können.

Im Fall der auf einer rechnergesteuerten Anzeige dargestellten großen Informationsmenge kann das Problem der Verbindung von lokalem Detail und globalem Kontext nach einem Vorschlag von Furnas 1986 mit der Fischauge-Organisation gelöst werden. Gemäß der Abbildungseigenschaft eines extremen Weitwinkelobjektivs (Fischaugenlinse) liegt im Zentrum der Betrachtung eine detailreiche Darstellung vor und dennoch wird nicht auf die Abbildung der umliegenden Welt verzichtet, indem mit zunehmendem Abstand vom Zentrum immer weniger Details gezeigt werden. Diese zunächst auf der örtlichen Intensitätsverteilung einer Szene oder eines Bildes beruhende Organisationsstrategie kann im übertragenen Sinne auch auf die örtliche, zeitliche oder inhaltliche Struktur von Informationen außerhalb der Optik angewandt werden. Das Zentrum der Betrachtung ist dann jeweils durch die örtlich, zeitlich oder inhaltlich im Mittelpunkt des Interesses stehende Information gegeben, der zunehmende Verzicht auf die Repräsentation von Details mit wachsendem örtlichem, zeitlichem oder inhaltlichem Abstand äußert

## 4.4 Organisation der Information

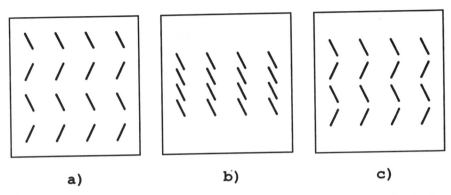

Abb. 4-39: Muster zur Veranschaulichung der Gestaltfaktoren Gleichartigkeit a) und Nähe b). Bei Muster c) dominiert der Faktor Nähe über den Faktor Gleichartigkeit.

sich durch das Weglassen von unwichtigen Informationen. Sowohl das Zentrum des Interesses als auch die Wichtigkeit von Informationen ergeben sich dabei aus der Aufgabe des Menschen. Aufgrund einer Reihe von Experimenten kommt Furnas 1986 zu der Vermutung, daß viele natürliche Ansichten des Menschen von der Welt Fischauge-Charakter besitzen. So sind im Gedächtnis vorzugsweise solche Ereignisse gespeichert, die zeitlich nahe liegen oder die von herausragender Bedeutung sind. Bei Zeitungen wird vielfach eine Fischauge-Redaktionsstrategie verfolgt, indem lokale Ereignisse auch von geringer Bedeutung und entfernte Geschehnisse nur bei großer Wichtigkeit berichtet werden. Der Grundgedanke bei einer Anzeige mit Fischauge-Organisation ist, mit einer variablen, an den momentanen Fixationspunkt des Beobachters angepaßten Darstellungsform einen Kompromiß zwischen der Anzeige von lokalem Detail und globalem Kontext zu finden. Mit Fixationspunkt wird hier das Zentrum der Betrachtung auch im übertragenen Sinne bezeichnet. Zur formalen Beschreibung einer Fischauge-Organisation definiert Furnas 1986 eine Funktion, welche die Relevanz jedes Elementes einer zweidimensionalen Informationsstruktur bezogen auf einen Fixationspunkt festlegt. Aufgrund dieser Relevanz wird dann entschieden, ob ein Element zur Anzeige kommt. Die Relevanz setzt sich zusammen aus zwei Komponenten, der Wichtigkeits- und der Distanzbewertung. Die additive Form der Relevanzfunktion lautet:

$$R(x,y;x_0,y_0) = W(x,y) - D(x-x_0, y-y_0), \qquad (4.46)$$

mit $R(x,y;x_0,y_0)$ als der Relevanzfunktion, die den Grad der Relevanz angibt, den ein Punkt $(x,y)$ besitzt, wenn $(x_0,y_0)$ der momentane Fixationspunkt ist. $W(x,y)$ ist die a priori-Wichtigkeit des Punktes $(x,y)$ und

## 4. Informationsdarstellung für den Menschen

```
        GRENZWERTE          PARAMETER

        ALARM  =  30        KP    =  2

        WARN   =  29        TN    =  2.5    MIN

        OG     =  28        TV    =  0.3    MIN

        UG     =  25
                            A     =  0.3    %
        WARN   =  20
                            BEGRENZUNG
        ALARM  =  15
                            ENDE  =  85     %
        HYST   =  1 %
                            ANF   =  32     %
```

a)

```
        GRENZWERTE          PARAMETER

        ALARM  =  30        KP  =  2
        WARN   =  29        TV  =  2.5 MIN
        OG     =  28        TN  =  0   MIN

                            A   =  0.3 %
        UG     =  25        BEGRENZUNG
        WARN   =  20        ENDE  =  85 %
        ALARM  =  15        ANF   =  32 %

        HYST   =  1 %
```

b)

Abb. 4-40: Anwendung des Gestaltfaktors Nähe auf eine Anzeige der Kenngrößen eines Regelkreises in der Prozeßleittechnik. a) zeigt die ursprüngliche, b) die umgestaltete Form.

$-D(x-x_0, y-y_0)$ gibt an, wie die Wichtigkeit des Punktes (x,y) mit zunehmendem Abstand vom Fixationspunkt $(x_0, y_0)$ abnimmt. Diese Definition der Relevanz erfordert Wichtigkeits- und Distanzbewertung nur auf dem Ordinalskalenniveau.

Für die Darstellung auf einer optischen Anzeige wird eine Schwelle k eingeführt, und es werden nur diejenigen Punkte angezeigt, für die

$$R(x,y;x_0,y_0) \geq k \qquad (4.47)$$

ist. Durch die Distanzbewertung $-D(x-x_0,y-y_0)$ werden mit zunehmendem Abstand vom Fixationspunkt immer mehr Informationen unterdrückt, d.h. die Dichte der dargestellten Information nimmt ab. Dies kann dazu genutzt werden, mit einer nichtlinearen Maßstabsänderung mit dem Faktor $a = f(x-x_0,y-y_0)$ die Anzeige im Randbereich zu komprimieren. Dadurch wird die benötigte Anzeigefläche kleiner oder es kann bei gegebener Anzeigefläche ein größerer globaler Kontext dargestellt werden. Allerdings ist dabei zu beachten, daß die Winkel- und Längentreue der Abbildung nicht mehr gewahrt bleiben.

Im folgenden wird als Beispiel eine Straßenkarte mit den Straßen erster, zweiter und dritter Ordnung und der entsprechenden a priori-Wichtigkeit W = 3, 2 und 1 betrachtet. Abb. 4-41 a) zeigt das künstliche Straßennetz. In Abb. 4-41 b) ist die Distanzbewertung in Form von drei konzentrischen Zonen mit den Werten D = 0, 1 und 2 (von innen nach außen) dargestellt. Wählt man als Schwelle für die Darstellung k = 0, so ergibt sich die in Abb. 4-41 c) gezeigte Fischauge-Organisation. Hier zeigt sich eine erhebliche Reduzierung der dargestellten Informationsmenge, ohne daß ein Verlust an lokalen Details am Fixationspunkt eintritt, und ohne daß der globale Kontext entbehrt werden muß. Der abnehmenden Informationsdichte im Randbereich kann durch eine Maßstabsveränderung Rechnung getragen werden, indem mit zunehmendem Abstand vom Fixationspunkt ein kleinerer Maßstab gewählt wird. In Abb. 4-41 d) ist gezeigt, wie diese Maßnahme zu einer Reduzierung der benötigten Anzeigefläche führt, wobei jedoch der Verlust der Winkel- und Längentreue in Kauf genommen werden muß.

### 4.4.3 Quantitative Bewertung der örtlichen Organisation

Tullis 1988a entwickelte ein quantitatives Bewertungsverfahren für die Organisation der Information auf alphanumerischen, einfarbigen Bildschirmen, wobei die reine Textdarstellung ausgeschlossen war. Er leitete sechs Kenngrößen für die räumliche Anordnung der Zeichen ab:
- *Gesamtdichte:* Zahl der Zeichen auf dem Bildschirm, ausgedrückt als Prozentsatz der belegten Zeichenplätze.

## 4. Informationsdarstellung für den Menschen

- *Örtliche Dichte:* Gewichtete Zahl der Zeichen in einem Bereich von 5 Grad jedes Zeichens, ausgedrückt als Prozentsatz der darin belegten Zeichenstellen. Die Gewichtsfunktion führt zu einer Abnahme der Bewertung von Zeichenstellen mit zunehmendem Abstand vom Zentrum.
- *Zahl der Gruppen:* Zahl der deutlich unterscheidbaren Gruppen von Zeichen. Eine Gruppe wird in der Regel von Zeichen gebildet, die nicht durch mehr als eine Leerstelle und durch keine Leerzeile getrennt sind.
- *Größe der Gruppen:* Mittlerer Sehwinkel der Zeichengruppen, wobei der Sehwinkel jeder Gruppe durch die Zahl der Zeichen gewichtet wird.
- *Zahl der Elemente:* Zahl der Namen- und Zahlenfelder.
- *Komplexität:* Betrag der Information, der durch die horizontale und vertikale Position der Elemente geliefert wird. Diese Kenngröße bewertet mit Hilfe der Informationstheorie, wie gut die Namen- und Zahlenfelder horizontal und vertikal aufeinander ausgerichtet sind.

Diese Kenngrößen, die nicht vollständig unabhängig voneinander sind, bewerten nur das Bildschirmformat, die Semantik dagegen, also der inhaltliche Bereich der dargestellten Information, bleibt unberücksichtigt. Bei einer großen Zahl von Darstellungsformen wurden diese Kenngrößen bestimmt und in Experimenten die Suchzeit und die subjektive Bewertung gemessen. Aufgrund der Experimente kommt Tullis 1988a,b zu folgenden Schlußfolgerungen:

Mit Hilfe von Regressionsgleichungen, in welche die sechs Kenngrößen eingehen, lassen sich die Suchzeit und die subjektive Bewertung gut vorhersagen.

Empfehlungen für die Gesamtdichte liegen im Bereich von 15 % bis 60 %, wobei zu berücksichtigen ist, daß die Suchzeit mit zunehmender Dichte ansteigt. Ferner ist zu beachten, daß die optimale, gleichzeitig darzustellende Informationsmenge durch die Aufgabenstellung gegeben ist, und daß durch Gruppierungsmaßnahmen das Anwachsen der Suchzeit bei höherer Dichte zumindest teilweise kompensiert werden kann.

Für die Größe der Gruppen gelten folgende Überlegungen: Die hohe Auflösung des Auges im Bereich der Fovea führt zu der Empfehlung, die Gruppengröße auf einen Bereich zu beschränken, der näherungsweise durch einen Kreis mit 5° Durchmesser gegeben ist, d.h., bei einer Zeichengröße von 30' einschließlich Zwischenraum umfaßt eine Gruppe maximaler Größe 10 × 10 Zeichen.

Die beiden wichtigsten Kenngrößen, welche die Suchzeit bestimmen, sind die Zahl und die Größe der Gruppen, wobei es am besten ist, die Daten weder in einer einzigen großen Gruppe noch in vielen kleinen Gruppen, sondern in einer mittleren Zahl von Gruppen mittlerer Größe zu präsentieren. Wählt man für die Größe einer Gruppe als oberen Grenzwert 5°, dann gelingt ihre visuelle Erfassung mit einer einzigen

4.4 Organisation der Information

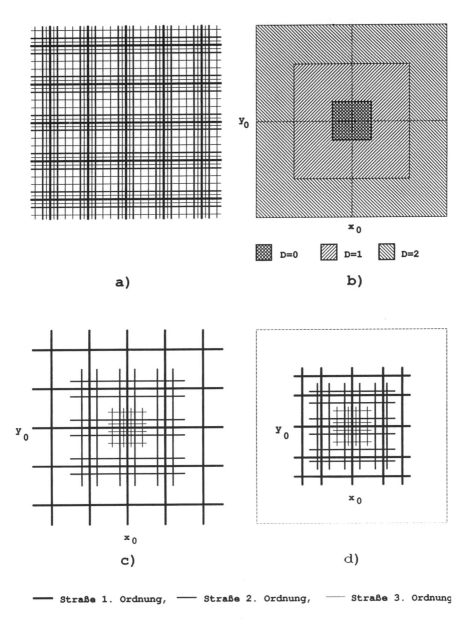

Abb. 4-41: Fischauge-Organisation bei einer Straßenkarte. a) ursprüngliche Darstellung, b) Distanzbewertung, c) Fischauge-Organisation mit dem Fixationspunkt $(x_0, y_0)$, d) Maßstabsveränderung.

Fixation. Für die Zahl der Gruppen kann als Maximalwert 40 angegeben werden. Eine hinsichtlich Suchzeit optimierte Darstellung ist nicht notwendig auch hinsichtlich subjektiver Bewertung optimiert. Die beiden wichtigsten Kenngrößen, welche die subjektive Bewertung bestimmen, sind lokale Dichte und Komplexität.

Einige dieser Kenngrößen zur quantitativen Bewertung der Organisation alphanumerischer Information werden beispielhaft auf die in Abb. 4-40 dargestellten Anzeigevarianten aus der Prozeßleittechnik angewandt (Tab. 4-16). Daraus ist ersichtlich, daß durch die Berücksichtigung des Gestaltfaktors der Nähe die Komplexität einer Informationsdarstellung reduziert werden kann.

Graf et al. 1987 stellten sich die Aufgabe, die Ergebnisse von Tullis experimentell zu überprüfen, wobei zusätzlich die Augenbewegungen gemessen wurden. Sie bestätigten die hohe Korrelation zwischen den geometrischen Kenngrößen und der Suchzeit und der subjektiven Bewertung.

**4.4.4 Hypertext und Hypermedia**

Bei den Formen der örtlichen, zeitlichen und inhaltlichen Organisation sind die logische Struktur und die physikalische Struktur eng gekoppelt. Bei einem Text z.B. ist die physikalische Struktur (örtliche Organisation) eine lineare Folge von Buchstaben, Wörtern, Sätzen, Absätzen usw. und die logische Struktur wird meist ebenfalls linear dargestellt, auch wenn sie hierarchisch ist. Diese lineare Struktur legt jedem Leser nahe, den Text in linearer Weise vom Anfang zum Ende in gleicher Weise zu lesen. Ein Beispiel für ein konventionelles Dokument, bei dem die logische Struktur nicht mit der physikalischen übereinstimmt ist das Lexikon. Zwar sind hier zur Erleichterung der Suche die Elemente linear in alphabetischer Reihenfolge angeordnet, jedoch findet der Leser ein Netzwerk von Querverweisen vor, welche die logische Struktur ausmachen (nichtlinearer Text). Auch Querverweise in Texten sind hier zu nennen.

| Kenngröße | Abb. 4-40 a) | Abb. 4-40 b) |
| --- | --- | --- |
| Dichte (%) | 12 | 12 |
| Zahl der Elemente | 29 | 29 |
| Zahl der Gruppen | 33 | 7 |
| Komplexität (bit) | 33 | 21,9 |

Tab. 4-16: Bewertung der Organisation der Information der in Abb. 4-40 a), b) dargestellten Varianten mit Kenngrößen von Tullis 1988a.

## 4.4 Organisation der Information

*Hypertext und Hypermedia* (vgl. Übersicht von Conklin 1987) sind Ausprägungen einer Organisationsform, bei der die Daten in einem Netzwerk von Knoten gespeichert sind, die mit *Zeigern* verknüpft sind. Im engeren Sinne werden damit rechnergestützte Organisationsformen bezeichnet, bei denen sowohl die Navigation des Benutzers durch das Informationsangebot als auch die Modifikation des letzteren vom Rechner unterstützt wird. Neben dem schnelleren und bequemeren Zugriff auf Knoten gewinnt der Benutzer durch den Rechner überaus hohe Flexibilität. Bei Hypertext enthalten die Knoten die Informationselemente in textueller Form, wobei hierfür als verbreitete Metapher die Kartei- oder Notizkarte verwendet wird. Bei Hypermedia kommen andere Formen hinzu, wie Graphik, Animation, Bilder und Bildfolgen von realen Szenen, synthetische und gespeicherte Sprache. Es können sogar Rechnerprogramme gestartet werden, wenn der Benutzer einen Zeiger selektiert. Daher wird Hypermedia als die verallgemeinerte Form von Hypertext bezeichnet. Der Benutzer navigiert in Hypermedia durch Auswahl von Zeigern, um so von einem Knoten zum anderen zu gelangen. Dadurch, daß der Benutzer Knoten und Zeiger erzeugt und verändert, baut er Organisationsformen auf, die seinen Bedürfnissen entsprechen. Hypertext und Hypermedia sind vielversprechende Organisationsformen für das Verfassen von Dokumenten, für das Speichern und Zugreifen auf Daten und für das Entwerfen und Simulieren von Mensch-Maschine-Dialogen.

### 4.4.5 Kognitive Komplexität einer Informationsdarstellung

Während im Abschnitt 4.4.3 lediglich die Bewertung der formalen Aspekte einer Informationsdarstellung behandelt wurde, wird im folgenden ein Ansatz von Chechile et al. 1989 erwähnt, bei dem es um die Bewertung der kognitiven Komplexität einer Informationsdarstellung geht. Zur Beschreibung des kognitiven Inhalts einer Informationsdarstellung werden das zum Verständnis erforderliche beim Beobachter vorausgesetzte allgemeine Weltwissen einerseits und das durch die Informationsdarstellung vermittelte spezielle Anzeigewissen andererseits herangezogen. Diese beiden Wissensarten werden durch zwei miteinander verknüpfte semantische Netze beschrieben. Zur quantitativen Vorhersage der kognitiven Komplexität einer Informationsdarstellung wurden 25 Kenngrößen aus den beiden Netzen abgeleitet, die durch statistische Analyse auf vier Maßzahlen reduziert wurden, die durch Abzählen von Knoten zu ermitteln sind. Obwohl in einem ersten Experiment gute Übereinstimmung mit Versuchsergebnissen erzielt wurde, läßt dieser Ansatz noch viele Fragen offen, insbesondere ist noch nicht geklärt, wie subjektive Einflüsse bei der Formulierung der semantischen Netzwerke vermieden werden können.

# 5. Dialog zwischen Mensch und Maschine

## Zusammenfassung

*Der Dialog als wechselseitiger Informationsaustausch zwischen Mensch und Maschine ist gemäß den Gestaltungsaufgaben Anpassung an die Motorik und Sensorik, Codierung und Organisation der Information zu entwerfen. Die erste Aufgabe wird mit einem Beispiel zur Abstimmung des Greif- und Beobachterraums nur kurz gestreift. Ebenso wird zur Codierung lediglich die Theorie der multiplen Ressourcen skizziert und es werden die Metaphern Konversationswelt und Modellwelt als bestimmend für die Dialogform eingeführt. Schwerpunkt des Kapitels ist die Organisation des Dialoges. Modelle bilden eine Grundlage für die Dialoggestaltung. Zustandsübergangsnetzwerke und Grammatiken sind die Hauptvertreter der formalen Methoden zur Modellierung der Mensch-Maschine-Kommunikation. Einige beispielhafte Modelle, unter anderem das GOMS-Modell, werden vorgestellt. Die heute besonders aktuellen Hilfsmittel zur Dialoggestaltung sind die Fenstersysteme und die Dialogentwicklungswerkzeuge in Form der Dialogbausteine und der Dialogmanagementsysteme. Die verfügbaren Dialogformen umfassen die Typen Formular, Funktionstasten, Menü, Kommando-, Abfragesprache, natürlichsprachliche Interaktion und direkte Manipulation. Neuere Entwicklungen sind die interaktiven Multimediasysteme, die Anpassung des Dialogs an die individuellen Eigenschaften und Bedürfnisse des Benutzers sowie die Einbeziehung von Expertensystemen.*

## 5.1 Dialog als Mittel zur Benutzerführung

Unter dem Dialog zwischen Mensch und Maschine wird der wechselseitige Informationsaustausch zur Erfüllung einer Aufgabe verstanden. Die Initiative kann dabei sowohl auf der Seite des Menschen als bei der Maschine liegen und sie kann im Verlauf eines Dialoges wechseln. In diesem Kapitel werden die drei Gestaltungsaufgaben Anpassung an Motorik und Sensorik, Codierung und Organisation der Information behandelt; für die technischen Grundlagen wird auf Schmitt 1983 verwiesen.

Mit dem Dialog wird im Idealfall eine Führung des Benutzers angestrebt mit den Zielen:

## 5. Dialog zwischen Mensch und Maschine

- Benutzbarkeit ohne fremde menschliche Hilfe und möglichst ohne Studium umfangreicher Benutzerhandbücher.
- Leistungsfähigkeit des gesamten Mensch-Maschine-Systems möglichst hoch.
- Vermeidung von Über- und Unterforderung des Menschen.
- Akzeptanz des Systems durch den Benutzer.
- Anpassung an die Fähigkeiten und Intentionen des Benutzers.

Die Gestaltung des Dialoges wird von vier Gruppen von Einflußgrößen bestimmt (Abb. 5-1). Die Aufgaben des Menschen reichen je nach Anwendungsgebiet von der Informationsübertragung bis zu hoch komplexen Verarbeitungsaufgaben. Bei den Eigenschaften des Benutzers sind hier insbesondere das Zusammenspiel von Sensorik und Motorik (Sensumotorik), das Innere Modell des Benutzers von der Maschine und weitere Aspekte der kognitiven Informationsverarbeitung von Interesse. Die Eigenschaften der Nachrichten ergeben sich aus den Teilbereichen des Dialogs, z.B. bei der Funktionsauswahl, der Rückmeldung einer Eingabe, der Ergebnisanzeige und der Hilfeinformation. Schließlich bestimmen die technischen Möglichkeiten den Gestaltungsspielraum, der z.B. durch die Dialogformen (Kommando, Menü usw.), Gestaltungs- und Bewertungswerkzeuge, Adaptionsmechanismen und die Medien des Dialogs (optische, akustische usw.) bestimmt wird.

Abb. 5-2 zeigt eine Systematik der Verfahren zur Benutzerführung, die in *passive*, *aktive* und *interaktive* eingeteilt werden können. Passive Verfahren überlassen die Initiative vollständig dem Benutzer, während

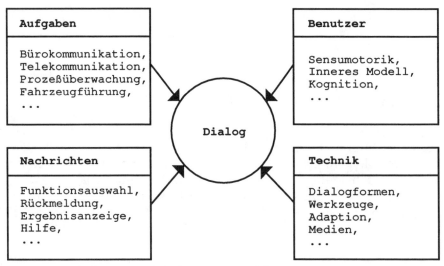

Abb. 5-1: Einflußgrößen auf die Gestaltung des Dialogs.

## 5.1 Dialog als Mittel zur Benutzerführung

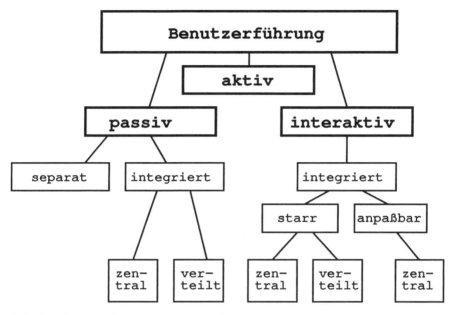

**Abb. 5-2: Systematik der Verfahren zur Benutzerführung.**

bei aktiven Verfahren die Führung ausschließlich durch das technische System erfolgt. Bei interaktiven Verfahren ist die Initiative auf beide Dialogteilnehmer verteilt. Die aktive Führung, die ohne Verarbeitung von Rückmeldungen des Benutzers geschieht, kommt nur für Sonderfälle in Betracht; ein Beispiel ist die Führung von Verkehrsteilnehmern durch eine Lichtsignalanlage ohne Sensoren.

Die passive Benutzerführung erfolgt entweder in separater Form durch eine gedruckte Benutzungsanleitung oder in das technische Gerät integriert durch verteilte Beschriftung der Anzeige- und Eingabeelemente sowie durch zusätzliche Hinweise, die zentral auf der Frontplatte des Gerätes angebracht sind (Beispiel: konventionelles Meßgerät). Durch den Einsatz von Rechnern wurde die integrierte interaktive Benutzerführung realisierbar, entweder in einer starren Form oder zunehmend auch an die Eigenschaften des Benutzers anpaßbar. Die verteilte Form der interaktiven Führung besteht darin, daß orts- und zeitrichtige Hinweise auf Anzeige- und Eingabeelemente gegeben werden. Bei der zentralen Form wird über ein Dialogfeld, das aus einer Anzeige und einem Eingabeelement besteht, ein Dialog geführt. Dieser Dialog ist *anpaßbar*, wenn er an die Eigenschaften unterschiedlicher Benutzer angepaßt werden kann.

## 5. Dialog zwischen Mensch und Maschine

Bei den Dialogverfahren lassen sich folgende Tendenzen erkennen:

**Geführter Dialog**
Bei der früher üblichen passiven Benutzerführung werden dem Benutzer vom technischen System alle benötigten Informationen und Eingabeelemente zugänglich gemacht. Es bleibt jedoch Aufgabe des Benutzers, die einzelnen Schritte und deren Reihenfolge bei der Benutzung auszuwählen. Ferner kann er meist erst am Endergebnis erkennen, ob er Eingabefehler gemacht hat, ohne daß die Art des Fehlers spezifiziert wird. Beim geführten Dialog werden die einzelnen Schritte und die hierbei einzugebenden Informationen als Optionen angezeigt.

**Anpaßbarer Dialog**
Im Gegensatz zum starren ist beim anpaßbaren Dialog eine Anpassung an die aufgabenspezifischen Bedürfnisse des Benutzers oder an seinen Übungsgrad und seine Vorkenntnisse möglich.

**Multimodaler Dialog**
Der Mensch besitzt verschiedene Sinnesmodalitäten, Effektoren und spezialisierte Verarbeitungsbereiche im Gehirn. Durch Verteilung der anzuzeigenden Information auf optische, akustische und auch haptische Anzeigen sowie der einzugebenden Information auf manuelle und sprachliche Eingabesysteme kann von den verschiedenen Ressourcen Gebrauch gemacht werden.

**Einheitlicher Dialog**
Um dem Benutzer unnötige Lernprozesse beim Übergang von einem technischen System zum anderen zu ersparen, werden einheitliche Dialoge angestrebt. Dies begünstigt die nächste Forderung:

**Anwendungsunabhängiger Dialog**
Dadurch können Werkzeuge für die Dialogentwicklung bereitgestellt werden, die Konstruktion und Wartung des Dialoges einerseits und der jeweiligen Anwendung andererseits können getrennt werden und die Wiederverwendbarkeit von Dialogsystemen wird erreicht.

**Modusfreier Dialog**
Der Modus eines interaktiven Systems ist ein bestimmter Zustand des Dialogs. Eine der Ursachen für Fehler des Benutzers ist dessen Unkenntnis des aktuellen Modus des Dialogs. Beispiel: Eingabebestätigung im einen Modus durch Taste, im anderen Modus durch Maus. Die Folge der Unkenntnis des aktuellen Modus ist eine nicht beabsichtigte Reaktion des Systems. Daher wird die Gestaltung modusfreier Dialoge

gefordert. Kann die Verwendung von Modi nicht vermieden werden, ist dies dem Benutzer anzuzeigen.

**Erwartungstreuer Dialog**

Der Dialog soll so gestaltet sein, daß den Erwartungen des Benutzers Rechnung getragen wird. Beispielsweise soll bei der Dokumenterstellung die auf dem Bildschirm dargestellte Form möglichst mit der später ausgedruckten übereinstimmen. Dieses Prinzip ist unter dem Akronym WYSIWYG ("*what you see is what you get*") bekannt geworden (Johnson et al. 1989).

**Objektorientierter Dialog**

In Analogie zur objektorientierten Programmierung soll die objektorientierte Interaktion sich an der realen Welt orientieren, die direkt wahrnehmbare Objekte mit bestimmten Eigenschaften aufweist. Die Interaktion des Benutzers findet auf der Basis von Objekten statt, wobei Objekte sowohl Interaktionskomponenten (z.B. Ein-/Ausgabegeräte) als auch Datenstrukturen (z.B. Dokument) sein können. Die Interaktion soll graphisch unterstützt werden, indem die Objekte graphisch (z.B. durch Bildzeichen) dargestellt werden. Bei objektorientierten Bürokommunikationssystemen werden beispielsweise Textdateien und zugehörige Speicherbereiche durch die Objekte Papierbogen, Aktenordner und Aktenschrank repräsentiert und durch entsprechende Bildzeichen auf dem Graphikbildschirm dargestellt. Die gute graphische Gestaltung (Design) der Bildschirmdarstellung ist für die Akzeptanz von großer Bedeutung. Rechnerprogrammierer besitzen für die Aufgabe der graphischen Gestaltung meist nicht die erforderlichen Voraussetzungen.

**Direkte Manipulation**

Die direkte Manipulation bietet dem Benutzer die Möglichkeit, durch physische Aktionen statt mittels einer Sprache mit komplexer Syntax einzugreifen, z.B. durch Zeigen auf graphisch dargestellte Objekte oder durch Bewegen der zugehörigen Bildzeichen auf dem Bildschirm, wobei die Auswirkungen unmittelbar angezeigt werden.

**Generische Interaktionsformen**

Durch Reduzierung der Zahl der Kommandos und der Anzeigeformen läßt sich der Umgang mit einem technischen System vereinfachen. Daher ist bei der Wahl der Eingabe- und Anzeigeformen auf möglichst häufige Wiederverwendbarkeit zu achten. Beispielsweise ist ein generisches Kommando Löschen der Vielzahl von spezifischen Kommandos Zeichen löschen, Wort Löschen, ... , Datei löschen vorzuziehen. Die Verwendung generischer Interaktionsformen trägt auch zur Erreichung des Ziels des modusfreien Dialogs bei (siehe oben).

Eine Reihe dieser Ziele wurde früh und wegweisend bei dem Bürosystem Xerox Star (Johnson et al. 1989) realisiert. Die DIN-Norm 66 234 Bildschirmarbeitsplätze, Teil 8: Grundsätze ergonomischer Dialoggestaltung 1988 enthält Grundsätze für die Dialoggestaltung, die mit Aufgabenangemessenheit, Selbstbeschreibungsfähigkeit, Steuerbarkeit, Erwartungskonformität und Fehlerrobustheit bezeichnet sind.

## 5.2 Anpassung an Motorik und Sensorik

Bei der Gestaltung der Eingabe- und Anzeigesysteme erfolgt zunächst die getrennte Anpassung an die Motorik und die Sensorik (vgl. Kapitel 3 und 4). Im Rahmen der Dialoggestaltung sind diese beiden Gestaltungsaufgaben aufeinander abzustimmen. Dies führt z.B. zu der Forderung, daß beim Dialog die Augenpunkte sich im Beobachterraum und die Eingabeelemente sich im Greifraum befinden müssen. In Abb. 5-3 ist die Beobachtungs- und Greifgeometrie für verschiedene Sitzhaltungen für den Fall dargestellt, daß der Mensch neben der Beobachtung des Bildschirmes zusätzlich Eingabeaufgaben mit einer Berühreingabe zu erledigen hat (VDI/VDE 3546 1990).

## 5.3 Codierung des Dialogs

Zahlreiche praktische Aufgaben des Menschen sind dadurch gekennzeichnet, daß sie eine Teilung der Aufmerksamkeit erfordern, da sie unter Zeitdruck stehen und möglichst gleichzeitig zu lösen sind. Die ursprüngliche Beschreibung der Aufmerksamkeitsverteilung bestand darin, die menschliche Informationsverarbeitung mit einem Prozessor begrenzter Verarbeitungskapazität zu vergleichen. Im Gegensatz zu der Annahme einer zentralen Ressource basiert die Theorie der multiplen Ressourcen (Wickens 1984) auf der Annahme verschiedener Kapazitäten mit spezifischen Ressourcen.

Die abgestimmte Wahl der Eingabe- und Anzeigecodes kann nach der Theorie der multiplen Ressourcen erfolgen. Ihre Grundlage ist die Annahme, daß für die Aufnahme, Verarbeitung und Ausgabe von Information dem Menschen verschiedene Ressourcen zur Verfügung stehen. Die vom Menschen durchzuführenden Aufgaben konkurrieren um diese Ressourcen. Es wird gefolgert, daß zwei Aufgaben, die unterschiedliche Ressourcen beanspruchen, sich weniger gegenseitig beeinträchtigen als solche, die auf dieselben zugreifen. In Abb. 5-4 sind getrennte Ressourcen als drei Dimensionen mit zwei bzw. drei Merkmalen nach Wickens 1984 dargestellt:

## 5.3 Codierung des Dialogs

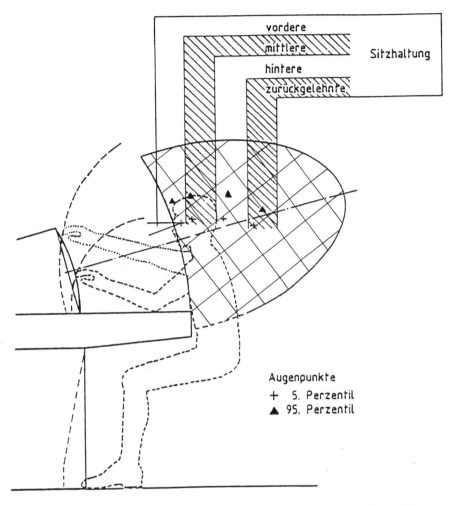

Abb. 5-3: Anpassung der Eingabe- und Anzeigeelemente an den Greif- und Beobachterraum (VDI/VDE-Richtlinie 3546 1990).

- Stufen der Informationsverarbeitung: Wahrnehmung/Verarbeitung/Aktionen.
- Anzeigemodalitäten: optisch/akustisch.
- Code: räumlich/verbal.

Die dritte Dimension wirkt sich auf alle drei Bereiche der menschlichen Informationsverarbeitung aus, z.B. Wahrnehmung von Text und Sprache versus Graphik, Verarbeitung im räumlichen Kurzzeitgedächtnis versus im Gedächtnis für linguistische Information, Antwort in Form gesprochener Sprache versus in Form manueller Bewegungen.

## 5. Dialog zwischen Mensch und Maschine

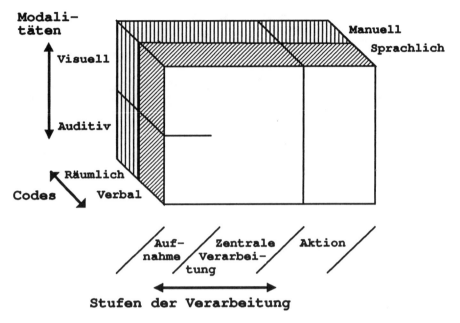

Abb. 5-4: Modell der multiplen Ressourcen des menschlichen Informationsverarbeitungssystems (Wickens 1984).

Wickens untersuchte unterschiedliche Anzeigemodalitäten und Antwortcodes bei einer verbalen Zusatzaufgabe in einem Flugsimulator. Dabei zeigte sich, daß die akustische Anzeige in Verbindung mit der Spracheingabe zu einer besseren Bewältigung konkurrierender Aufgaben führte als die visuell/manuelle Alternative. Im allgemeinen zeigte sich auch, daß der Nutzen der Spracheingabe nicht in der sprachgesteuerten Aufgabe, sondern in der konkurrierenden auftritt.

Anhand der Codierung der Information lassen sich zwei Metaphern unterscheiden, die grundlegende Dialogtypen beschreiben: die *Konversations-* und die *Modellwelt* (Hutchins et al. 1986). In der Konversationswelt beschreibt der Benutzer seine Wünsche schrittweise in einer Sprache, z.B. in einer Kommandosprache, und führt damit einen *sequentiellen Dialog* aus. In der Modellwelt zeigt der Benutzer durch Aktionen an optischen Repräsentationen von Objekten seine Wünsche. Diese als *direkte Manipulation* bezeichnete Interaktionsform ist meist als mehrspuriger Dialog ausgebildet, bei dem der Benutzer in der Regel aus mehreren alternativen Dialogpfaden auswählen kann. Dieser mehrspurige Dialog wird auch als nichtsequentieller oder *asynchroner Dialog* bezeichnet, da das Verfolgen der verschiedenen Dialogpfade unabhängig von den anderen geschieht. Falls mehrere Pfade parallel aktiviert werden können, handelt es sich um einen *parallelen* Dialog. Die beiden Metaphern bestimmen die Anzeige- und Eingabeelemente des Dialogs. In der Konversationswelt sind die Tastatur und der alphanumerische Bildschirm erforderlich, in der Modellwelt erfolgt die Interaktion mittels Zeigeinstrument (z.B. Maus) und Graphikbildschirm. Tab. 5-1 gibt eine Übersicht über die beiden Dialogtypen.

| Metapher | Codierung | Steuerung | Eingabeelement | Anzeigeelement |
|---|---|---|---|---|
| Konversationswelt | Sprache | sequentiell | Tastatur | alphanumerischer Bildschirm |
| Modellwelt | Objekte, Aktionen | asynchron | Zeigeinstrument | Graphik-Bildschirm |

Tab. 5-1: Konversations- und Modellwelt als Metaphern für grundlegende Dialogtypen.

## 5.4 Organisation des Dialogs

Die Organisation des Dialogs umfaßt die örtliche, zeitliche und inhaltliche Abstimmung der Dialogbeiträge sowohl des Benutzers als auch der Maschine.

### 5.4.1 Modelle zur Dialoggestaltung

Eine Grundlage für die Gestaltung der Mensch-Maschine-Kommunikation sind Modelle. Die Terminologie der Modelle ist in diesem Bereich noch sehr uneinheitlich. Eine sehr allgemeine Definition des Modells lautet: Ein Modell ist die Beschreibung eines Objektes X durch einen Autor Y (Whitefield 1987). Bei der Mensch-Maschine-Kommunikation gibt es vier verschiedene Beschreibungsobjekte: den Benutzer B, den Entwickler E, die Maschine M und das System S (bestehend aus Benutzer B und Maschine M). Als Modellautoren kommen der Benutzer B, der Entwickler E und die Maschine M in Betracht. (In der Literatur werden neben dem Entwickler noch der Psychologe und/oder der Forscher als Modellautoren herangezogen.) Die Autorschaft der Maschine ist in einem eingeschränkten Sinne zu verstehen, da hier zumindest für die Modellstruktur der Entwickler als Urheber wirkt. In Tab. 5-2 ist diese Einteilung dargestellt, und es sind die für die Praxis relevanten bzw. irrelevanten Modelle gekennzeichnet. Anzumerken ist hier, daß diese Einteilung der Modelle erster Ordnung auf Modelle zweiter und höherer

## 5. Dialog zwischen Mensch und Maschine

Ordnung erweitert werden kann; ein Modell zweiter Ordnung ist z.B. das Modell des Entwicklers vom Modell des Benutzers von der Maschine.

|  |  | **Modellobjekt:** | | | |
|---|---|---|---|---|---|
|  |  | Benutzer<br>B | Entwickler<br>E | Maschine<br>M | System<br>S |
| **Modellautor:** | | | | | |
| Benutzer | B | – | – | * | * |
| Entwickler | E | * | – | * | * |
| Maschine | M | * | – | – | * |

Tab. 5-2: Klassifikation der Modellobjekte und der Modellautoren für die Mensch-Maschine-Kommunikation (nach Whitefield 1987, modifiziert) (*: relevant, -: irrelevant für die Praxis).

Modelle stellen immer eine eingeschränkte Beschreibung eines Objektes dar. Sie können daher gemäß den im Modell enthaltenen Aspekten des Objektes eingeteilt werden. Ein *Verhaltensmodell* beschreibt die Ein-/Ausgangsbeziehungen des Objektes, ohne dessen Verarbeitungsstruktur abzubilden. Ein *Strukturmodell* dagegen gibt die interne Struktur wieder. Ein Modell, das beide Aspekte berücksichtigt, wird *Funktionsmodell* genannt. Eine weitere Einteilung, die sich aus der Absicht des Modellautors ergibt, ist die in *beschreibende* und *normative Modelle* des Menschen (Jones, Mitchell 1987). Während die erstgenannten Modelle das tatsächliche Verhalten des Menschen zu beschreiben und zu erklären versuchen (z.B. skills, rules, knowledge (Rasmussen 1986)), beruhen die normativen Modelle auf einem erwünschten oder optimalen Verhalten z.B. der regelungstheoretischen Beschreibung des Menschen (Johannsen et al. 1977). Williges 1987 unterscheidet *konzeptuelle* und *quantitative Modelle* des Benutzers. Konzeptuelle Modelle beschränken sich darauf, die verschiedenen kognitiven Verarbeitungsstufen zu repräsentieren; ein Beispiel hierfür ist das Stufenmodell der Benutzeraktivitäten von Norman 1986 (Abschnitt 5.4.3). Quantitative Modelle dienen zur quantitativen Beschreibung des Benutzers, z.B. die oben erwähnte regelungstheoretische Beschreibung. Schließlich ergibt sich eine weitere Einteilung der Modelle daraus, daß in der Regel nur ein Teilaspekt eines Objektes beschrieben wird. Bei der Modellierung des Benutzers sind *anthropometrische, sensorische, kognitive* und *motorische Modelle* zu unterscheiden (vgl. auch Stein 1987). Anthropometrische Modelle bilden die dreidimensionalen Gegebenheiten des menschlichen Körpers und gegebenenfalls auch die Muskelkräfte im

## 5.4 Organisation des Dialogs

Zusammenhang mit der Arbeitsumgebung nach; daraus können Regeln und Vorschläge für Arbeitsplätze abgeleitet werden (Chaffin, Evans 1986). Sensorische Modelle beschreiben die Informationsaufnahme des Menschen, z.B. die visuelle Abtastung durch Blickbewegungen (Yamamoto, Noro 1987). Kognitive Modelle sind ein Abbild der menschlichen Informationsverarbeitung, z.B. des Planungs- und Entscheidungsverhaltens (Rasmussen 1986). Die Ausführung von Handlungen wird durch motorische Modelle abgebildet; ein Beispiel dafür ist das Fitts'sche Gesetz, das einen Schwierigkeitsindex für manuelle Zielbewegungen angibt (vgl. Kapitel 3). Aus Tab. 5-2 ergeben sich vier wichtige Klassen von Modellen:

**Mentales Modell B(S)**

Der Benutzer entwickelt dieses Modell von dem System; es wird auch "Inneres Modell" genannt. Dieses Modell ermöglicht in begrenztem Umfang die Erklärung und die Vorhersage des Verhaltens des Systems bei der Interaktion. Das mentale Modell hängt von dem Vorwissen des Benutzers ab und es entwickelt sich bei der Interaktion mit dem System.

**Benutzermodell des Entwicklers E(B)**

Der Entwickler benötigt für die Gestaltung des Systems ein Modell des Benutzers, das auf den Aufgaben und Eigenschaften des Benutzers basiert. Es muß insbesondere die Vorkenntnisse des Benutzers und die Beschränkungen seiner Informationsverarbeitung berücksichtigen.

**Systemmodell E(S)**

Das Systemmodell ist das Modell des Entwicklers von dem System, das er zu bauen hat. Es umfaßt das Modell des Benutzers, das Modell der Maschine und das Modell der Interaktion von Mensch und Maschine.

**Benutzermodell der Maschine M(B)**

Der zwischenmenschlichen Kommunikation entsprechend werden auch für die Mensch-Maschine-Kommunikation kooperative Dialogsysteme angestrebt. Ein kooperatives System muß die Ziele, Pläne, das Wissen bzw. die Überzeugungen und gegebenenfalls die Einstellungen und Neigungen des Partners berücksichtigen. Interaktive Systeme, die in einer kooperativen Weise mit dem Benutzer kommunizieren, benötigen ein Benutzermodell, das als Wissensbasis explizite Annahmen über alle Aspekte des Benutzers enthält, die für das Dialogverhalten des Systems relevant sein können (Kass, Finin 1989, Wahlster, Kobsa 1989). Die Verwendung des Benutzermodells kann gemäß Abb. 5-5 dazu benutzt werden, (1) die Informationssuche des Benutzers zu erkennen und

## 5. Dialog zwischen Mensch und Maschine

zu interpretieren, (2) dem Benutzer bei Problemen Hilfe und Rat zu bieten, (3) Information vom Benutzer zu gewinnen und (4) dem Benutzer Information zu liefern. Der Inhalt eines Benutzermodells umfaßt Wissen über die Ziele, Pläne, Neigungen, das Wissen und die Überzeugungen des Benutzers.

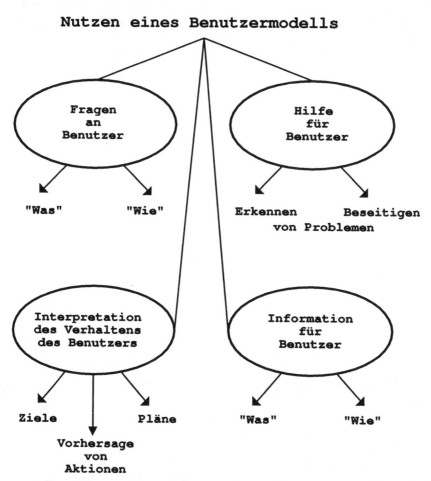

Abb. 5-5: Verwendung von Wissen über den Benutzer (nach Kass, Finin 1989, modifiziert).

**Ziele des Benutzers**

Die Erkennung der Ziele des Benutzers bei der Interaktion mit einer Maschine ist wesentlich für die effiziente Gestaltung von deren Antworten. Ziele können hierarchisch gegliedert sein, außerdem können sie in Konkurrenz zueinander stehen. In manchen Situationen lassen sich

## 5.4 Organisation des Dialogs

Ziele aufgrund einfacher Modelle und ohne explizite Kommunikation ableiten, z.B. hat der vor einer roten Ampel an einer Straßenkreuzung wartende Autofahrer das Ziel, die Kreuzung zu befahren. Ob er allerdings rechts abbiegen, links abbiegen oder geradeaus fahren möchte, läßt sich meist nur aus der expliziten Kommunikation mittels der Fahrtrichtungsanzeige entnehmen. Und auch hier bleibt noch ein Rest Unsicherheit wegen der möglicherweise fehlerhaften Benutzung dieser Anzeige.

**Pläne des Benutzers**

Ein Plan ist eine beabsichtigte Folge von Aktionen, die ein Benutzer zur Erreichung eines Ziels ausgewählt hat. Häufig können Ziele mit verschiedenen Plänen erreicht werden. Daher ist die Kenntnis des Plans eines Benutzers erforderlich, um beurteilen zu können, ob das angestrebte Ziel erreichbar ist. Eine übliche Methode ist die Modellierung aller oder der meisten möglichen Pläne, so daß die Ermittlung des aktuellen Benutzerplanes eine Vergleichsaufgabe ist. Weiter können ungeeignete Pläne und Hindernisse für die Durchführung von Plänen im Benutzermodell gespeichert werden. Als Schwierigkeit ergibt sich hieraus für den Entwickler des Benutzermodelles, die möglichen Pläne eines Benutzers vorherzusagen. Schließlich ist auch der Fall einzubeziehen, in dem der Benutzer keinen Plan besitzt und das System die Aufgabe hat, ihm einen Plan zu empfehlen.

**Neigungen des Benutzers**

Interaktive Systeme sollten die persönlichen Präferenzen und Abneigungen des Benutzers bei der Generierung ihrer Antworten einbeziehen. Es ist jedoch fraglich, ob auch das technische System mit Präferenzen ausgestattet werden darf, um z.B. durch Betonen von Vorteilen und Abschwächen von Nachteilen Einfluß auf die Entscheidungen des Benutzers nehmen zu können. Hier besteht die Gefahr, daß das technische System unter dem Deckmantel der scheinbaren Objektivität zur Manipulation des Benutzers eingesetzt wird. Diese negative menschliche Eigenschaft darf nicht auf technische Systeme übertragen werden.

**Wissen und Überzeugungen des Benutzers**

Ein vollständiges Benutzermodell umfaßt Informationen über das Wissen und die Überzeugungen des Benutzers. Eine Überzeugung liegt dann vor, wenn etwas für wahr gehalten wird. Wissen und Überzeugungen sind im Rahmen der Benutzermodellierung oft nicht zu unterscheiden. Das Wissen des Benutzers wird eingeteilt in das Bereichswissen über das spezielle Anwendungsgebiet (Diskurswelt) und in das Weltwissen, wobei letzteres das Wissen des gesunden Menschenverstandes umfaßt.

Kass und Finin 1989 unterscheiden fünf Dimensionen zur Charakterisierung von Benutzermodellen (Abb. 5-6). Der *Grad der Spezialisierung* gibt an, ob das Modell für eine homogene Benutzergruppe gilt, oder ob es auf eine individuelle Person zugeschnitten ist. Letztgenannte Form ist heute bereits als Benutzerprofil realisiert, bei dem Vorbelegungswerte der Attribute durch den Benutzer selbst verändert werden können. Ob ein Modell statisch oder dynamisch ist, wird durch die *Modifizierbarkeit* beschrieben. Ein statisches Modell wird entweder vorab festgelegt oder während einer Initialisierungsphase, während ein dynamisches Modell sich an die Veränderungen des Benutzers anpaßt. Der *Zeithorizont* legt den Zeitraum fest, während dessen die Benutzermodellierung erfolgt: entweder nur während einer Benutzungsperiode oder über mehrere hinweg. Die *Anwendungsart* des Modelles kann entweder beschreibend oder vorhersagend sein. Das beschreibende Modell kann zur Ermittlung des momentanen Zustands des Benutzers herangezogen werden. Die vorhersagende Anwendung erlaubt, Wirkungen von Informationen auf den Benutzer abzuschätzen. Bei der *Akquisitionsmethode* kann zwischen explizitem und implizitem Wissenserwerb unterschieden werden. Explizite Modelle beruhen auf Festlegungen durch den Entwickler oder auf direkter Befragung des Benutzers. Ein implizites Modell dagegen wird aus Beobachtungen des Benutzerverhaltens abgeleitet. In der Praxis ist es meist so, daß nicht die extremen Ausprägungen der fünf Dimensionen des Benutzermodells vorherrschen, sondern es wird ihre vorteilhafte Kombination angestrebt.

Beim Entwurf eines Benutzermodells ist eine Reihe spezieller Gesichtspunkte zu beachten:
- Wer ist für die Kommunikation mit dem Benutzer verantwortlich?
- Wer kommt für Folgen von Fehlern auf?
- Wie groß ist die Vielfalt der Interaktionsmöglichkeiten?
- Wie adaptiv muß das System sein?
- Welche Interaktionsformen sind erforderlich?

Die meisten Arbeiten zur Benutzermodellierung befinden sich in einem frühen Forschungsstadium. Beispiele für angestrebte Einsatzgebiete sind Auskunfts-, Reservierungs-, Hilfe- und Beratungssysteme. Ein besonderer Anwendungsfall sind natürlichsprachliche Dialogsysteme (Wahlster, Kobsa 1989). Wahlster und Kobsa weisen auch auf die psychisch bedingte Notwendigkeit hin, dem Benutzer die Kontrolle und Beeinflussung seines eigenen Benutzermodelles zu ermöglichen. Ferner ist zu bedenken, daß Benutzermodelle nicht für unerlaubte Überwachungszwecke verwendet werden dürfen. Angesichts des Standes des Wissens ist an den praktischen Einsatz von Benutzermodellen zuerst dort zu denken, wo die Kosten für Fehler, die vom Benutzermodell herrühren, gering sind.

5.4 Organisation des Dialogs

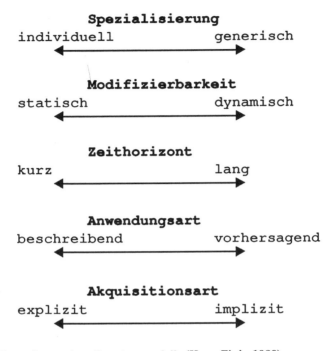

Abb. 5-6: Dimensionen eines Benutzermodells (Kass, Finin 1989).

### 5.4.2 Methoden zur formalen Beschreibung der Mensch-Maschine-Kommunikation

Im folgenden werden Methoden zur formalen Beschreibung der Mensch-Maschine-Kommunikation charakterisiert (vgl. auch Hoppe et al. 1986).

**Zustandsübergangsnetz**

Dieses schon lange angewandte Verfahren besteht darin, die Mensch-Maschine-Interaktion durch Zustände und dazwischenliegende Übergänge zu beschreiben. Diese Übergänge stellen die möglichen Aktionen des Benutzers dar, z.B. das Drücken einer speziellen Taste. Graphisch kann das Zustandsübergangsnetz als Zustandsübergangsdiagramm dargestellt werden, z.B. durch als Kreise dargestellte Zustände, die durch mit Bezeichnungen versehene Pfeile verbunden sind. Diese Graphen lassen sich automatisch in eine textuelle Form für die Verarbeitung im Rechner umsetzen, z.B. zur Simulation. Einerseits sind diese Diagramme vom Menschen leicht zu verstehen, andererseits ergeben sich schon bei einfachen Dialogen umfangreiche Diagramme, die schwer zu überschauen sind. Dies macht die Strukturierung der Diagramme in Haupt- und Unterdiagramme erforderlich. Falls die Unter-

## 5. Dialog zwischen Mensch und Maschine

diagramme sich selbst aufrufen können, spricht man von einem rekursiven Zustandsübergangsdiagramm (recursive transition network RTN). Ein einfaches Beispiel ist in Abb. 5-7 für den Anmeldevorgang bei einem Rechner dargestellt. Eine Modifikation des rekursiven Übergangsdiagramms ist das erweiterte Übergangsdiagramm (augmented transition network ATN), das mit einem Satz von Registern und einem Satz von Funktionen ausgestattet ist. Die Funktionen, die wie die Register einzelnen Übergängen zugeordnet sind, bestimmen, ob eine Übergang zulässig ist oder nicht. Mit dieser Beschreibung können z.B. Fehler des Benutzers berücksichtigt werden.

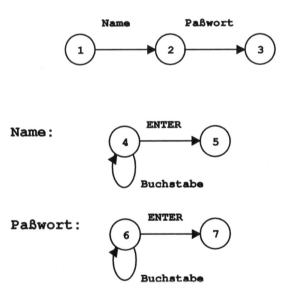

Abb. 5-7: Beispiel eines Zustandsübergangsnetzwerkes.

Kieras und Polson 1985 haben das verallgemeinerte Zustandsübergangsdiagramm (generalized transition network GTN) vorgeschlagen, bei dem die rekursive Verschachtelung sowohl der Zustände als auch der Übergänge und der Bedingungen vorgesehen ist, um damit die Übersichtlichkeit der Beschreibung weiter zu steigern.

## Petri-Netz

Ein Petri-Netz ist ein abstraktes, formales Modell des Informationsflusses in Systemen mit diskreten parallelen oder konkurrierenden Ereignissen. Seine bildliche Darstellung ist ein gerichteter Graph, der aus zwei Knotentypen besteht, den Stellen und den Transitionen, die durch Kreise und Striche (oder Rechtecke) dargestellt werden. Die *Stellen* sind durch Pfeile und dazwischenliegende *Transitionen* verbunden, Stellen repräsentieren Zustände und Transitionen stehen für Ereignisse. Die Knoten und Pfeile kennzeichnen die statischen Eigenschaften des *Netzes*; die dynamischen Eigenschaften werden durch die Bewegung von *Marken* beschrieben, die durch Punkte in den Stellen (Markierung) repräsentiert werden. Das Verhalten von Petri-Netzen wird durch eine Grundregel zum Schaltverhalten der Transitionen beschrieben:

Eine Transition kann schalten (feuern), wenn jede ihrer Eingangsstellen wenigstens eine Marke enthält. Als Folge des Schaltens erhält jede Ausgangsstelle eine zusätzliche Marke.

Eine aktuelle Übersicht über Eigenschaften und Anwendungen von Petri-Netzen sowie über Analysemethoden gibt Murata 1989.

Abb. 5-8 zeigt als Beispiel für ein Petri-Netz die teilweise Beschreibung des typischen Verhaltens eines Autofahrers beim Linksabbiegen, ausgehend von der Situation des Heranfahrens an die Kreuzung bei auf Grün geschalteter Ampel. Mit Hilfe des Petri-Netzes können die parallelen Aktivitäten des Autofahrers beschrieben werden, die vom Blick in den Rückspiegel bis zum Gangwechsel reichen. Ferner können auch die in Konflikt stehenden Tätigkeiten, wie z.B. das Kuppeln und Gas geben nach dem Gangwechsel, modelliert werden. Diese Eigenschaften wurden von Schumacher, Geiser 1978 zur Modellierung von Strategien des Menschen bei der Bedienung konkurrierender Forderungen genutzt.

Van Biljon 1988 schlägt Petri-Netze zur Modellierung der Dialogsteuerkomponente vor, um die Anforderungen erfüllen zu können, die bei mehrspurigen Dialogen in Form konkurrierender Eingaben vorliegen.

## Formale Grammatik

Die Interaktion zwischen Mensch und Maschine kann mit Begriffen der Linguistik beschrieben werden (Fountain, Norman 1985). Mehrere Beschreibungsverfahren basieren auf verschiedenen Grammatiktypen. Ein formale Grammatik beschreibt die Struktur einer Sprache durch eine Sammlung von Regeln, welche die Konstruktion jeder zulässigen Sprachäußerung erlaubt. Die Komponenten einer formalen Grammatik sind Symbole und Regeln, wobei zwei Typen von Symbolen unterschieden werden: terminale und nichtterminale Symbole. Terminale Symbole sind die Wörter der Sprache und nichtterminale Symbole erge-

## 5. Dialog zwischen Mensch und Maschine

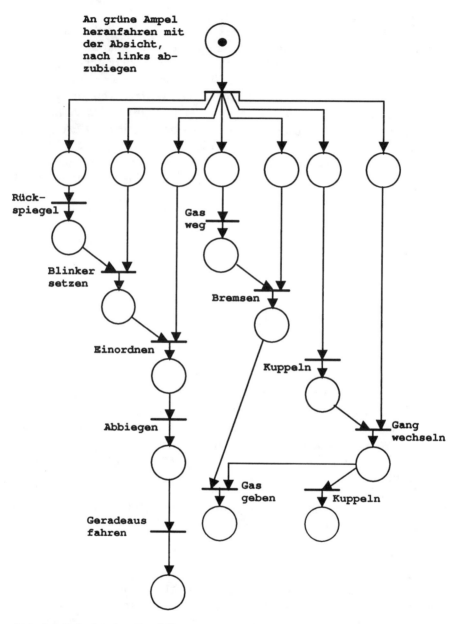

Abb. 5-8: Beispiel eines Petri-Netzes.

ben sich aus der Struktur der Sprache, z.B. Sätze. Ein spezielles Symbol, das Startsymbol S, dient als Platzhalter für Sätze. Eine Regel spezifiziert formal die Struktur eines Satzes. Sie hat die allgemeine Form
  S -> X,

## 5.4 Organisation des Dialogs

X -> y z.

Dabei werden die terminalen Symbole mit Kleinbuchstaben und die nichtterminalen mit Großbuchstaben bezeichnet.

Zur Ableitung eines Satzes der Sprache einer Grammatik werden Regeln so interpretiert, daß ausgehend von einem Startsymbol S die linke Seite der Regel durch ihre rechte Seite ersetzt wird. Der Vorgang ist rekursiv, so daß jedes nichtterminale Symbol, welches das Startsymbol ersetzt hat, seinerseits gemäß der Regel ersetzt wird. Bei dem obigen Beispiel wird S durch X ersetzt, und anschließend wird X durch die geordnete Folge y z ersetzt. Die Ableitung ist beendet, wenn die resultierende Folge nur noch terminale Symbole der Sprache enthält.

Formale Grammatiken werden nach der Form ihrer Regeln klassifiziert. Eine spezielle Klasse bilden die kontextfreien Grammatiken, bei denen die linke Seite der Regeln auf ein einziges Symbol beschränkt ist.

**Kontextfreie Grammatik in Backus-Naur-Form**

Die Backus-Naur-Form(BNF)-Notation oder Produktionsregelnotation beschreibt eine Sprache mit einem Satz von Produktionsregeln. Im folgenden sind als Beispiel die Produktionsregeln für das oben benutzte Beispiel des Anmeldevorganges bei einem Rechner angegeben:

```
Login              -> Name + Paßwort
Name               -> Buchstaben(Name) + drücke enter
Paßwort            -> Buchstaben(Paßwort) + drücke enter
Buchstaben(Wort)   -> drücke buchstabentaste_1 +
                      drücke buchstabentaste_2 + ... +
                      drücke buchstabentaste_n + drücke enter
```

Reisner 1983 versucht, die Aktionen des Benutzers mit einer formalen Grammatik zu modellieren (Action Language Model), wobei unter Aktionen zunächst nur die motorischen Handlungen, später auch die kognitiven Tätigkeiten verstanden wurden. Im folgenden ist ausschnittsweise als Beispiel die Benutzung der Funktion dn eines Texteditors beschrieben, die das Löschen von n Zeilen bewirkt; dabei sind kognitive Aktionen in Klammern gesetzt.

```
Employ dn                        -> <Retrieve info. on dn syntax>
                                    + Use dn
<Retrieve info. on dn syntax>    -> <Retrieve from human memory>
                                    | <Retrieve from ext. source>
<Retrieve from human memory>     -> <retrieve from long term
                                       memory>
                                    | <retrieve from working memory>
```

159

## 5. Dialog zwischen Mensch und Maschine

```
                                  | <use muscle memory>
Retrieve from external source  -> retrieve from book | ask
                                    someone
                                  | experiment | use on-line help
Use dn                         -> Identify first line
                                  + Enter dn command
                                  + press enter
Identify first line            -> ...
Enter dn command               -> type d + type n
...
```

Aus dieser Beschreibung leitet Reisner 1983 eine Vorhersage der Benutzerfreundlichkeit ab, indem z.B. die Zahl der terminalen Symbole und die strukturelle Konsistenz ermittelt werden. Letztere bedeutet, daß ähnliche Aktionen eine ähnliche Struktur aufweisen sollten. Im Gegensatz zu Grammatiken stellen Zustandsübergangsdiagramme und Petri-Netze die zeitliche Folge oder Parallelität der Zustände dar. Diese Eigenschaft ist bei der Beschreibung der Mensch-Maschine-Dialoge meist unverzichtbar.

**Produktionssystem**

Ein Produktionssystem ist in mancher Hinsicht eine Verallgemeinerung der kontextfreien Grammatik. Es wurde zuerst zur Modellierung kognitiver Prozesse beim Problemlösen vorgeschlagen. Ein Produktionssystem besteht aus einer Sammlung von Produktionsregeln und einem Arbeitsspeicher. Der Speicher enthält die aktuellen Ziele und die aktuellen und abgeschlossenen Aktionen sowie Repräsentationen der Eingaben aus der Umgebung. Eine Produktionsregel (kurz Produktion) ist ein Bedingungs-Aktions-Paar der Form

**WENN** (Bedingung) **DANN** (Aktion).

Die Bedingung einer Produktion ist eine Aussage über den Inhalt des Arbeitsspeichers, z.B. das Vorhandensein von Zielen oder spezifischen Eingaben. Wenn die Bedingung erfüllt ist, feuert die Produktion, und die im Aktionsteil angegebene Aktion wird ausgeführt. Aktionen können sich auf den Arbeitsspeicher (Hinzufügen, Löschen) oder auf die Umwelt erstrecken. Ein einfaches Beispiel für eine Produktionsregel lautet:

**WENN** (UND (Ziel ist Kreuzung überqueren)
            (Ampel zeigt grün)
            (Kreuzung ist frei))
**DANN** (Losfahren).

Ein Satz von Produktionsregeln entspricht einem Programm, das als sich wiederholender Wechsel zwischen dem Erkennungs- und dem Aktionsmodus abläuft (Erkennungs-Aktions-Zyklen). Während des Erkennungsmodus werden die Bedingungen aller Regeln mit dem Speicherinhalt verglichen. Danach geht das System in den Aktionsmodus, in dem die Aktionen aller ausführbaren Produktionen durchgeführt werden. Falls mehrere Produktionsregeln zur gleichen Zeit ausführbar sind, ist ein Mechanismus zur Auflösung dieses Konfliktes erforderlich.

Produktionssysteme eignen sich zur Beschreibung sensorischer, motorischer und kognitiver Prozesse in homogener Weise. Sie können zur Modellierung sowohl serieller als auch paralleler Abläufe verwendet werden. Allerdings ist die Berücksichtigung des zeitlichen Verhaltens nicht möglich.

### 5.4.3 Modelle der Mensch-Maschine-Interaktion

Die zahlreichen Modelle der Mensch-Maschine-Kommunikation haben unterschiedliche Ausrichtungen. Drei besonders herausragende sind: die Aufgaben des Benutzers, die Struktur des Dialogs und die Form des Dialogs. Die aufgabenorientierten Modelle beschreiben die Aufgaben des Benutzers als Ausgangspunkt für die Gestaltung des Dialogsystems. Sobald diese Modelle in Einzelheiten vordringen, kommen Eigenschaften der Maschine und des gewählten Interaktionsverfahrens ins Spiel. Strukturelle Modelle beschreiben die Struktur des Informationsaustausches zwischen Mensch und Maschine, während bei der Repräsentation der Form des Dialogs die Gestaltung der Form und des Inhaltes des Dialoges im Vordergrund steht. In diesem Abschnitt werden wichtige Beispiele für solche Modelle erörtert.

**Stufenmodell von Norman**

Norman 1986 hat ein einfaches konzeptuelles Stufenmodell der Durchführung und Bewertung von Aktionen beim Umgang mit einem technischen System vorgeschlagen (Abb. 5-9). Er unterscheidet sieben Stufen der Benutzeraktivität. Die erste, wichtigste Stufe ist die Formulierung des Ziels. Die Ausführung einer Aktion erfordert drei Stufen: die Bildung eines Planes, die Spezifizierung und die Ausführung der Aktion. Ebenfalls drei Stufen sind zur Einschätzung der Auswirkungen einer Aktion notwendig: Wahrnehmung, Interpretation und Bewertung des Systemzustandes. Aufgrund der Pläne und der Bewertung des Systemzustandes bildet der Benutzer Erwartungen über das künftige Verhalten des Systems. Ein wesentliches Hilfsmittel hierfür ist das mentale Modell des Benutzers, das ihm in beschränktem Umfang Vorhersagen über das künftige Verhalten des Systems in Abhängigkeit von verschiedenen intendierten Aktionen erlaubt.

## 5. Dialog zwischen Mensch und Maschine

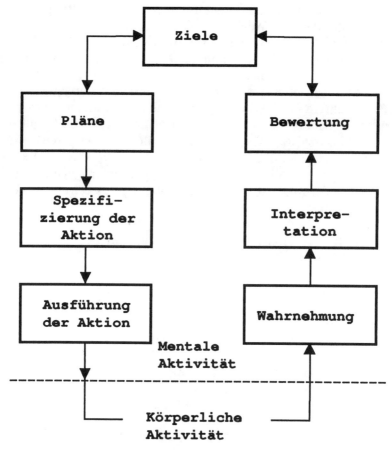

Abb. 5-9: Stufenmodell der menschlichen Informationsverarbeitung von Norman 1986.

**3-Ebenen-Modell von Rasmussen**

Rasmussen 1986 formulierte ein konzeptuelles Modell des Benutzers, das drei hierarchisch gegliederte Verhaltensebenen umfaßt: fertigkeits-, regel- und wissensbasiertes Verhalten (Abb. 5-10). Auf der untersten Ebene findet das fertigkeitsbasierte Verhalten statt, das aus automatisierten sensumotorischen und kognitiven Leistungen besteht, die unbewußt ablaufen. Die Flexibilität dieses Verhaltens beruht auf einem großen Repertoire von automatisierten Routinen, aus denen die für eine spezielle Situation am besten geeignete ausgewählt werden kann. Die Bedeutung von Signalen aus der Umwelt beschränkt sich darauf, daß sie jeweils eine passende Handlung auslösen. Typische Beispiele für dieses Verhalten sind Regelaufgaben (Fahrradfahren, Kursregeln beim Autofahren usw.).

## 5.4 Organisation des Dialogs

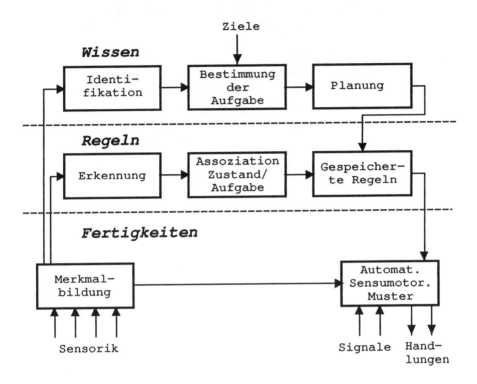

Abb. 5-10: 3-Ebenen-Modell von Rasmussen 1986.

Auf der regelbasierten Ebene werden Handlungen dadurch ausgelöst, daß im Gedächtnis eine Hierarchie von Regeln aktiviert wird. Nach mentaler Abarbeitung der Regeln wird der für die vorliegende Situation passende Regelsatz ausgewählt. Die Auswahlstrategie bildet sich aus der Erfahrung, durch Lernen und durch Problemlösen. Signale aus der Umwelt wirken auf die Regeln zum Einsatz fertigkeitsbasierter Routinen. Die Regeln dieser Verhaltensebene können zumindest teilweise vom Benutzer formuliert werden. Das Befahren einer ampelgesteuerten Kreuzung ist ein einfaches Beispiel für dieses Verhalten.

Wissensbasiertes Verhalten kommt dann zum Tragen, wenn neue, unstrukturierte oder komplexe Probleme auftauchen. Der Begriff Wissen wird hier in dem eingeschränkten Sinne verwendet, daß ein konzeptuelles Modell vorliegt. Beim Problemlösen versucht der Benutzer den momentanen Zustand der Umwelt zu identifizieren, das Ziel zu formulieren und dann die Methoden zu planen, die den momentanen in den Zielzustand überführen. Signale aus der Umwelt werden auf dieser Ebene als Symbole aufgefaßt, die sinnvolle Konzepte der funktionalen oder physikalischen Eigenschaften repräsentieren. Das Befahren einer komplexen, mehrspurigen Kreuzung bei ausgefallener Ampel ist ein Beispiel für wissenbasiertes Verhalten.

**GOMS-Modell von Card et al.**

Card et al. 1983 haben das GOMS-Modell vorgeschlagen, das als konzeptuelles Modell die benutzerinterne Repräsentation der Aufgaben bei einem Mensch-Maschine-Dialog beschreibt; es kann sowohl normativ als auch beschreibend verwendet werden. Es besteht aus den Komponenten, deren Anfangsbuchstaben zum Namen des Modells führten:
- Goals (Ziele),
- Operations (Operationen),
- Methods (Methoden) und
- Selection rules (Auswahlregeln).

*Ziele* sind Ergebnisse oder Teilergebnisse, die bei der Durchführung einer Aufgabe zu erreichen sind. Die Zielstruktur kann als Plan zur Lösung der Aufgaben verstanden werden. *Operationen* bestehen aus elementaren sensorischen, kognitiven oder motorischen Prozessen des Benutzers. *Methoden* sind Lösungswege für spezielle Ziele. Im einfachsten Fall ist eine Methode das Betätigen einer Taste, in komplexeren Fällen kann sie aus einer hierarchischen Struktur von Zielen und Unterzielen mit den dazu gehörigen Lösungswegen bestehen. *Auswahlregeln* spezifizieren, welche Methode zum Erreichen eines gegebenen Zieles angewandt werden soll. Wenn es für ein Ziel mehrere Methoden gibt, wird mit den Auswahlregeln diejenige Methode ausgewählt, die bei den gegebenen Bedingungen optimal ist. Als Beispiel wird die Aufgabe "Sender des Radios im Auto einstellen" betrachtet (Tab. 5-3).

| | |
|---|---|
| *Ziel:* | Lösung der Aufgabe "Neuen Sender einstellen" |
| *Operationen:* | "Drücken Sendersuchlauftaste", |
| | "Hören, ob Sender scharf eingestellt ist" usw. |
| *Methoden:* | Sendersuchlauf, Stationswahl, |
| | Handabstimmung |
| *Auswahlregel:* | Stillstand -> Handabstimmung, |
| | Fahrt -> Sendersuchlauf |

Tab. 5-3: Beispiele für Komponenten des GOMS-Modelles.

Das GOMS-Modell bietet eine Grundlage für die formale Beschreibung der kognitiven Informationsverarbeitung, insbesondere im Hinblick auf die vorhersagende Bewertung des Verhaltens des Menschen. Die Grenzen dieses Modelles sind dadurch gegeben, daß das

Fehlverhalten des Menschen nicht berücksichtigt wird. Ferner beschränkt sich diese prozedurale Methode auf vorhersagbare kognitive Abläufe; die Behandlung des eigentlichen Problemlösens ist nicht einbezogen (Coutaz 1988).

**Tastenbetätigungsmodell KLM (Keystroke-Level-Modell) von Card et al.**

Card et al. 1980 entwickelten das sogenannte Keystroke-Level-Modell KLM, das von den vielen Aspekten der Mensch-Maschine-Kommunikation einen speziellen beschreibt: Wie lange braucht ein *geübter Benutzer* für die *fehlerfreie* Durchführung von Routineaufgaben? Die Grundannahme dieses normativen quantitativen Modelles besteht darin, daß der Zeitbedarf für eine Aufgabe wesentlich durch die Summe der Teilzeiten für die Betätigung der einzelnen Tasten (Tippen) bestimmt wird. Allerdings werden neben diesen motorischen Zeiten für Tippen auch Zeiten für Zeigen, Zeichnen und Handbewegungen zwischen Eingabeelementen sowie für mentale Operationen berücksichtigt. Letztere dienen der Vorbereitung von motorischen Aktionen.

Die Aufgabe des Benutzers wird vielfach in Aufgabenelemente zerlegt, die kognitiv getrennt und weitgehend unabhängig bearbeitet werden können. Als Hauptgrund für diese Zerlegung wird die begrenzte Kapazität des menschlichen Gedächtnisses angenommen. Jedes Aufgabenelement zerfällt in zwei Zeitanteile, in die Akquisitionsphase $T_{Ak}$ und die Ausführungs-(Exekutions-)phase $T_{Ex}$. Die Gesamtzeit für das Aufgabenelement beträgt

$$T_{AE} = T_{Ak} + T_{Ex} . \tag{5.1}$$

Nur die Ausführungszeit $T_{Ex}$, die das Aufrufen der geeigneten Systemkommandos umfaßt, wird durch das Modell beschrieben; auf sie hat der Entwickler eines Systems den unmittelbarsten Einfluß.

Es wird angenommen, daß die Ausführungsphase eines Aufgabenelementes durch vier verschiedene motorische Operatoren beschrieben werden kann:
- K (Keystroking, Tippen),
- P (Pointing, Zeigen),
- H (Homing, Bewegen),
- D (Drawing, Zeichnen).

Ferner wird ein mentaler Operator berücksichtigt:
- M (Mental preparations, Mentale Vorbereitung).

# 5. Dialog zwischen Mensch und Maschine

Hinzu kommt der Antwortoperator des Systems:
- R (Response, Antwort).

Die Ausführungszeit ergibt sich als Summe der Teilzeiten:
$$T_{Ex} = T_K + T_P + T_H + T_D + T_M + T_R. \qquad (5.2)$$

| Operator | Beschreibung | Zeitbedarf [s] |
|---|---|---|
| K | Tasten- oder Knopfdruck | 0,08...1,2 |
| P | Zeigen auf Ziel mit Maus | 1,1 |
| H | Handbewegen | 0,4 |
| $D(n_D, l_D)$ | Zeichnen von Geradensegmenten | $0,9\ n_D + 0,16\ l_D$ |
| M | Mentale Vorbereitung | 1,35 |
| R(t) | Antwortzeit t des Systems | t |

Tab. 5-4: Operatoren des Tastenbetätigungsmodells KLM.

Tab. 5-4 enthält typische Werte für diese Teilzeiten. Die Zeit $T_K$ beschreibt das Drücken einer Taste oder eines Knopfes; sie variiert beträchtlich und muß gegebenenfalls populationsspezifisch gewählt werden. Die Zeit $T_P$ beschreibt das Zeigen auf ein Ziel auf einer Anzeige, z.B. mit Hilfe einer Maus. Zur Quantifizierung dient eine Modifikation des Fitts'schen Gesetzes:

$$T_P = 0,8\ s + 0,1\ \mathrm{ld}(d/w + 0,5)\ [s], \qquad (5.3)$$

mit dem Abstand d und der Größe w des Zieles (vgl. Kapitel 3). Bei verschiedenen Eingabeelementen wird für die Bewegung der Hand zwischen ihnen eine konstante Zeit $T_H$ angesetzt. Als speziell für das Zeichnen mit der Maus auf einem besonderen Raster gültige Annahme wird für die Zeit für das Zeichnen $T_D$ vorausgesetzt, daß sie von der Zahl $n_D$ der geradlinigen Segmente und deren Gesamtlänge $l_D$ abhängt. Für die mentale Vorbereitung der motorischen Operatoren wird vereinfachend eine konstante Zeit $T_M$ angenommen. Schließlich wird für die Antwortzeit des Systems die Zeit $T_R$ eingeführt, deren Wert als Eingangsgröße in das Modell eingeht.

Für die Berücksichtigung von M-Operationen werden heuristische Regeln angegeben, die auf psychologischen Annahmen basieren. Beispielsweise lautet eine Regel: Wenn eine Operation vollständig aus einer anderen folgt, dann gehören beide Operationen zu einer Einheit (chunk). So wird das Zeigen mit der Maus und das anschließende Drücken der Maustaste nicht durch die Folge der Operatoren PMK, sondern durch PK beschrieben.

## 5.4 Organisation des Dialogs

Als Beispiel dient das Eingeben eines Kommandos PUT mittels der Tastatur im Vergleich zu der Auswahl aus einem Menü mit der Maus, wobei für $T_K$ der Wert 1 s angenommen wird:

a) Kommando per Tastatur:
- 1. Buchstabe      MK   [P]
- 2. Buchstabe      K   [U]
- 3. Buchstabe      K   [T]
- Abschluß      K   [Return]

$T_{Ex} = T_M + 4T_K = 5{,}35$ s.

b) Menüauswahl per Maus
- Maus ergreifen      H   [Maus]
- Zeigen auf Wort      MP   [PUT]
- Auswählen des Wortes      K   [Maustaste]
- Hand zur Tastatur      H   [Tastatur]

$T_{Ex} = T_M + T_P + T_K + 2T_H = 4{,}25$ s.

Es wurden umfangreiche Experimente mit verschiedenen Versuchspersonen, Aufgaben und Systemen (Texteditoren, Graphiksysteme und Dienstprogramme) durchgeführt. Der Effektivwert des Fehlers der Vorhersage der Ausführungszeit beträgt 21 % der mittleren vorhergesagten Ausführungszeit. Damit steht mit dem KLM-Modell eine einfache, grobe Beschreibung der Ausführungszeit der Mensch-Maschine-Interaktion zur Verfügung.

Das Tastenbetätigungsmodell KLM erlaubt eine quantitative Beschreibung des menschlichen Verhaltens bei der Mensch-Maschine-Kommunikation. Es berücksichtigt jedoch in erster Linie von außen beobachtbare motorische und sensorische Aktivitäten; kognitive Abläufe werden nur ansatzweise einbezogen. Ferner wird nur das fehlerfreie Verhalten bei Routineaufgaben beschrieben. Dadurch wird der Einsatzbereich dieser Methode stark eingeschränkt und vielfach ergibt sich daraus nur eine ungenaue Beschreibung des menschlichen Verhaltens.

**Theorie der kognitiven Komplexität von Kieras und Polson**

Die Lernanforderungen einer Maschine an den Benutzer sind ein wesentliches Merkmal der Benutzerfreundlichkeit. Bösser 1987 gibt eine Übersicht über die Literatur zum Thema "Lernen bei der Mensch-Rechner-Interaktion". Auf der Grundlage des GOMS-Modelles haben Kieras und Polson 1985 die Theorie der kognitiven Komplexität entwickelt. Zweck dieser Theorie ist die quantitative Analyse der Komplexität des Mensch-Maschine-Dialogs, um daraus Aussagen über Lernaufwand, Lerntransfer, Ausführungszeit und Benutzerfreundlichkeit zu erhalten, schon bevor der Dialog realisiert ist. Als kognitive Komplexität wird der Inhalt, die Struktur und der Umfang des Wissens definiert, das der Benutzer zum Umgang mit einem Gerät benötigt. Die Hauptkomponenten des Benutzerwissens sind die Aufgaben- und die Geräterepräsentation, die der Benutzer kognitiv besitzt. Für die Aufgabenrepräsentation benötigt der Benutzer sowohl geräteunabhängiges als auch geräteabhängiges Wissen. Die Geräterepräsentation umfaßt Wissen über die aufgabenrelevanten Funktionen, über die Gestaltung der Eingabe- und Anzeigeelemente, über das Verhalten und die Funktionsweise des Gerätes. Tab. 5-5 erläutert am Beispiel Taschenrechner die genannten Komponenten des Wissens des Benutzers.

| **Benutzerwissen** | | Beispiel: Taschenrechner |
|---|---|---|
| **Aufgaben-repräsentation** | *Geräteunabhängiges Wissen* | Ein-/Ausschalten |
| | *Geräteabhängiges Wissen* | Selbsttätiges Ausschalten |
| **Geräte-repräsentation** | *Aufgabenrelevante Funktionen* | Umgekehrt polnische Notation |
| | *Gestaltung* | Addition: "+"-Taste |
| | *Verhalten* | "+"-Taste: Additon und Ergebnisanzeige |
| | *Funktionsweise* | Rechner besitzt 4 Register |

Tab. 5-5: Wissen zur Benutzung einer Maschine.

Der Ansatz von Kieras und Polson besteht darin, zwei Wissensrepräsentationen zu definieren, nämlich das Benutzerwissen über die Aufgabenbewältigung einerseits und über das Gerät andererseits. Diese beiden Wissensrepräsentationen werden so gewählt, daß der Benutzer, wie er in der Aufgabenrepräsentation modelliert ist, mit dem Gerät, wie es in der Geräterepräsentation modelliert ist, interagieren kann, so daß eine Simulation der Interaktion von Benutzer und Gerät möglich ist. Die Aufgaben- und die Gerätebeschreibung ermöglichen es, die Komplexität des Dialogs zu bewerten, ohne daß das Gerät bereits realisiert ist. Das Ziel dieser Arbeiten besteht darin, ein theoretisches Bewertungsverfahren zur Verfügung zu stellen, das schon in einem frühen Entwicklungsstadium, z.B. in der Spezifikationsphase, angewandt werden kann, um auf diese Weise aufwendige Fehlentwicklungen zu vermeiden.

## 5.4 Organisation des Dialogs

Die *Aufgabenrepräsentation* des Benutzers wird mit Hilfe des GOMS-Modells erreicht. Das GOMS-Modell wird durch den Produktionssystem-Formalismus beschrieben. Die Beziehungen zwischen dem GOMS-Modell und einem Produktionssystem sind in Abb. 5-11 dargestellt. Die Ziele des Benutzers sind unmittelbar in dem Produktionssystem repräsentiert. Sie erscheinen im Bedingungsteil von fast allen Produktionen und werden in vielen Aktionsteilen verändert. Operationen sind elementare Aktionen des Benutzers, die im Aktionsteil angegeben werden. Methoden sind Folgen von Produktionen, wobei die erste Produktion durch die Annahme des Zieles einer Methode ausgelöst wird. Auswahlregeln sind Produktionen, welche die Ausführung der Methoden steuern.

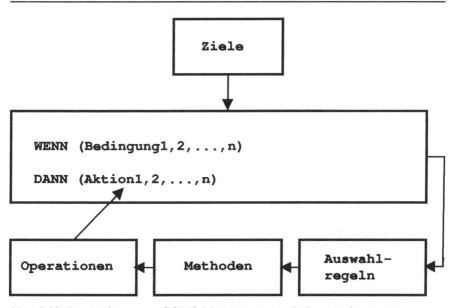

Abb. 5-11: Beschreibung des GOMS-Modelles durch ein Produktionssystem.

Auf Seite 170 oben ist die Notation und der Aufbau einer Produktion in Anlehnung an Kieras, Polson 1985 dargestellt.

Im Bedingungsteil stehen Prüfanweisungen, die das Vorhandensein von Mustern überprüfen, die Ziele oder Einträge im Arbeitsspeicher darstellen. Im Aktionsteil stehen Operationen, die den Inhalt des Arbeitsspeichers verändern und die simulierte Benutzeraktionen auslösen. Die Einfüge- und Löschoperationen bewirken das Hinzufügen und das Löschen von Zielen bzw. Einträgen aus dem Arbeitsspeicher, um so die Aktivierung weiterer Produktionen im nächsten Zyklus zu ermöglichen.

## 5. Dialog zwischen Mensch und Maschine

```
(Name der Produktionsregel
(WENN
     (UND  (PRÜFE-ZIEL Beschreibung des Ziels)
           (PRÜFE-EINTRAG Beschreibung des Eintrags)
           (PRÜFE-... Beschreibung weiterer Bedingungen)
     )
)
(DANN
          (  (EINFÜGE-ZIEL Beschreibung des Ziels)
             (LÖSCHE-ZIEL Beschreibung des Ziels)
             (EINFÜGE-EINTRAG Beschreibung des Eintrags)
             (LÖSCHE-EINTRAG Beschreibung des Eintrags)
             (AUSFÜHRE-AKTION Beschreibung der Aktion)
             (AUSFÜHRE-... Beschreibung weiterer Aktionen)
          )
))
```

Das Ausführen von Aktionen besteht einerseits in der Aufnahme von Information vom zu benutzenden Gerät und führt andererseits durch Betätigen von Eingabeelementen zur Veränderung des Zustandes des simulierten Gerätes.

Aus der Aufgabenrepräsentation des Benutzers mit Hilfe eines Produktionssystems leiten Kieras und Polson Maße für die Komplexität des Dialogs ab. Ein wichtige Kenngröße ist die Zahl der Produktionsregeln, mit denen die Durchführung einer Aufgabe beschrieben werden kann.

Zur *Geräterepräsentation* des Benutzers wird von Kieras, Polson 1985 vorgeschlagen, das Gerät durch ein verallgemeinertes Übergangsnetz (generalized transition network GTN) zu beschreiben. Als Hypothese wird der Nutzen einer solchen Geräterepräsentation darin gesehen, daß durch Vergleich der daraus ableitbaren Gerätestruktur mit der Zielstruktur aus der Aufgabenrepräsentation festgestellt werden kann, ob eine gute Abbildung der Aufgaben des Benutzers auf das Gerät vorliegt.

In verschiedenen experimentellen Untersuchungen wurde gezeigt, daß die Lernzeit und der Lerntransfer bei Textverarbeitungssystemen mit Hilfe der Theorie der kognitiven Komplexität gut vorhergesagt werden kann (vgl. z.B. Polson, Kieras 1985).

Karat et al. 1987 allerdings konnten die experimentell ermittelte Überlegenheit der direkten Manipulation über die Kommandosprache nicht mit Hilfe der Theorie der kognitiven Komplexität beschreiben. Daraus kann der Schluß gezogen werden, daß der Ansatz noch unvollständig ist, da z.B. fehlerhafte Dialogschritte nicht berücksichtigt werden. Diese führten bei der Kommandosprache zu erheblich größerem zusätzlichem Zeitbedarf als bei der direkten Manipulation.

Nach der Theorie der kognitiven Komplexität läßt sich der Lernaufwand für einen Dialog direkt aus der Zahl der Produktionen ableiten. Ferner kann der Lerntransfer zwischen zwei Dialogen anhand der Zahl der gemeinsamen Produktionen vorhergesagt werden. Allerdings ist zu beachten, daß die Erstellung eines Produktionssystems für einen Dialog keine eindeutig definierte Aufgabe ist. Insbesondere ist es schwierig, dabei eine konsistente Auflösung beizubehalten, mit der die Aufgaben des Benutzers in Produktionsregeln umgesetzt werden. Beispielsweise kann die Ablesung einer Digitalanzeige durch eine einzige Produktionsregel modelliert werden, sie kann aber auch mit feinerer Auflösung durch mehrere Produktionsregeln beschrieben werden, wenn die einzelnen Stellen des Digitalwertes und deren Zusammensetzung zu einem sprachlich formulierten Ablesewert interessieren. Damit wird deutlich, daß Produktionssystemmodelle von Dialogen nicht eindeutig sind. Daraus folgt, daß diese Modelle eher zur vergleichenden als zur absoluten Bewertung von Dialogen geeignet sind. Bei der Bewertung der kognitiven Komplexität werden ferner die Gestaltungsbereiche Anpassung an Motorik und Sensorik sowie Codierung der Information nicht berücksichtigt.

Kitajima 1989 kritisiert diesen Ansatz als zu aufgabenanalytisch und als zu sehr an starren, auf ein Ziel ausgerichteten Plänen des Benutzers orientiert und vermutet, daß es bei der Interpretation unvorhergesehener oder fehlerhafter Aktionen zu Schwierigkeiten kommt. Er entwickelt daher ein Konzept zur formalen Repräsentation der Kommunikation von Benutzer und Gerät, das auf *lokalen Interaktionen* basiert. Im Zentrum stehen sogenannte *kognitive Elemente* zur Darstellung der Benutzeraktivität, d.h. sie stellen Objekte dar, mit denen der Benutzer und das Gerät kommunizieren. Ein kognitives Objekt wird durch ein *Konzept* und ein zugehöriges *Attribut* beschrieben. Konzepte sind einzelne kognitive Objekte und Attribute sind verschiedene Ausprägungen eines Konzeptes.

Wie bei Kieras und Polson wird das Gerät durch Produktionsregeln beschrieben, die auf kognitiven Elementen basieren. Der Interaktionsprozeß wird durch einen Satz von Regeln repräsentiert, welche die Situationsänderung beschreiben, die durch einen Eingriff des Benutzers ausgelöst wird. Wie beim Produktionssystemmodell wird die Belegung des Arbeitsspeichers (Gedächtnisses) des Benutzers zur Charakterisierung des Dialogs herangezogen. Allerdings wird die Belegung des Arbeitsspeichers anhand spezieller Kriterien davon abhängig gemacht, ob jede Bedingung oder Aktion in der momentanen Situation notwendig dafür ist, daß der Benutzer in seiner Aufgabe fortfahren kann. Aufgrund statistischer Kennzahlen der Arbeitsspeicherbelegung, wie Gesamtzahl der Elemente, Zahl der neu hinzugekommenen oder der beibehaltenen, werden Aussagen zur kognitiven Komplexität abgeleitet, deren experimentelle Absicherung jedoch noch aussteht.

### 5.4.4 Werkzeuge zur Dialoggestaltung

Für die benutzerfreundliche und effiziente Gestaltung des Mensch-Maschine-Dialoges sind Werkzeuge erforderlich.

Dzida 1983 beschreibt das in einer Arbeitsgruppe der International Federation for Information Processing (IFIP) entwickelte Modell der Schnittstelle zwischen dem Benutzer und einer Maschine (Abb. 5-12). Es besteht aus vier hierarchisch angeordneten Schnittstellen zwischen dem Benutzer und der Arbeitswelt. Die erste Schnittstelle ist die *Ein-/Ausgabeschnittstelle*, welche die physikalische Ebene des Informationsaustausches zwischen Mensch und Maschine beschreibt. Hier wird festgelegt, welche Anzeige- und Eingabeelemente verwendet werden. Die *Dialogschnittstelle* bestimmt die Form der Interaktion, z.B. Kommandos, Menüs usw. Die *Werkzeugschnittstelle* bestimmt den Zugriff des Benutzers auf Werkzeuge des technischen Systems zur Lösung einer Aufgabe, z.B. Text- oder Graphikverarbeitung. Die *Organisationsschnittstelle* regelt das Zusammenwirken des Benutzers mit anderen Menschen, z.B. die Form der Arbeitsteilung. Die Werkzeuge für die Gestaltung der Mensch-Maschine-Interaktion lassen sich in die verschiedenen Ebenen dieses Schichtenmodells einordnen; im folgenden wird der Bereich der Dialogschnittstelle betrachtet.

### Fenstersysteme

Ein Fenstersystem ist ein Programm, das den Benutzer bei der Ausübung verschiedener Aktivitäten an einem Rechner unterstützt, indem jeder Aktivität ein eigener Bereich (Fenster) auf dem Bildschirm zuge-

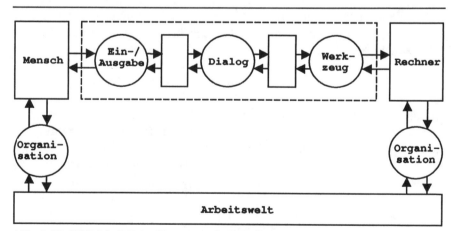

Abb. 5-12: IFIP-Modell der Benutzerschnittstelle.

ordnet wird. Dadurch wird der Wechsel der Aufmerksamkeit zwischen den einzelnen Aktivitäten wesentlich erleichtert. Fenstersysteme passen gut zu der bei Büroarbeitsstationen verwendeten Schreibtisch-Metapher, da die Fenster als Nachbildungen von auf- oder nebeneinanderliegenden Papieren aufgefaßt werden können. Im Unterschied dazu bieten jedoch Fenstersysteme dem Benutzer die Möglichkeit, den in Fenstern dargestellten Bereich zu vergrößern, zu verkleinern oder innerhalb eines größeren gespeicherten Informationsgebotes zu verschieben, um damit verschiedene Ansichten zu erhalten (Scrollen). Diese als Frame-Buffer-Konzept bezeichnete Eigenschaft ist in Abb. 5-13 veranschaulicht (König 1989). Die Unterstützung durch ein Fenstersystem wird besonders dann wichtig, wenn der Rechner die Fähigkeit zur Parallelverarbeitung (multiprocessing) aufweist. Mit dem Aufkommen der Fenstersysteme X Window (Scheifler, Gettys 1986) und NeWS (Gosling et al. 1989) und den damit verbundenen Standardardisierungsbemühungen besitzt dieses Gebiet hohe Aktualität. Die Beschreibung und Einteilung der Fenstersysteme erfolgt in Anlehnung an Myers 1988a.

Der logische Aufbau von Fenstersystemen besteht aus zwei Schichten. Die untere Schicht umfaßt die Darstellung von Graphik und die Behandlung der Eingabegeräte. Die darüberliegende Schicht, die auch als Fensterverwalter (window manager) bezeichnet wird, steuert den Dialog mit dem Benutzer und besteht aus dem Darstellungs- und dem Aktionsteil, die beide im folgenden näher charakterisiert werden. Fenstersysteme wurden teilweise mit zusätzlichen Funktionen ausgestattet, z.B. mit Texteditoren, Graphikwerkzeugen und Dialogbausteinen. Letztere dienen zur Unterstützung der Dialoggestaltung von Anwendungsprogrammen. Noch weiter gehen die Dialogmanagementsysteme in Verbindung mit Fensterverwaltern.

Die Darstellungskomponente von Fensterverwaltern läßt sich nach der in Abb. 5-14 gezeigten Systematik beschreiben. Zunächst ist zu unterscheiden, ob die Fenster sich überlappen können, oder ob dies nicht der Fall sein kann. Ein nächstes Merkmal sind die Kopfzeile und die übrige Umrandung der Fenster. Der Zustand der Aufnahmebereitschaft eines Fensters (listener) kann z.B. durch Verändern der Kopfzeile, des Randes oder des Mauszeigers angezeigt werden. Die Verwendung des Adjektives aktiv synonym für aufnahmebereit ist nicht angebracht, da bei Parallelverarbeitung mehrere Fenster gleichzeitig in dem Sinne aktiv sein können, daß sie Informationen ausgeben. Bildzeichen (Ikonen) werden als alternative Darstellungsformen für Fenster verwendet, um Platz zu sparen. Diese Bildzeichen können statisch oder dynamisch sein bezüglich ihrer Größe, Form und Lage. Die Form der Fenster ist meist rechteckig, jedoch läßt z.B. NeWS auch beliebige andere Formen zu. Ein letztes hier zu erwähnendes Merkmal sind spezielle Bereiche innerhalb der Fenster, z.B. für Kommandoeingabe, Fehlermeldungen usw.

## 5. Dialog zwischen Mensch und Maschine

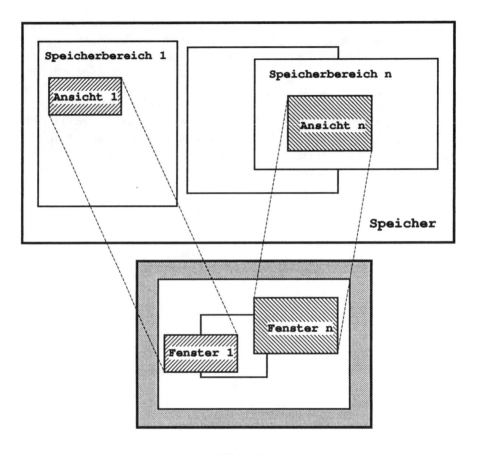

**Abb. 5-13:** Darstellung von Teilansichten in einem Fenstersystem.

Die Aktionskomponente umfaßt den Satz von Aktionen, die zur Steuerung der Fenster ausgeübt werden können. Zunächst werden die Funktionen der Aktionen anhand von Abb. 5-15 betrachtet. Grundfunktionen sind das Ändern der Aufnahmebereitschaft, das Erzeugen und das Löschen eines Fensters; ferner ist die Möglichkeit der Veränderung der Reihenfolge sich überlappender Fenster notwendig. Bewegen eines Fensters, Verändern der Größe, Operationen auf Bildzeichen sind weitere übliche Aktionen. Der Abbruch von Aktionen durch den Benutzer, das Sperren und das automatische Durchführen von Aktionen durch das Anwendungsprogramm (z.B. Öffnen eines Fensters) ergänzen das Spektrum der möglichen Aktionen. Als zweites werden die Aktionen aufgeführt, mit denen die genannten Funktionen ausgelöst werden können. Die Zahl der Mausknöpfe (1, 2, 3) ist ein stark beachtetes, vermut-

## 5.4 Organisation des Dialogs

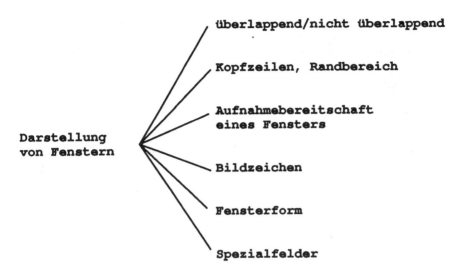

Abb. 5-14: Darstellungsaspekte von Fenstersystemen (nach Myers 1988).

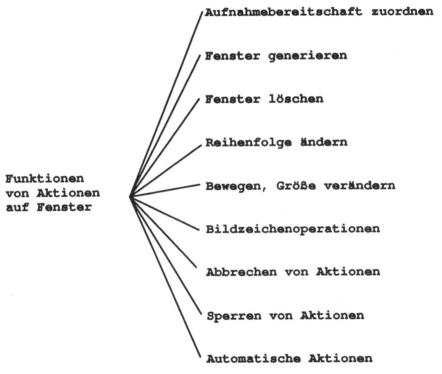

Abb. 5-15: Funktionen von Aktionen auf Fenstersysteme (nach Myers 1988).

lich jedoch nicht sehr wichtiges Thema. Die mit der Maus ausführbaren Aktionen sind Zuordnung der Aufnahmebereitschaft zu einem anderen Fenster, Betätigung von speziellen Knöpfen im Kopf- oder sonstigen Randbereich (Schließen, Verändern der Größe, Verschieben eines Fensters) oder Menüauswahl. Die dabei möglichen Menüformen sind in Abschnitt 5.4.5 beschrieben. Die Rückmeldung von Aktionen erfolgt meist durch Verändern der Form des Mauszeigers. Zur Kommandoeingabe wird auch die Möglichkeit der Eingabe über die Tastatur angeboten.

Die von Myers 1988a untersuchten 21 Fenstersysteme unterscheiden sich zwar an vielen Stellen in Einzelheiten, andererseits gibt es viele Gemeinsamkeiten, die im Hinblick auf die angestrebte Standardisierung der Fensterverwalter ermutigend sind.

Das X Window System (X Version 11) oder kurz X, X11 ist ein Programmsystem für graphische Arbeitsstationen: es steuert die graphische Ausgabe und bietet eine Standardumgebung für Anwendungsprogramme, die damit auf Rechnern unterschiedlicher Hersteller lauffähig sind. Es entstand am Massachusetts Institute of Technology (MIT) im Projekt Athena, das von den Firmen DEC und IBM gefördert wurde, wegen der lästigen und kostspieligen Notwendigkeit, ein Anwendungsprogramm für die Übertragung auf andere Rechner überarbeiten zu müssen. Abb. 5-16 zeigt die Struktur von X (Jones 1988). Der Kern von X ist das Basisfenstersystem (Base Window System), das nur über das X-Netzwerkprotokoll nach außen kommuniziert. Dies gilt auch für die Einbindung der Sitzungs- und Fensterverwalter (Session, Window Managers). Die Existenz dieses Netzwerkprotokolls gewährleistet Herstellerunabhängigkeit und Netzwerktransparenz. Letzere bedeutet, daß X-Anwendungen, die auf einem Rechner in einem Netz laufen, ihre Ergebnisse auf einem beliebigen Bildschirm eines Rechners des Netzes ausgeben können. X-Anwendungen benutzen das Netzwerkprotokoll nicht direkt, sondern durch eine Programmierschnittstelle Xlib (Low Level Programming Interface), einem Unterprogrammpaket, das in C geschrieben ist. Zur Vermeidung des Einstiegs auf unterer Ebene in das komplexe Netzwerkprotokoll dient in den meisten Fällen das Werkzeug X Toolkit, das auf höherer Abstraktionsebene Dialogbausteine (Widgets) zur Verfügung stellt. Das gesamte Dialogsystem für den Benutzer wird gebildet aus Base Window System, X Toolkit, Window, Session Managers und Anwendungsprogramm. Das zentrale "Dogma" von X besteht darin, daß das Basisfenstersystem einheitliche Mechanismen für die Interaktion mit dem Benutzer bietet, daß aber keinesfalls damit eine Politik gemacht werden soll. Damit ist gemeint, daß das resultierende Dialogsystem in seinem Aussehen und in der Art, wie der Benutzer es anfaßt (look and feel), nicht festgelegt ist. Als wesentlicher Grund für den Erfolg und die rasche Verbreitung von X wird angegeben, daß der

5.4 Organisation des Dialogs

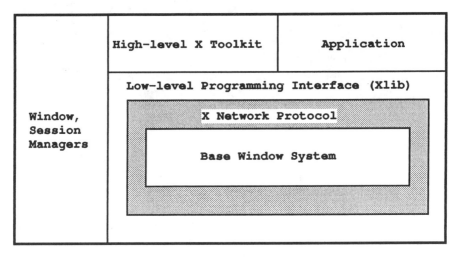

Abb. 5-16: Struktur des X Window Systems (Jones 1988).

Hersteller seinem Produkt immer noch eine individuelle Note geben kann.

Das Fenstersystem NeWS, Network extensible Window System, (Gosling et al. 1989) entstand zunächst als Antwort der Firma Sun auf X ebenfalls mit dem Ziel der Geräteunabhängigkeit. NeWS besitzt Gemeinsamkeiten mit X, z.B. das Client-Server-Konzept, d.h. Anwendungsprogramme (Clients) arbeiten mit einem Dienstleistungsprogramm (Server) zusammen, das die Verbindung zum Graphikbildschirm herstellt. Eine wesentliche Eigenart ist jedoch die Verwendung der Dokumentenbeschreibungssprache PostScript. Das Fenstersystem X11/NeWS wird eine Verschmelzung der beiden Systeme darstellen, bei dem die Programme, die für eines der beiden geschrieben wurden, ungeändert lauffähig sein sollen.

Die Entwicklung der Fenstersysteme ist durch weltweite Standardisierungsbestrebungen gekennzeichnet (König 1989). Ausgehend von den Aktivitäten des Projektes Athena am MIT haben sich folgende Gruppen gebildet:

- X/Open

X/Open wurde 1984 von den Firmen Bull, ICL, Nixdorf, Olivetti und Siemens gegründet, um Normungsempfehlungen zu erarbeiten.

- Open Software Foundation (OSF)

Gegründet 1988 von den Firmen Apollo, Bull, DEC, HP, IBM, Nixdorf und Siemens, wird das Ziel verfolgt, offene Rechnersysteme zu schaffen. Für den Mensch-Rechner-Dialog dient X/Open als Basis. Als weiterer Schritt wird das graphische Dialogsystem Motif (Wahl 1989) angeboten, das auf X Version 11.3 basiert.

- Firmengruppe um AT&T, Sun, Xerox

Ausgehend von firmenspezifischen Ansätzen wie Xerox Star und NeWS werden firmenübergreifende Konzepte entwickelt, z.B. X11/NeWS und Open Look (Pöll 1989).

**Dialogentwicklungswerkzeuge**

Die Gestaltung guter Mensch-Maschine-Dialoge ist eine anspruchsvolle Aufgabe. Die hierfür notwendigen Programmsysteme sind oft umfangreich und komplex. Bei der Entwicklung, beim Test und bei Änderungen treten nicht selten erhebliche Schwierigkeiten auf. Die Erfahrung hat gezeigt, daß ein beträchtlicher Anteil des gesamten Programmieraufwandes - teilweise mehr als 50% bei hoch interaktiven Systemen - für den Mensch-Maschine-Dialog aufgewandt werden muß. Aus diesem Grund werden gegenwärtig an vielen Stellen Dialogentwicklungswerkzeuge erarbeitet, die den Dialogentwickler unterstützen sollen. Dialogentwicklungswerkzeuge liefern Hilfsmittel, mit denen der Dialog auf einem abstrakteren Niveau spezifiziert werden kann im Vergleich zu den Operationen, die zu seiner Realisierung benötigt werden. Der Dialog wird dann automatisch auf der Basis dieser abstrakten Spezifikationen vom Dialogentwicklungswerkzeug generiert.

Die mit Dialogentwicklungswerkzeugen angestrebten Vorteile sind:

- Aufwandsreduzierung

Die Erzeugung eines Dialogs, seine Änderung und Wartung sind schneller und leichter möglich im Vergleich zur konventionellen Programmierung.

- Qualitätssteigerung

Der eingesparte Aufwand kann zur Realisierung anspruchsvollerer Dialogsysteme eingesetzt werden.

- Einbeziehung der Ergonomie

Da das Dialogsystem außerhalb der Anwendung spezifiziert wird, kann hierfür ein Spezialist mit ergonomischem Fachwissen eingesetzt werden, über das der Anwendungsprogrammierer in der Regel nicht verfügt.

- Konsistenz der Dialogsysteme

Da die Einzelheiten des Dialogsystems im Dialogentwicklungswerkzeug festgelegt sind, stimmen sie bei allen Anwendungen überein.

- Multiple Dialogsysteme
  Wegen der Trennung von der Anwendung ist es möglich, verschiedene Dialogsysteme zu realisieren, die auf verschiedene Benutzerfähigkeiten und -präferenzen Rücksicht nehmen.

- Schnelleres Erstellen von Prototypen
  Der Dialog kann in einem frühen Entwicklungsstadium realisiert werden, z.T. bevor der Anwendungscode geschrieben ist.

- Höhere Zuverlässigkeit
  Die Zuverlässigkeit eines Dialogsystems ist höher, da der Code teilweise automatisch aufgrund einer Spezifikation auf hoher Abstraktionsebene erzeugt wird.

- Leichtere Portierbarkeit
  Gerätespezifische Eigenschaften werden isoliert behandelt, so daß die Übertragung auf andere Geräteumgebungen erleichtert wird.

Dialogentwicklungswerkzeuge werden in zwei Formen angeboten: *Dialogbausteine* und *Dialogmanagementsysteme.* Dialogbausteine sind Teile einer Bibliothek von vorgefertigten Interaktionselementen für den Mensch-Maschine-Dialog. Beispiele hierfür sind Menüs, Formulare, virtuelle Tasten. Der Programmierer verwendet diese Bausteine in konventioneller Weise als Unterprogramme und wird dadurch von der Aufgabe der Gestaltung und Codierung des Dialogs entlastet. Eine andere Möglichkeit ist der objektorientierte Programmierstil, bei dem durch Vererbung die Anpassung des Dialogs an spezielle Bedürfnisse erleichtert wird. Dialogbausteine unterstützen zwar die Vereinheitlichung des Dialogs innerhalb einer Anwendung und in unterschiedlichen Anwendungen trotz Beteiligung verschiedener Programmierer, ihr Einsatz ist jedoch zeitaufwendig und sie werden als problematisch in der Handhabung bezeichnet.

Dialogmanagementsysteme (DMS, User Interface Management Systems, UIMS) beruhen auf dem Grundgedanken, daß der Dialogteil eines Anwendungsprogrammes noch weiter als bei Dialogbausteinen von dem Teil getrennt werden kann, der die eigentliche Funktion umfaßt. Im Unterschied zu den Dialogbausteinen ermöglichen sie die Kombination und die Verkettung von Interaktionselementen. In Abb. 5-17 (nach Hartson, Hix 1989) ist die Grundstruktur eines DMS dargestellt und es sind drei der vier Rollen gezeigt, die der Mensch übernimmt: Neben dem Entwickler des DMS tritt er als Benutzer, Anwendungsprogrammierer und Dialogentwickler in Aktion. Das DMS ist als eigenständige Instanz zwischen dem Benutzer und der Anwendung angesiedelt. Es liefert das Dialogsystem, indem es zwei Übertragungswege unterstützt: die Schnittstelle zum *Benutzer* (externer Dialog), mit

## 5. Dialog zwischen Mensch und Maschine

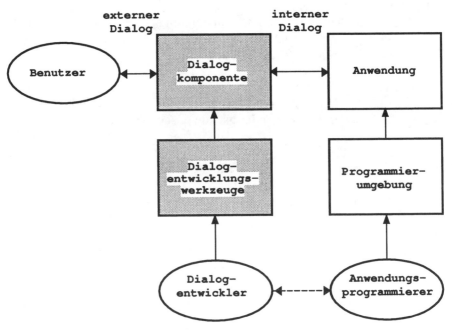

Abb. 5-17: Struktur eines Dialogmanagementsystems (nach Hartson, Hix 1989).

welcher der Benutzer interagiert, und die Schnittstelle zur *Anwendung* (interner Dialog), über welche die Anwendung nach außen kommuniziert. Die beiden Schnittstellen werden getrennt oder gemeinsam durch eine *Schnittstellendefinition* spezifiziert. Anwendungsprogrammierer und Dialogentwickler müssen eng zusammenarbeiten.

Für die DMS ergeben sich nach Hayes et al. 1985 drei verschiedene Formen der Steuerung des Dialogs:

- Interne Steuerung

Hier ist die Steuerung im Anwendungssystem enthalten. Das DMS ist ein Unterprogrammpaket, das von dem Anwendungsprogramm aufgerufen wird, um die Kommunikation mit dem Benutzer durchzuführen. Der wesentliche Nachteil besteht darin, daß keine Trennung zwischen der Definition des Dialogsystems und der Anwendung vorhanden ist. Änderungen des Dialogs mit dem Benutzer betreffen daher immer auch die Anwendung. Die Entwicklung verschiedener Dialogsysteme ist wesentlich erschwert. Die Konsistenz der Dialogsysteme bei verschiedenen Anwendungen oder auch innerhalb einer Anwendung ist schwieriger zu erreichen. Die angestrebte Modusfreiheit ist hier kaum realisierbar. Die Praxis hat jedoch gezeigt, daß bereits mit interner Steuerung

## 5.4 Organisation des Dialogs

leistungsfähige Dialogsysteme erreichbar sind, insbesondere dann, wenn das Unterprogrammpaket leicht handhabbar ist.

- Externe Steuerung

  Die Anwendung steuert hier die Schnittstelle zum Benutzer nicht direkt. Sie ist vielmehr als Satz von Unterprogrammen realisiert, die vom DMS aufgerufen werden. Dadurch kann die Schnittstelle zum Benutzer weitgehend unabhängig von der Anwendung entwickelt werden; gegebenenfalls von einem Spezialisten mit ergonomischen Kenntnissen. Bei der externen Steuerung entfallen die für die interne Steuerung genannten Nachteile größtenteils. Nachteilig ist aber, daß die Anwendung sauber in Teile gegliedert werden muß, innerhalb derer keine Interaktionen mit dem Benutzer stattfinden.

- Gemischte Steuerung

  Diese Kontrollarchitektur ist der externen Steuerung sehr ähnlich. Allerdings ist die Anwendung nicht ein Satz von Unterprogrammen, sondern eine Summe von Modulen, die von sich aus eine Kommunikation mit dem DMS initiieren können, z.B. zur Fehlermeldung.

Ein ideales DMS deckt alle Aspekte der Mensch-Maschine-Interaktion ab, indem es
- die Eingabeelemente überwacht,
- die Benutzereingaben überprüft,
- Benutzerfehler bearbeitet,
- falls vom Benutzer gewünscht, Schritte abbricht oder rückgängig macht,
- Benutzereingaben bestätigt,
- Hilfe und Aufforderungen an den Benutzer gibt,
- die Anzeige von Daten der Anwendungsprogramme aktualisiert,
- Anwendungsprogramme über Benutzereingaben informiert,
- Ausgabe und Verschieben von Fensterinhalten durchführt,
- die Bildschirmverwaltung von den Anwendungsprogrammen trennt,
- die Bewertung des Dialogs vornimmt,
- die kundenspezifische Anpassung des Dialogsystems unterstützt.

Folgende Komponenten sind Teile eines solchen umfassenden DMS:
- Werkzeuge für Interaktionsverfahren,
- Dialogsteuerungskomponente zur Ablaufsteuerung,
- Programmierhilfen zur Strukturierung des Dialogs und der Anwendungsprogramme,
- Gestaltungswerkzeug für die Auslegung der Anzeige- und Eingabeelemente,
- Bewertungswerkzeug zur interaktiven oder automatischen Bewertung des Dialogs.

## 5. Dialog zwischen Mensch und Maschine

Ausgehend von dieser Charakterisierung nimmt Myers 1989 eine Einteilung der DMS nach der Art und Weise vor, wie das Dialogsystem spezifiziert wird: sprachlich oder graphisch durch den Dialogentwickler oder automatisch durch das DMS (vgl. Tab. 5-6). Bei den meisten DMS wird das Dialogsystem mit einer speziellen Sprache spezifiziert, z.B. in Form von Menünetzen, Zustandsübergangsdiagrammen, kontextfreien Grammatiken oder ereignisorientierten, deklarativen oder objektorientierten Sprachen. Bei Menünetzen wird eine Menühierarchie aufgebaut, die darin besteht, daß die Auswahl in einem Menü das Erscheinen eines weiteren Menüs bewirkt (z.B. Hypercard, Goodman 1988). Die Spezifikation mittels Zustandsübergangsdiagrammen trägt der Beobachtung Rechnung, daß ein Dialog als Folge von Eingabeereignissen aufgefaßt werden kann. Ein Beispiel hierfür ist das DMS Rapid/USE (Wasserman, Shewmake 1985), das bisher nur für alphanumerische Dialoge konzipiert ist. Bei größeren Systemen ist es schwierig, die Übersicht über das umfangreiche Netzwerk zu behalten, ferner eignen sich Zustandsübergangsdiagramme nicht zur Realisierung mehrspuriger Dialoge. Die Spezifikation mit einer Grammatik ist gut geeignet für Kommandosprachen, weniger gut jedoch für graphische Interaktion, wie das Beispiel des DMS SYNGRAPH (Olsen et al. 1985) zeigt.

Ereignissprachen als Spezifikationsmittel fassen Eingabezeichen als Ereignisse auf, die Ereignisverwaltern übergeben werden. Letztere haben die Aufgabe, Anwendungsroutinen aufzurufen, interne Zustände zu verändern oder Ausgabeereignisse zu erzeugen. Das DMS Sassafras

| Spezifikation des Dialogs | | Beispiele |
|---|---|---|
| Sprach-spezifikation | Menünetze | Hypercard (Goodman 1988) |
| | Zustandsübergangs-diagramme | Rapid/USE (Wasserman, Shewmake 1985) |
| | Grammatiken | SYNGRAPH (Olsen et al. 1985) |
| | Ereignissprachen | Sassafras (Hill 1987) |
| | Deklarative Sprachen | Cousin (Hayes et al. 1985), Domain/Dialogue (Schulert et al. 1985) |
| | Objektorientierte Sprachen | GWUIMS (Sibert et al. 1986) |
| Graphische Spezifikation | Manipulation v. graphischen Objekten | Trillium (Henderson 1986), Peridot (Myers 1988b) |
| Automatische Generierung | Spezifikation d. Anwendungsfunktionen | IDL (Foley et al. 1989) |

Tab. 5-6: Dialogspezifikation und -generierung bei Dialogmanagementsystemen.

(Hill 1987) als Beispiel aus dieser Gruppe ist besonders für die Realisierung mehrspuriger Dialoge gedacht, wie beim wahlweisen Gebrauch multipler Eingabegeräte. Durch Spezifikation des Dialogsystems mit einer deklarativen Sprache wird vorzugsweise ein Dialog erzeugt, bei dem der Benutzer Text in vorgegebene Felder eingibt und Optionen mittels Menüs auswählt. Außerdem stehen den Anwendungsprogrammen graphische Ausgabebereiche zur Verfügung. Die beiden DMS Cousin (Hayes et al. 1985) und das kommerziell verfügbare Domain/Dialogue (Schulert et al. 1985) sind Vertreter dieser Kategorie, die den Vorteil besitzt, daß der Dialogentwickler sich nicht um die Reihenfolge der Aktionen kümmern muß. Aufbauend auf Domain/Dialogue wurde Open Dialogue entwickelt, das auf dem Fenstersystem X Window basiert und somit auf verschiedene Rechner unter dem Betriebssystem Unix portierbar ist. Ein weiteres Beispiel ist das DMS PRODIA (Ehmke et al. 1989), das als Teil eines Programmentwicklungssystems für rechnergestützte verteilte Systeme in der Technik erarbeitet wurde. Zur Realisierung hoch interaktiver Dialogsysteme auf der Basis der direkten Manipulation werden objektorientierte Spezifikationssprachen verwendet. Allerdings sind sie in die Kategorie der Programmierumgebungen einzuordnen, die eine Programmierausbildung voraussetzen. Als Beispiel dient das DMS GWUIMS (Sibert et al. 1986).

Die graphische Spezifikation erlaubt zumindest teilweise die Beschreibung eines Dialogsystems durch Manipulation von graphischen Objekten auf dem Bildschirm. Trillium (Henderson 1986) und Peridot (Myers 1988b) sind zwei Beispiele für dieses Verfahren, das dem Dialogentwickler sehr entgegenkommt, da die optische Gestaltung des Dialogs als einem der wesentlichsten Aspekte am einfachsten mit einem graphischen Werkzeug erfolgen kann. Peridot setzt auf einer niedrigeren Stufe auf, indem es dem Dialogentwickler geometrische Primitive (Linien, Rechtecke usw.) zur Verfügung stellt, während Trillium vorgefertigte Elemente in Form von Tasten und Anzeigen bereitstellt.

Als dritte Klasse von DMS kommen Verfahren zur automatischen Generierung von Dialogsystemen hinzu. Hier soll das Dialogsystem aufgrund einer Spezifizierung der Anwendungsfunktionen automatisch generiert werden. Das System IDL (Foley et al. 1989) geht von einer Beschreibung der Anwendungsfunktionen aus und erzeugt daraus automatisch einen Menüdialog. Solche Systeme befinden sich noch in dem Stadium der Grundlagenforschung.

Die Situation auf dem Gebiet der Dialogentwicklungswerkzeuge ist gegenwärtig noch sehr unübersichtlich. Es gibt eine Fülle von Ansätzen, die noch im Forschungs- und Entwicklungsstadium stecken; nur wenige Werkzeuge sind kommerziell erhältlich. Die Anwendung der Werkzeuge bereitet noch erhebliche Schwierigkeiten, da der Dialogentwickler meist eine neue Sprache lernen muß. Der Umgang mit der Spezifikation eines Dialogsystems ist noch sehr umständlich und leidet unter den starken Beschränkungen der verfügbaren Funktionen. Auch das Laufzeitverhalten kann bei Einsatz eines DMS negativ beeinflußt werden. Die heutigen Dialogentwicklungswerkzeuge bieten noch keine Möglichkeit der Bewertung der Qualität eines damit entwickelten Dialogsystems, z.B. im Sinne der Theorie der kognitiven Komplexität. Lediglich das DMS UIDE (Foley et al. 1989) bezieht das Tastenbetätigungsmodell KLM ein. Auch die Bewertung der Qualität eines DMS als Werkzeug ist eine noch ungelöste Aufgabe. Hix et al. 1989 berichten über einen auf der subjektiven Bewertung basierenden Ansatz zur Beurteilung des Funktionsumfanges und der Benutzerfreundlichkeit von DMS. Ferner erweist sich die Trennung von Dialog- und Anwendungsprogramm als schwierig und wird sogar vielfach als nicht realisierbar betrachtet. Schließlich zögern Dialogentwickler, die Gestaltung durch Verwendung eines DMS aus der Hand zu geben und damit eine Uniformierung des Erscheinungsbildes zuzulassen. Sie befürchten, daß der Verlust des charakteristischen Aussehens (look and feel) die Unterscheidbarkeit ihres Produktes von denen der Wettbewerber mindert. Daher werden diejenigen DMS, die dem Entwickler einen Spielraum für einen individuellen Stil einräumen, besonders zu beachten sein. Allerdings ist zu vermuten, daß es einen gegenläufigen Zusammenhang gibt zwischen dem Grad der Unterstützung, den ein DMS dem Entwickler bietet, und dem Ausmaß der Gestaltungsfreiheit, den es einräumt.

### 5.4.5 Dialogformen

Im folgenden werden die verschiedenen Formen des Dialogs beschrieben (Tab. 5-7), dabei sind sieben der Metapher Konversationswelt und eine der Metapher Modellwelt zuzuordnen. Bei dem Multimedia-Dialog wird die Metapher Modellwelt in Richtung Reale Welt erweitert. Außerdem sind die Dialogformen danach zu unterscheiden, wie die Initiative auf die beiden Dialogpartner Mensch und Maschine verteilt ist. Während bei den ersten drei Formen die Initiative bei der Maschine liegt, hat bei den übrigen sechs der Mensch die Möglichkeit, den Dialogablauf zu bestimmen. Daraus folgt zwar, daß Frage-Antwort-, Formular- und Menü-Dialog in erster Linie für ungeübte Benutzer geeignet sind, jedoch sind die übrigen Dialogformen nicht nur für Geübte einsetzbar. Im folgenden werden die einzelnen Dialogformen behandelt. Die Regelsammlung Smith, Mosier 1986 enthält nützliche Gestaltungshinweise; sie wurde neuerdings in Richtung eines rechnergestützten Gestaltungswerkzeuges weiterentwickelt (Fox, Smith 1989).

**Frage-Antwort-Dialog**

Das technische System stellt Fragen, der Benutzer antwortet. Diese Dialogform kann dort angewandt werden, wo der Benutzer wenig oder

## 5.4 Organisation des Dialogs

| Dialogformen | Beschreibung |
|---|---|
| Frage-Antwort | Maschine stellt Fragen, Benutzer antwortet |
| Formular | Benutzer füllt ein auf dem Bildschirm dargestelltes Formular aus |
| Menü | Benutzer wählt Optionen, die in Teilmengen gegliedert, schrittweise dargeboten werden |
| Funktionstasten | Benutzer wählt Optionen mittels Tasten, die Funktionen zugeordnet sind |
| Kommandosprache | Benutzer formuliert Eingaben in spezieller Sprache |
| Abfragesprache | Spezielle Kommandosprache zur Abfrage von Datenbankinformation |
| Natürliche Sprache | Informationsaustausch zwischen Mensch und Maschine in einer Sprache der zwischenmenschlichen Kommunikation |
| Direkte Manipulation | Benutzer interagiert mit graphisch dargestellten Objekten und erhält unmittelbare Rückmeldung |
| Multimedia | Benutzer interagiert mit Videobildern und -bildfolgen sowie mit Sprachsignalen |

Tab. 5-7: Formen des Mensch-Maschine-Dialogs.

keine Übung hat und wo der Wertebereich und die Reihenfolge der einzugebenden Daten fest vorgegeben sind. Ein Beispiel für einen Frage-Antwort-Dialog ist die Anmeldeprozedur bei einem Rechner mit Teilnehmerbetrieb.

**Formular-Dialog**

Dem Benutzer wird ein Standardtext (Formular oder Maske genannt) dargestellt, der markierte Lücken als Eingabefelder aufweist, die der Benutzer ausfüllt. Oft sind nur binäre Entscheidungen zu treffen, wie ja/nein, männlich/weiblich usw. Im Unterschied zum Frage-Antwort-Dialog ist Flexiblität dadurch gegeben, daß der Benutzer eine Menge von Daten in beliebiger Reihenfolge eingeben kann. Zur Erleichterung können Vorbelegungswerte (Defaults) für die einzelnen Daten in Form der am häufigsten vorkommenden oder der bei der vorhergehenden Dialogsitzung eingegebenen Werte angezeigt werden, die der Benutzer übernehmen kann. Durch Verwendung eines Zeigeinstruments, wie z.B. der Maus, wird diese Form des Dialogs auch für geübte Benutzer attraktiv, da er wahlfrei auf die einzelnen Eingabefelder zugreifen kann. Durch Kombination des Formulardialoges mit dem Menü-Dialog kann der Eingabeaufwand des Benutzers reduziert werden. Beispielsweise ist es bei der Eingabe des Zieles in ein Navigationssystem im Kraftfahrzeug nützlich, wenn aus einem Menü gespeicherter Ziele ausgewählt werden kann.

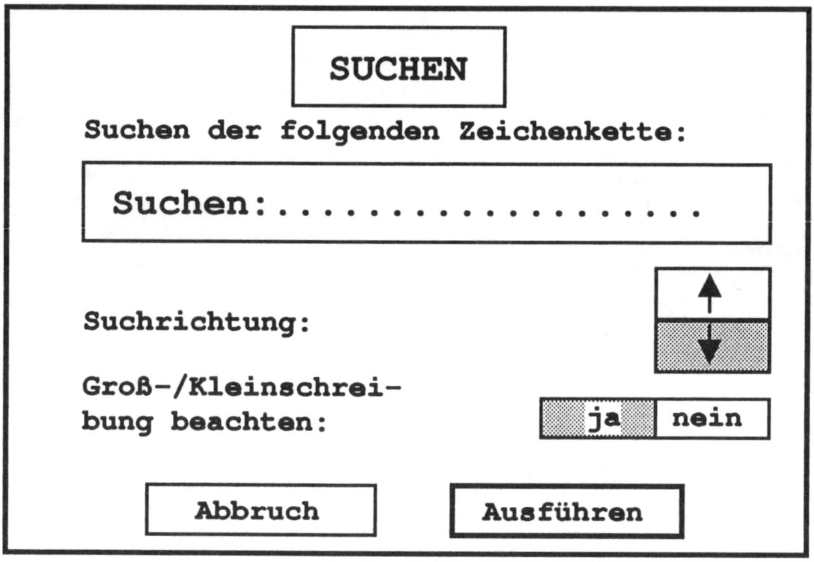

## 5. Dialog zwischen Mensch und Maschine

**Abb. 5-18:** Beispiel eines Formular-Dialoges.

Als Beispiel für den Formular-Dialog ist in Abb. 5-18 ein Formular für die Suche nach einer Zeichenkette in einem Text dargestellt. Dabei sind die voreingestellten Werte durch Rasterung gekennzeichnet.

**Menü-Dialog**

Beim Menü-Dialog werden dem Benutzer die Optionen für die Eingabe als Liste dargeboten, aus der er auszuwählen hat. Die Darstellung der Optionen erfolgt in alphanumerischer oder Bildzeichencodierung auf einem Bildschirm. Die Gesamtzahl der Optionen kann in Teilmengen gegliedert werden, die dann als verschiedene Ebenen des Menüs vom Benutzer schrittweise durchlaufen werden. Durch diese Gliederung wird die Übersichtlichkeit erhöht und die Zahl der vom Benutzer geforderten Ablesungen reduziert. Bei einer Gesamtzahl N der Eingabeoptionen beträgt die mittlere Zahl der zu lesenden Optionen

$$A_0 = (N + 1)/2, \qquad (5.4)$$

wenn alle Optionen parallel angeboten werden und wenn der Benutzer nur so lange liest, bis er die gewünschte Option gefunden hat. Demgegenüber verringert sich die Zahl der Ablesungen, wenn die Optionen auf mehrere Menüebenen verteilt werden. Die minimale Zahl ergibt sich, wenn es gelingt, pro Ebene nur zwei Alternativen anzubieten und damit einen binären Entscheidungsbaum aufzubauen; dann sind im Mittel nur

$$A_{min} = 1,5 \text{ ld } N \tag{5.5}$$

Auswahlentscheidungen zu treffen. Beispielsweise beträgt bei N = 64 Optionen das Verhältnis $A_0/A_{min} \approx 3,6$.

Der Umfang der Eingaben, die mit der Tastatur, der Maus oder einer Berühreingabe durchzuführen sind, wächst mit der Zahl der Ebenen des Menüs; er ist in der Regel jedoch gering. Der Menü-Dialog ist für Ungeübte vorteilhaft, weil durch ihn eine komplexe Interaktion in eine Folge von kleinen Schritten zerlegt wird. Allerdings ergibt sich bei mehreren Ebenen zunehmend ein Navigationsproblem: Der Benutzer kann die Orientierung in dem Menüsystem verlieren oder einen ineffizienten Weg zum Ziel wählen. Ferner kann diese Zerlegung für geübte Benutzer zu starr sein und sich bei häufigem Gebrauch als zu zeitaufwendig erweisen.

Es ist zu unterscheiden zwischen Einzelmenüs, Menüfolgen, Menüs mit Baumstruktur, azyklischen und zyklischen Menüs (Shneiderman 1987). Menüs mit Baumstruktur sind geeignet, einen Benutzer vom Stamm zu einer Astspitze zu führen, wenn er die Aufgabe der Auswahl aus einem umfangreichen Informationsangebot hat. Bei einem streng hierarchisch organisierten Baum kann jedes Element einer Menüebene nur von einem Element der darüberliegenden Ebene erreicht werden. Komplexere Formen nimmt der Menübaum an, wenn ein Element von mehreren Elementen der darüberliegenden Ebene erreicht werden kann (azyklischer Baum) oder wenn Rücksprünge auf höhere Ebenen möglich sind (zyklischer Baum). In Abb. 5-19 sind in eine hierarchische Baumstruktur (durchgezogene Linien) Pfade eingezeichnet, die daraus einen azyklischen (gestrichelte Linien) bzw. einen zyklischen (punktierte Linie) Baum machen. Der Menübaum wird charakterisiert durch die Tiefe D, die als die Zahl der Ebenen des Menüs definiert ist, und durch die Breite B, welche die Zahl der Optionen pro Ebene angibt. Die Gesamtzahl der im Menü enthaltenen Optionen beträgt

$$N = B^D. \tag{5.6}$$

Die Suchzeit in einem Menü hängt daher von zwei Faktoren ab: von der Zeit, die nötig ist, um eine Auswahl aus den B Optionen einer Ebene zu treffen, und von der Tiefe D des Menüs. Diese beiden Faktoren sind gegenläufig verknüpft. Die Erhöhung der Breite B führt zwar zu einer Reduzierung der Tiefe D und damit zur Verringerung der Anwahlzeit für die Ebenen. Gleichzeitig wächst jedoch die Zeit, die für die Auswahl innerhalb einer Ebene erforderlich ist. Es stellt sich daher die

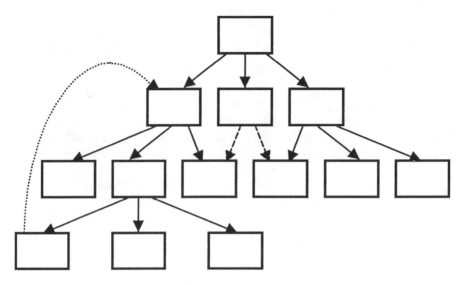

**Abb. 5-19:** Menüstrukturen: In eine hierarchische Baumstruktur (durchgezogene Linien) sind Pfade eingezeichnet, die daraus einen azyklischen (gestrichelte Linien) bzw. einen zyklischen (punktierte Linie) Baum machen.

Frage, wie die Breite B und die Tiefe D eines Menüs zu wählen sind, damit die Suchzeit minimal wird (Lee, MacGregor 1985). Falls der Benutzer die Suche innerhalb einer Menüebene abbricht, nachdem er die gewünschte Option gefunden hat, ist die Zahl A der abzulesenden Optionen im Mittel (vgl. Gleichung (5.4))

$$A = (B + 1)/2. \tag{5.7}$$

Der Zeitbedarf $T_0$ für die Anwahl einer Ebene, das Ablesen der Optionen und das Treffen der Wahl beträgt

$$T_0 = (B + 1)t_L/2 + t_T + t_S, \tag{5.8}$$

mit $t_L$ der Zeit für das Lesen einer Option, $t_T$ der Zeit für das Drücken einer Taste und $t_S$ der Antwortzeit des technischen Systems. Bei D Ebenen ergibt sich für die gesamte Suchzeit

$$T = DT_0. \tag{5.9}$$

Mit Gleichung (5.6) läßt sich schreiben

$$T = ((B + 1)t_L/2 + t_T + t_S) \ln N/\ln B. \tag{5.10}$$

## 5.4 Organisation des Dialogs

Die optimale Breite des Menüs ergibt sich durch Nullsetzen der ersten Ableitung von Gleichung (5.10) nach B. Die Rechnung führt zu folgender Gleichung zur Bestimmung der optimalen Menübreite B:

$$B(\ln B - 1) = 1 + 2(t_T + t_S)/t_L. \qquad (5.11)$$

Diese transzendente Gleichung kann mit numerischen Methoden gelöst werden. Bei sehr großer Lesezeit ($t_L \gg t_T, t_S$) nähert sich die optimale Menübreite ihrem unteren Grenzwert B = 3.59, d.h. $B_{opt}$ = 4. Es kann gezeigt werden, daß die Berücksichtigung von Fehlern des Benutzers beim Durchlaufen eines Menüs die optimale Menübreite nicht beeinflußt, wenn die Annahme getroffen wird, daß die Menüstruktur ihrerseits die Fehler des Benutzers nicht beeinflußt. Abb. 5-20 zeigt die Suchzeit als Funktion der Menübreite für je zwei verschiedene Werte der Lesezeit des Menschen und der Antwortzeit des technischen Systems. Bei geringer Lesegeschwindigkeit ergibt sich ein ausgeprägtes Minimum bei B ≈ 5 und bei großer Lesegeschwindigkeit im Bereich 5 ≤ B ≤ 10. Im letzteren Fall ist das Minimum sehr flach, so daß die Wahl der Menübreite nicht sehr kritisch ist. Tab. 5-8 enthält die optimale Menübreite B für verschiedene Werte der Tastenbetätigungs-, Lese- und Systemantwortzeit. Neben dem Ergebnis, daß die Gesamtzahl N der im Menü enthaltenen Optionen keinen Einfluß auf die optimale Menübreite hat, folgt daraus, daß die optimale Menübreite im Bereich 4 bis 8 Optionen liegt.

Paap, Roske-Hofstrand 1986 bestimmten die optimale Menübreite unter der Voraussetzung, daß der Benutzer nur eine eingeschränkte Su-

| Tastenbetäti-gungszeit $t_T$[s] | Lesezeit pro Option $t_L$[s] | Systemantwortzeit $t_S$[s] | | | |
|---|---|---|---|---|---|
| | | 0,50 | 0,60 | 0,90 | 1,35 |
| 0,50 | 0,25 | 8 | 8 | 9 | 11 |
| | 0,50 | 6 | 6 | 6/7 | 7 |
| | 1,00 | 4 | 4 | 5 | 5/6 |
| | 2,00 | 4 | 4 | 4 | 4 |
| 1,00 | 0,25 | 10 | 10 | 11 | 12/13 |
| | 0,50 | 7 | 7 | 7/8 | 8 |
| | 1,00 | 5 | 5 | 5 | 6 |
| | 2,00 | 4 | 4 | 4 | 5 |

Tab. 5-8: Optimale Menübreite als Funktion von Tastenbetätigungs-, Lese- und Systemantwortzeit (Lee, MacGregor 1985).

## 5. Dialog zwischen Mensch und Maschine

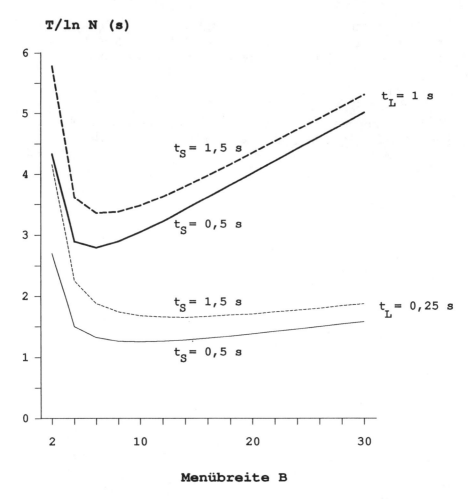

Abb. 5-20: Suchzeit als Funktion der Menübreite ($t_T = 1$ s)(Lee, MacGregor 1985).

che durchführt. Während bisher davon ausgegangen wurde, daß der Benutzer im Mittel $(B + 1)/2$ Optionen pro Menüebene absucht, wird jetzt angenommen, daß im Mittel $(B + 1)/f$ Optionen abgelesen werden. Der Faktor f kennzeichnet dabei den Grad der Beschränkung der Suche mit folgendem Wertebereich

$2 \le f \le (B + 1)$.

Der Wert f = 2 bedeutet vollständige Suche; im Falle f = B + 1 wird pro Menüebene eine Option abgelesen. Aus Gleichung (5.11) wird damit

$$B(\ln B - 1) = 1 + f(t_T + t_S)/t_L + 1. \tag{5.12}$$

Für die Beschränkung der Suche gibt es zwei Gründe: einerseits die *Übung* des Benutzers und andererseits die Art der Organisation der Optionen im Menübaum. Durch Übung lernt der Benutzer den Ort der Optionen in den Menüebenen, so daß er das Ziel jeweils unmittelbar oder mit wenigen Suchschritten findet. Diese Reduzierung des Suchbereiches und ihre Konsequenzen für die optimale Menübreite kann durch Erhöhung des Faktors f berücksichtigt werden. Durch die Beschränkung der Suche vergrößert sich die optimale Menübreite erheblich. Die Organisation des Menübaumes in der Weise, daß die Optionen in jeder Ebene in inhaltlich sinnvolle *Gruppen* gegliedert werden, ist die zweite Ursache für die Reduzierung des Suchbereiches. Werden die B Optionen in G gleich große Gruppen gegliedert, so sind im Mittel

$$A = (G + 1)/2 + (B/G + 1)/2 \tag{5.13}$$

Optionen pro Ebene abzusuchen. Die optimale Zahl der Gruppen ergibt sich aus der ersten Ableitung von A nach G:

$$G_{opt} = \sqrt{B}. \tag{5.14}$$

Die Bestimmungsgleichung für die optimale Menübreite lautet

$$\sqrt{B}(\ln \sqrt{B} - 1) = 1 + (t_T + t_S)/t_L. \tag{5.15}$$

In Tab. 5-9 sind die Werte für die optimale Menübreite für verschiedene Werte der Tastenbetätigungs-, Lese- und Systemantwortzeit zusammen mit der optimalen Zahl der Gruppen (in Klammern) angegeben. Durch Bildung sinnvoller Gruppen erhöht sich die optimale Menübreite auf Werte von 16 bis 78. Daraus folgt, daß Menübäume mit zufälliger Struktur eine geringe optimale Menübreite aufweisen (4 bis 8), während Menübäume mit sinnvoller Gruppenbildung eine größere optimale Menübreite besitzen (bis zu 78).

## 5. Dialog zwischen Mensch und Maschine

| Tastenbetäti-gungszeit $t_T$[s] | Lesezeit pro Option $t_L$[s] | Systemantwortzeit $t_S$[s] | | | |
|---|---|---|---|---|---|
| | | 0,50 | 0,60 | 0,90 | 1,35 |
| 0,50 | 0,25 | 38(6) | 41(6) | 49(7) | 63(8) |
| | 0,50 | 25(5) | 26(5) | 30(5) | 36(6) |
| | 1,00 | 19(4) | 20(4) | 22(5) | 24(5) |
| | 2,00 | 16(4) | 17(4) | 17(4) | 18(4) |
| 1,00 | 0,25 | 52(7) | 55(7) | 64(8) | 78(9) |
| | 0,50 | 32(6) | 33(6) | 37(6) | 43(7) |
| | 1,00 | 22(5) | 23(5) | 25(5) | 27(5) |
| | 2,00 | 18(4) | 18(4) | 19(4) | 20(4) |

Tab. 5-9: Optimale Menübreite B als Funktion von Tastenbetätigungs-, Lese- und Systemantwortzeit bei Gliederung der B Optionen einer Menüebene in G Gruppen, deren optimale Zahl in Klammern angegeben ist (Paap, Roske-Hofstrand 1986).

An dieser Stelle ist darauf hinzuweisen, daß neben Wahl der Menübreite gemäß dem Einfluß der Tastenbetätigungs-, Lese- und Systemantwortzeit es andererseits mindestens ebenso wichtig ist, die Kategorien für die Gruppenbildung im Menübaum zu finden, die denen des inneren Modells des Benutzers möglichst gut entsprechen.

Der Menü-Dialog bietet dem ungeübten Benutzer den Vorteil, daß er durch die Baumstruktur schrittweise geführt wird. Für den geübten Benutzer kann dieses serielle Verfahren zu umständlich sein. Aus diesem Grund wurde als Ergänzung für den Menü-Dialog das Dialogprotokoll mit Anwahlmöglichkeit vorgeschlagen (Nirschl, Geiser 1985). Hier wird neben dem aktuellen Menü eines Dialogschrittes zusätzlich ein Dialogprotokoll in Form der in den vorausgegangenen Dialogschritten getroffenen Auswahlentscheidungen dargestellt (Abb. 5-21). Da dieses Dialogprotokoll mit Eingabeelementen versehen ist, bietet es Rücksprungmöglichkeiten in jede zuvor durchlaufene Ebene des Menübaumes. Auf diese Weise wird der streng serielle Dialogablauf des reinen Menü-Dialoges in Richtung wahlfreier paralleler Zugriffsmöglichkeit erweitert. Betrachtet man den ungünstigsten Fall, nämlich den Rücksprung aus der letzten Ebene eines hierarchischen Menüs in die vorletzte, dann verhält sich der Zeitbedarf mit Dialogprotokoll $T_P$ zu dem ohne diese Hilfe T:

$$\frac{T_P}{T} = \frac{(D+1) t_L/2 + t_T + t_S}{((B+1) t_L/2 + t_T + t_S)(D-2)}, \quad D > 2. \tag{5.16}$$

## 5.4 Organisation des Dialogs

## Prinzip

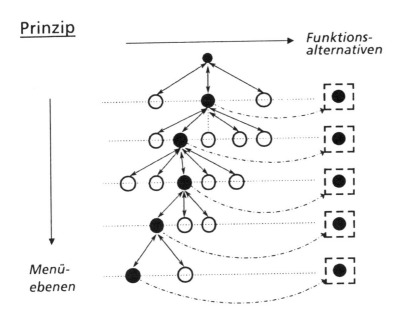

Menü-
ebenen

## Beispiel

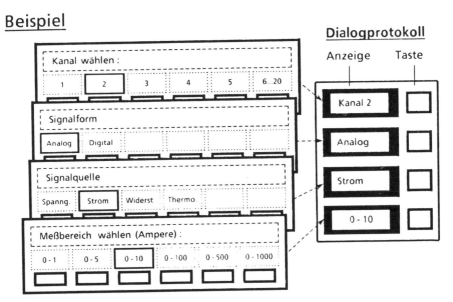

Abb. 5-21: Ergänzung des Menü-Dialogs durch Dialogprotokoll mit Anwahlmöglichkeit (Nirschl, Geiser 1985).

Setzt man zur Vereinfachung B = D, so ergibt sich

$$\frac{T_P}{T} = \frac{1}{D-2}, \quad D > 2. \tag{5.17}$$

Daraus ist ersichtlich, daß mit Hilfe des Dialogprotokolles bei großer Menütiefe D eine erhebliche Reduzierung des Zeitbedarfes bei Korrekturen der Menüauswahl durch den Benutzer erreicht wird.

Zur Unterstützung des mentalen Modells, das sich der Benutzer von einer hierarchischen Menüstruktur bildet und das bei der Navigation durch das Menüsystem herangezogen wird, haben Widdel, Kaster 1986 die separate graphische Darstellung des Menübaumes verwendet, in der die erreichte Menüebene und der zurückgelegte Weg eingetragen sind. Sie konnten zeigen, daß der ungeübte Benutzer mit diesem Hilfsmittel Aufgaben schneller und mit weniger Fehlern durchführt.

Bei Verwendung eines Graphikbildschirmes mit einer Maus als Zeigeinstrument ergeben sich zahlreiche Varianten des Menü-Dialoges, von denen in Tab. 5-10 einige zusammengestellt sind. Die *permanenten Menüs* sind ständig dargestellt, wobei die expliziten eine eigenständige Darstellung der Optionen des Menüs aufweisen.

| Menütypen | | Beschreibung |
|---|---|---|
| **Permanente Menüs:** | | |
| **explizites Menü** | (explicit) | Separat dargestellte Liste der Optionen (horizontal, vertikal, radial) |
| **eingebettetes Menü** | (implicit) | Optionen erscheinen als markierte Stellen in Text oder Graphik |
| **Flüchtige Menüs:** | | |
| **Einblend-Menü** | (pop-up) | Optionen erscheinen in Fenster, an beliebiger Stelle, nach Anwahl |
| **Klapp-Menü** | (drop-down, pull down) | Optionen erscheinen in Fenster, an Menüleiste gekoppelt, nach Anwahl |
| **Kaskaden-Menü** | (slide out) | Weitere Optionen erscheinen bei seitlichem Verlassen mit Mauszeiger |

Tab. 5-10: Formen des Menü-Dialogs.

Bei den *eingebetteten Menüs* (Koved und Shneiderman 1986) dagegen sind die Optionen Teile der übrigen dargestellten Information. Z.B. können bei einem Text die Menüoptionen durch unterstrichene Wörter repräsentiert werden. Die *flüchtigen Menüs* erscheinen erst nach einer Anwahloperation. Das *Einblend-Menü* kann an beliebiger Stelle auf dem Bildschirm in einem Fenster auftreten; es verschwindet nach der Auswahl einer Option oder nachdem der Mauszeiger das Fenster verlassen hat. Das *Klapp-Menü* wird an einem festen Platz des Bildschirmes sichtbar, da es an eine Menüleiste angekoppelt ist. Nach Anwahl klappt es auf und wird danach wie das Einblend-Menü gehandhabt. Das *Kaskaden-Menü* eignet sich für Menübäume dadurch, daß bei seitlichem Verlassen mit dem Mauszeiger ein weiteres Untermenü aufgerufen wird. Callahan et al. 1988 verglichen Menüs mit radialer Anordnung der Optionen (Torten-Menüs) und lineare Menüs und erreichten bei den erstgenannten geringere Auswahlzeit und Fehlerrate, verbunden allerdings mit dem Nachteil des größeren Platzbedarfes auf dem Bildschirm. Die Reduzierung des Zeitbedarfes steht im Einklang mit dem Fitts'schen Gesetz (vgl. Kapitel 3), da bei radialen Menüs das Verhältnis des Abstandes vom Ausgangspunkt des Mauszeigers zur Fläche der einzelnen Optionen geringer ist als bei linearen Menüs.

**Funktionstasten-Dialog**

Die Funktionstastatur (vgl. Kapitel 3) setzt sich aus Tasten zusammen, die einzelnen Funktionen oder Gruppen von Funktionen zugeordnet sind. Der Benutzer erhält dadurch einen wahlfreien Zugriff auf die verschiedenen Funktionen des technischen Systems. Bei großem Funktionsangebot oder bei Platzmangel wird dieser dadurch eingeschränkt, daß die Tasten eine Mehrfachbelegung mit mehreren Funktionen erhalten und eine oder zwei Umschalttasten vorgesehen werden. Wegen Platzmangel ist die Beschriftung der Funktionstasten häufig nur durch Abkürzungen oder Bildzeichen möglich, was für den ungeübten Benutzer eine Erschwernis bedeutet. Ein Beispiel für den Funktionstasten-Dialog stellt der Taschenrechner dar.

**Kommandosprache**

Bei einem Kommando-Dialog formuliert der Benutzer seine Eingaben in einer speziellen Sprache, der Kommandosprache, die durch eine Grammatik und durch ein Vokabular definiert ist. Sie ist geeignet für den geübten Benutzer, der damit komplexe Eingaben schnell erledigen kann. Er ist nicht darauf angewiesen, den Dialog anhand von Vorgaben des Rechners in Gestalt eines Formulares oder von Menüs zu absolvieren, sondern er kann anhand seines inneren Modelles Erfordernisse und Alternativen des Dialogablaufes erkennen. Aufgrund dieser Kenntnis ist für ihn auch die Verkettung und die Zusammenfassung von Kommandos (Makrokommandos) wesentlich. Shneiderman 1988 gibt Gestaltungsregeln für Kommandosprachen an, wie z.B. Wahl aussagekräftiger, unterscheidbarer Bezeichnungen mit konsistenter Bildung von Abkürzungen, Einhaltung einer konsistenten Kommandosyntax, Begrenzung der Zahl der Kommandos usw.

## 5. Dialog zwischen Mensch und Maschine

Die formale Repräsentation der Syntax einer Sprache wird Metasyntax genannt. Bei einer komplexen Kommandosprache, wie z.B. Programmiersprachen, entscheidet die Darstellung der Metasyntax darüber, wie gut der Benutzer diese Sprache lernen kann. Bauer, Eddy 1986 verglichen die textuelle und die graphische Darstellung der Metasyntax einer Kommandosprache in verschiedenen Experimenten. Es zeigte sich, daß bei graphischer Darstellung die Syntaxregeln schneller gelernt und besser behalten werden.

**Abfragesprache**

Die Abfragesprache (query language) ist eine spezielle Kommandosprache zur Bildung von Anfragen, um Informationen von Datenbanksystemen zu gewinnen (Reisner 1988). Beispiele sind SQL (*SEQUEL*) oder QBE (*Query-by-E*xample), für die in Tab. 5-11 Anfragen für die Aufgabe "Ermittle die Namen der Angestellten in Abteilung 50" wiedergegeben sind.

| Abfragesprache | Beispiel: "Ermittle die Namen der Angestellten in Abteilung 50" | | | |
|---|---|---|---|---|
| SQL | SELECT NAME<br>FROM EMP<br>WHERE DEPTNO = 50 | | | |
| QBE | EMP | NAME<br>p. Brown | DEPTNO<br>50 | SAL |

Tab. 5-11: Formulierung einer Anfrage bei SQL und QBE (Reisner 1988).

**Natürlichsprachlicher Dialog**

Natürlichsprachliche Interaktion ist der Informationsaustausch mit technischen Systemen in einer Sprache aus dem Bereich der zwischenmenschlichen Kommunikation, z.B. in deutscher oder englischer Sprache. Dabei ist offen, ob der Benutzer seine sprachlichen Äußerungen über eine Tastatur oder mit einer Spracheingabe eingibt, und ob das technische System durch eine Textanzeige oder eine Sprachausgabe antwortet.

Als Vorteile dieser Interaktionsform werden genannt, daß dies die natürlichste Kommunikationsform ist und daß dem Benutzer das Erlernen einer speziellen Kommandosprache oder anderer Dialogformen erspart wird. Auf diese Weise sollen technische Systeme einem breiteren Benutzerkreis zugänglich gemacht werden.

Die maschinelle Sprachverarbeitung ist ein aktuelles Forschungsthema, das nicht nur für die Mensch-Maschine-Kommunikation, sondern auch für die maschinelle Übersetzung und für linguistische Datenbanken sowie für die Dokumentensuche von Interesse ist. Die Fähigkeit zur Verarbeitung natürlicher Sprache mit dem Rechner reicht gegenwärtig nur für Anwendungen bei der Textverarbeitung und bei Datenbankanfragen (Guenthner, Lehmann 1986).

Ein noch sehr an die formalen Kommandosprachen und Menü-Dialoge angelehnter Vorschlag zur Formulierung natürlichsprachlicher Anfragen an ein Datenbanksystem stellt NaturalLink (Tennant et al. 1983) dar. Hier werden syntaktisch und semantisch korrekte Sätze vom Benutzer formuliert, indem er deren Bestandteile aus Menüs für die einzelnen Satzteile auswählt.

Kritiker führen an, daß Vagheiten und Mehrdeutigkeiten der normalen Sprache den Dialog erschweren. Hinzu kommen der erhöhte Eingabeaufwand in Form von Tippen bzw. Sprechen und langatmiger Formulierungen sowie die fehlende Benutzerführung. Daneben ist zu beachten, daß die natürliche Sprache einerseits zwar dem Menschen angepaßt ist, andererseits besitzt ein technisches System vorteilhafte Kommunikationsmöglichkeiten, die außerhalb des Bereiches der natürlichen Sprache liegen. Beispielsweise ermöglicht die optische Darstellung eines umfangreichen Informationsangebotes mit ihren vielfältigen Codierungs- und Organisationsformen eine sehr wirkungsvolle Informationsübertragung über den visuellen Kanal des Menschen, die zudem beim Benutzer die sehr wirkungsvolle nichtsprachliche Äußerung des Zeigens hervorrufen kann. Ferner ist zu beachten, daß der Benutzer einer formalen Sprache beim Erlernen dieser Sprache gleichzeitig auch die Eigenschaften der Maschine kennenlernt, z.B. ihre Funktionen. Bei Verwendung der natürlichen Sprache hat der Benutzer keine solche Gelegenheit, die Maschine kennenzulernen.

Die Übersicht von Ogden 1988 ist ausschließlich Untersuchungen gewidmet, die empirische Ergebnisse über den Umgang von Benutzern mit natürlichsprachlichen Systemen beim Anwendungsfall Datenbanksysteme berichten. Sowohl in Labor- als auch in Feldexperimenten ergab sich, daß die Benutzer mit der Datenbank sehr vertraut sein müssen, und daß ein Lernvorgang für die syntaktischen Beschränkungen erforderlich ist. Vergleiche mit anderen Interaktionsformen haben bisher die Vorteile des natürlichsprachlichen Dialogs nicht überzeugend demonstrieren können (vgl. auch Shneiderman 1987).

Ferrari 1986 weist darauf hin, daß in einem Mensch-Maschine-Dialog die Interaktion nicht auf eine Folge von Frage-Antwort-Paaren beschränkt ist, sondern daß bei der Analyse natürlichsprachlicher Äußerungen das zunehmende Verstehen der Absichten, der Situationseinschätzung und der Handlungen des Sprechers Antworten des technischen Systems ermöglicht, die auch unausgesprochene Bedürfnisse des Sprechers berücksichtigen.

**Direkte Manipulation**

Während die bisher betrachteten Dialogformen der Konversationswelt zuzuordnen sind, ist die *direkte Manipulation* durch die Metapher Modellwelt gekennzeichnet. Shneiderman prägte diesen Begriff und definierte ihn wie folgt (Shneiderman 1987):
- Ständige graphische Darstellung der interessierenden Objekte und Aktionen.
- Ausführung physischer Aktionen statt Formulierung von Kommandos mit komplexer Syntax.
- Realisierung schneller, schrittweiser Operationen, deren Auswirkungen auf die interessierenden Objekte unmittelbar sichtbar sind.

Die direkte Manipulation basiert auf einer graphischen Repräsentation der Arbeitswelt des Benutzers auf einer optischen Anzeige. Anstelle von alphanumerischen Eingaben mit der Tastatur kann der Benutzer durch Operationen mit einem Zeigeinstrument, z.B. einer Maus, sichtbare Objekte anwählen oder bewegen sowie Aktionen auslösen.

Eine bekannte Anwendung der direkten Manipulation findet sich bei Büroarbeitsstationen, wo der Schreibtisch mit z.B. Dokumenten, Mappen, Aktenschränken und der Papierkorb auf dem Bildschirm durch Bildzeichen nachgebildet werden. Mit Hilfe der Maus können generische Operationen, wie Anwählen, Öffnen, Übertragen, Kopieren, Löschen usw., durchgeführt werden. Die direkte Manipulation ist besonders für ungeübte Benutzer geeignet, da hier mit Bildern (Modellwelt-Metapher) gearbeitet werden kann, die aus anderen Tätigkeiten vertraut sind.

Die experimentellen Vergleiche der direkten Manipulation mit anderen Dialogformen ergeben ein uneinheitliches Bild. Die von Ziegler, Fähnrich 1988 zitierten Untersuchungen konnten nur teilweise einen Vorteil der direkten Manipulation nachweisen. Karat et al. 1987 dagegen zeigten, daß eine Kommandosprache durchgängig bei verschiedenen Aufgaben eine wesentlich höhere Ausführungszeit erfordert als die direkte Manipulation.

**Multimedia-Dialog**

Die Entwicklung interaktiver digitaler Videosysteme und deren Einsatz in Verbindung mit anderen Medien wie Sprachein- und Sprachausgabe als Multimedia-Dialogsysteme wird von vielen als revolutionäre Veränderung der Mensch-Maschine-Kommunikation bezeichnet (Fox

1989). Durch die Möglichkeiten der digitalen Speicherung und Verarbeitung von Videobildern und -bildfolgen sowie von Sprachsignalen wird die Dialogmetapher Modellwelt erweitert in Richtung Reale Welt. Erste Voraussetzung hierfür ist die Verfügbarkeit optischer Speicher in Verbindung mit Verfahren für Kompression und Dekompression von Videobildfolgen in Echtzeit. Auf CD-ROMs (compact disk read only memories) mit einer Speicherkapazität von ca. 650 MByte können zwar ca. 300 000 Seiten Text, jedoch Videobildfolgen nur bis zu einer Dauer von ca. 30 s gespeichert werden. Durch Kompression der Bilddaten erreichen CD-ROMs eine Kapazität von 72 min. Eine weitere Notwendigkeit sind Werkzeuge für die Dialogautoren zur Handhabung der Video- und Audiodaten. Ferner werden Verfahren zur Bildverarbeitung benötigt, mit denen vom Benutzer gewünschte Ansichten erzeugt werden können, die in dieser Form nicht aufgenommen worden sind, z.B. die Erzeugung einer kontinuierlichen Rundsicht aus acht Standbildern. Am MIT befinden sich neben Werkzeugen folgende Anwendungsbeispiele in Entwicklung: interaktive Dokumentation (Stadtentwicklung), Lernumgebungen (Fremdsprachen), Kommunikation (Forschungskooperation) (Mackay, Davenport 1989).

### 5.4.6 Anpaßbarer Dialog

Da Benutzer unterschiedliche Eigenschaften haben und diese zudem zeitlich veränderlich sind, stellt sich die Frage, ob durch Anpassung des Dialogs die Mensch-Maschine-Interaktion verbessert werden kann und wie eine solche Anpassung auszusehen hat. Norcio, Stanley 1989 geben einen Überblick über Stand und Entwicklungstendenzen bei anpaßbaren Mensch-Maschine-Dialogen.

In Tab. 5-12 sind die Anpassungsbereiche der Mensch-Maschine-Interaktion zusammengestellt. Für die Anpassung kommt zunächst die Mensch-Maschine-Kommunikation in Frage mit ihren Gestaltungsbereichen Eingabe-, Anzeige- und Dialogsysteme. Darüber hinaus kann die Aufgabenverteilung zwischen dem Menschen und der Maschine neu geregelt werden. Hierfür eignen sich unterschiedliche Formen der Unterstützung des Menschen (z.B. Entscheidungshilfen), die Teilautomatisierung von Aufgaben sowie die vollständige Automatisierung. Auch bei letzterer verbleibt dem Menschen die wichtige Aufgabe der Überwachung. Schließlich ist auch die Anpassung des Menschen zu beachten. Sie erfolgt zwangsläufig beim Übergang vom ungeübten zum geübten Benutzer. Daneben kann es nützlich sein, den Benutzer durch gezielte Trainings- und Lehrmaßnahmen mit neuen Fähigkeiten und erweitertem Wissen auszustatten. Die für die Akzeptanz wesentliche Einstellung des Benutzers zu einem technischen System kann sich durch den Umgang mit ihm erheblich verändern.

## 5. Dialog zwischen Mensch und Maschine

| | Anpassungsbereiche | |
|---|---|---|
| **Mensch-Maschine Kommunikation** | **Aufgabenverteilung Mensch-Maschine** | **Mensch** |
| - Eingabe | - Unterstützung | - Fähigkeiten |
| - Anzeige | - Teilautomatisierung | - Wissen |
| - Dialog | - Vollautomatisierung | - Einstellung |

Tab. 5-12: Anpassungsbereiche bei der Mensch-Maschine-Interaktion.

Durch vergleichende Betrachtung von biologischen und technischen Systemen unterscheiden Totterdell et al. 1987 prinzipiell sechs Stufen der Anpassung von Dialogsystemen, die hier zu fünf Stufen zusammengefaßt werden (Tab. 5-13).

| Stufen der Anpassung | | Merkmal |
|---|---|---|
| 0 | starr | unveränderlich |
| 1 | adaptierbar | externer Eingriff |
| 2 | adaptiv-lernend | Lernen |
| 3 | adaptiv-kooperativ | Modell des "Partners" |
| 4 | adaptiv-selbst modifizierend | Reorganisation |

Tab. 5-13: Stufen der Anpassung von Dialogsystemen (Totterdell et al. 1987, modifiziert).

Diese Einteilung läßt außer acht, daß der Mensch immer als adaptive Komponente an der Mensch-Maschine-Interaktion beteiligt ist. Mit Hilfe seines mentalen Modells ist er in der Lage, sein Verhalten an technische Systeme anzupassen. Dies fängt bei einfachen Merkmalen wie dem zeitliche Verhalten einer Maschine an. Im Laufe der Benutzung lernt der Mensch, sich auf den Zeitbedarf der Maschine für verschiedene Arbeitsschritte einzustellen. Aber auch die Ermittlung der oft sehr komplexen Bedingungen, die zu Fehlfunktionen eine Maschine führen, gelingt dem erfahrenen Benutzer häufig so gut, daß er durch sein angepaßtes Verhalten diese Fehlfunktionen nicht nur vermeidet, sondern sogar aus seinem Bewußtsein verliert. Am Beispiel des Autofahrens wird deutlich, daß dadurch einerseits die sichere Beherrschung einer Maschine auch in kritischen Situationen ermöglicht wird, daß andererseits aber auch die Gefahr der unerwarteten Konfrontation mit Fehlfunktionen besteht, die den Menschen überfordern kann.

## 5.4 Organisation des Dialogs

Vor dem Hintergrund des *starren* technischen Systems, dessen Komponenten in Abb. 5-22 als ungerasterte Blöcke eingezeichnet sind, bilden die *adaptierbaren* Systeme die erste Stufe der anpaßbaren Systeme, bei denen außerhalb des eigentlichen Dialogs explizite Anpassungsschritte entweder vom Systementwickler, -verwalter oder vom Benutzer selbst durchgeführt werden. Abb. 5-22 enthält die Anpassungskomponente mit heller Rasterung. Ein Beispiel hierfür ist das sogenannte Benutzerprofil, das dem Benutzer die Einstellung von Anzeigeformen, Eingabemodi usw. gestattet.

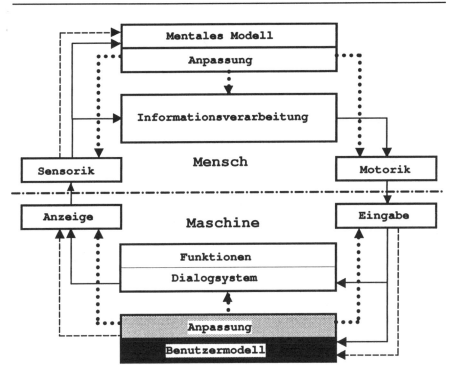

────── Informationsübertragung
------ zusätzliche explizite Kommunikation für Anpassung
········ Anpassungsmaßnahmen

Abb. 5-22: Komponenten eines starren Mensch-Maschine-Systems (ungerastert), ergänzt mit den Komponenten eines adaptierbaren (hell gerastert) und eines adaptiv-kooperativen (dunkel gerastert) Systems.

Auf der Stufe der *adaptiv-lernenden* Systeme erfolgt eine selbsttätige Veränderung des Verhaltens aufgrund Lernens, allerdings noch mit einer festen Strategie. Die Anpassung der Ausführlichkeit von Anweisungen an den Benutzer an dessen Fehlerhäufigkeit stellt ein Beispiel hierfür dar. Die Überprüfung des Adaptionserfolges ist eine wesentliche Bedingung für nutzbringende Adaption. Innerhalb der Klasse der adaptiv-lernenden Systeme spielen daher diejenigen eine besondere Rolle, die selbst überprüfen, ob die Adaption erfolgreich ist. Die Bewertung des Erfolgs beeinflußt die weitere Adaptionsstrategie.

Auf der dritten Stufe stehen die *adaptiv-kooperativen* Systeme, die ihrer Anpassung ein Modell des Partners zugrundelegen. Anhand des Modells kann eine Vorhersage des Partnerverhaltens berechnet werden. Zu beachten ist hier, daß beide Dialogteilnehmer über ein Modell des Partners verfügen. Um dies zu veranschaulichen, ist in Abb. 5-22 das Benutzermodell als dunkel gerasterte Komponente hinzugefügt. Dadurch wird deutlich, daß beiderseitige Anpassungsbemühungen zur Instabilität führen können, ein Effekt, der auch bei zwischenmenschlichen Beziehungen zu beobachten ist, beispielsweise, wenn zwei sich begegnende Personen bei beiderseitigen Ausweichversuchen in die gleiche Richtung mehrmals auf Kollisionskurs geraten.

Die höchste Stufe wird von den sich *adaptiv selbst-modifizierenden* Systemen gebildet, die sich auch auf völlig neue Situationen so einstellen können, daß sie weiter ihren Zweck erfüllen. Für die beiden letztgenannten Stufen sind keine realisierten Beispiele aus dem Bereich der Dialogsysteme bekannt.

Bei der adaptiven Mensch-Maschine-Interaktion ist ein Informationsaustausch über die Anpassung erforderlich, entweder in impliziter oder expliziter Form (Rouse 1988). Dabei sind sowohl Veränderungen beim Menschen als auch bei der Maschine mitzuteilen. Der implizite Informationsaustausch kann modellgestützt durch Auswertung der Aktionen des Benutzers und durch zusätzliche Messungen (z.B. Augenbewegungen) erfolgen, um daraus Intentionen, Pläne oder Bedürfnisse des Benutzers zu ermitteln. Der explizite Informationsaustausch, bei dem der Benutzer z.B. seine Absichten in einer formalen Sprache mitteilt, hat einerseits den Vorteil, daß er kaum mehrdeutig ist, andererseits stellt er für den Benutzer eine zusätzliche Belastung dar. Bei sehr zeitkritischen Dialogen, wie z.B. bei der Fahrzeugführung, kann das Zeitbudget der Interaktion so eng sein, daß eine explizite Kommunikation ausgeschlossen ist. In Abb. 5-22 sind die zusätzlichen Kommunikationswege für die Anpassung eingezeichnet.

Die Anpassung der Aufgabenverteilung zwischen Mensch und Maschine geht weit über die Anpassung des Dialogs hinaus. Hier besteht das Ziel, den Menschen nur dann zu unterstützen, wenn er Hilfe braucht, um eine gestellte Aufgabe zu erfüllen (Rouse 1988). Falls er keine Unterstützung benötigt, soll er seine Tätigkeit alleine durchführen, damit er möglichst in den Regelkreis mit der Maschine eingeschlossen bleibt. Insbesondere ist es das Ziel der adaptiven Unterstützungssysteme in der Prozeß-, Flug- und Fahrzeugführung, die Verantwortung für den Betrieb des technischen Systems dem Mensch zu belassen. Bei der Festlegung der Strategie für die adaptive Aufgabenzuordnung sollte die Entlastung des Menschen von Aufgaben rechnerinitiiert erfolgen; dem Menschen aber sollte die Entscheidung vorbehalten bleiben, ob er Aufgaben wieder übernimmt. Auf diese Weise wird der sogenannte Heiße-Kartoffel-Effekt vermieden, der eintreten kann, wenn dem Benutzer eine Aufgabe von der Maschine übertragen wird.

## 5.5 Expertensysteme und Mensch-Maschine-Kommunikation

Bei der Entwicklung eines Expertensystems spielen Aspekte der Mensch-Maschine-Kommunikation eine wichtige Rolle, sowohl im Hinblick auf den Entwicklungsprozeß des Expertensystems als auch auf die spätere Leistung und Wartbarkeit sowie die Akzeptanz des Systems durch den Benutzer (Madni 1988). Ausgehend von einer Klassifikation der Expertensysteme (Abb. 5-23, nach Madni 1988) sind zuerst die interaktiven Expertensysteme in Form der Beratungs- und Lehrsysteme nach ergonomischen Gesichtspunkten zu gestalten. Daneben sind auch die autonomen Expertensysteme hier zu nennen, z.B. für adaptive Dialogsysteme oder für automatische Assistenzsysteme. Letztere kommen für die Interaktion des Menschen mit dynamischen technischen Systemen wie Flug- oder Fahrzeuge in Betracht, wo das Zeitbudget so knapp bemessen sein kann, daß ein ausführlicher Dialog mit dem Benutzer nicht geführt werden kann.

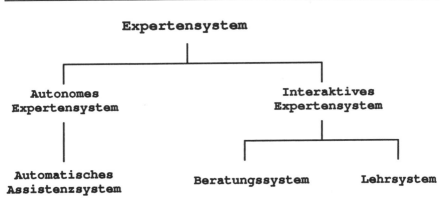

Abb. 5-23: Klassifikation der Expertensysteme (nach Madni 1988).

## 5. Dialog zwischen Mensch und Maschine

In Abb. 5-24 sind aus diesen Überlegungen drei verschiedene Expertensysteme für die Mensch-Maschine-Kommunikation abgeleitet. An erster Stelle stehen die Expertensysteme mit einer Wissensbasis über die Aufgabe des Endbenutzers, die ihn z.B. bei der Überwachung und Diagnose eines technischen Systems unterstützen. Eine zweite Form sind diejenigen Expertensysteme, die dem Entwickler eines Mensch-Maschine-Systems bei seinen Gestaltungsaufgaben helfen sollen, indem sie aufgrund einer Wissensbasis über Ergonomie einerseits Gestaltungsvarianten vorschlagen oder andererseits Gestaltungsschritte des Entwicklers kommentieren oder kritisieren. Sie stellen einen Spezialfall der Expertensysteme der erstgenannten Art dar. Die dritte Form ist durch autonome Expertensysteme gegeben, die über eine Wissensbasis über Eigenschaften des Benutzers verfügen, aufgrund derer z.B. eine Anpassung des Dialogs an seine momentanen Bedürfnisse erfolgen kann.

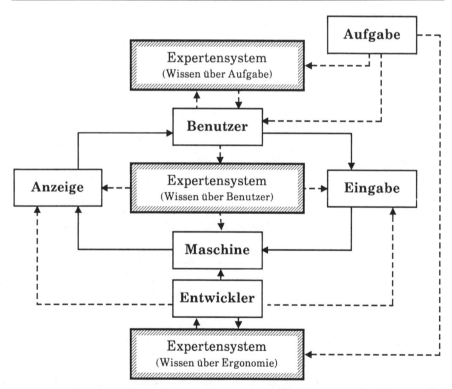

Abb. 5-24: Expertensysteme zur Unterstützung der Mensch-Maschine-Kommunikation.

## 5.5 Expertensysteme und Mensch-Maschine-Kommunikation

**Expertensysteme für Endbenutzer**

Die Entwicklung technischer Systeme, z.B. im Bereich der Verfahrenstechnik, der Energieerzeugung oder im Verkehr, kann dazu führen, daß der Mensch als Überwacher in Störungsfällen mit Informationen konfrontiert wird, die er sowohl vom Umfang als auch von der Komplexität her in der verfügbaren Zeit nicht verarbeiten kann. Ohne Unterstützung ist er dann nicht in der Lage, eine korrekte Diagnose des Zustandes durchzuführen, geschweige denn korrekte Entscheidungen zu treffen. Dies ist ein wesentlicher Grund für die Entwicklung von Expertensystemen zur Unterstützung des Operateurs technischer Systeme. Hierauf wird im folgenden nicht weiter eingegangen; die besonderen ergonomischen Aspekte beim Entwurf dieser aufgabenbezogenen Expertensysteme behandelt Madni 1988 für die Stufen des Erwerbs, der Speicherung, der Anwendung und der Erweiterung des Wissens.

**Expertensysteme mit Wissensbasis über Eigenschaften des Benutzers**

Zur Realisierung adaptiver Dialogsysteme (vgl. Abschnitt 5.4.6) werden Expertensysteme mit einer Wissenbasis über Eigenschaften des Benutzers entwickelt. Das Ziel des XTRA-Projektes (Allgayer et al. 1989) ist die theoretische Begründung, die Gestaltung und Entwicklung eines kooperativen natürlichsprachlichen Zugangssystems für Expertensysteme, wobei zunächst als Anwendungsbeispiel das Ausfüllen der Steuererklärung gewählt wurde. Der Umgang des Benutzers mit Expertensystemen soll insbesondere durch folgende Merkmale erleichtert werden:
- Extraktion der Eingabedaten aus natürlichsprachlichen Äußerungen des Benutzers,
- Beantwortung von Benutzeranfragen zur Terminologie,
- Anpassung von Ergebnissen und Erklärungen an den Benutzer,
- Erzeugung von kooperativen natürlichsprachlichen Antworten.

Wesentliche Strategie bei der Entwicklung von XTRA ist der modulare Aufbau des Systems aus möglichst unabhängigen und portierbaren Komponenten für z.B. Sprachanalyse und -synthese, Bildschirminteraktion, Wissensrepräsentation. Ein Benutzermodell enthält die Annahmen über die Pläne, Ziele und Überzeugungen des Benutzers. Es erhält seine Eingaben aus einer stereotypen Klassifizierung der Benutzer, aus der syntaktischen Dialoganalyse und auf Grund von Dialogbeiträgen des Systems.

## 5. Dialog zwischen Mensch und Maschine

**Expertensysteme für Dialogentwickler**

Das Wissen für die Gestaltung der Mensch-Maschine-Kommunikation in Form von Gestaltungsregeln hat einen beträchtlichen Umfang angenommen und wird laufend durch eine Vielzahl von Forschungsarbeiten erweitert. Für den Entwickler von Dialogsystemen stellen daher Expertensysteme mit Wissensbasen über ergonomische Gestaltungsregeln ein vielversprechendes Hilfsmittel dar. Für die verschiedenen Gestaltungsbereiche Eingabe-, Anzeige- und Dialogsysteme sowie auf dem Gebiet der Bewertung durch Beanspruchungsmessung liegen Ansätze für solche Expertensysteme vor.

Am Beispiel der Farbcodierung auf Bildschirmen untersuchten Hartley, Rice 1987 die Anforderungen an ein Expertensystem, das als Arbeitshilfe für Programmierer gedacht ist. Es soll ohne Spezialkenntnisse benutzbar sein und die Gestaltungsempfehlungen sollen klar und möglichst in natürlicher Sprache gegeben werden. Die Beratung soll an den Stil des Benutzers angepaßt sein, indem entweder Fragen des Benutzers beantwortet oder seine Gestaltungsschritte kommentiert werden. Ferner sollen die Angaben für den Benutzer begründet werden können, und die Wissensbasis soll mit geringem Aufwand erweitert werden können.

Für die Menügestaltung enthält MENUDA (*menu design assistant*) (Parng, Ellingstad 1987) Regeln aus den drei Bereichen Dialogstil (Frage-Antwort, Formular, ..., Direkte Manipulation), Menütopologie (alphabetisch, inhaltlich) und Menübreite versus -tiefe. Dem Dialoggestalter verbleibt die Aufgabe, die Regeln des Expertensystems MENUDA in konkrete Gestaltungsformen umzusetzen. Diese interaktive Form der Bereitstellung von Wissen über die Dialoggestaltung wird von den Autoren im Vergleich zur konventionellen Sammlung von Regeln in Handbüchern als leichter zugänglich bewertet.

Das Dialogmanagementsystem Peridot (Myers 1988b) (vgl. Abschnitt 5.4.4) erlaubt dem Entwickler die Spezifikation des Dialogs durch Zeichenoperationen statt durch konventionelles Programmieren. Dabei beobachtet das DMS die Operationen des Entwicklers, um anhand von gespeicherten Regeln seine Absichten zu erkennen. Hierzu werden drei verschiedene Arten von Schlußfolgerungen gezogen. Erstens werden bei der Generierung eines Objektes Beziehungen zu bereits bestehenden Objekten hergestellt. Beispielsweise wird der Entwickler gefragt, ob ein Rechteck die gleiche Größe wie ein schon vorhandenes erhalten soll. Zweitens werden Kontrollstrukturen vorgeschlagen, z.B. wird eine Iteration angeboten, wenn die ersten Elemente einer Liste vom Entwickler eingegeben wurden. Die dritte Art der Schlußfolgerungen betrifft Benutzeraktionen, indem z.B. Vorschläge für die Rückmeldung eines Tastendruckes gemacht werden.

## 5.5 Expertensysteme und Mensch-Maschine-Kommunikation

Ein Expertensystem zur Auswahl der für eine spezielle Anwendung am besten geeigneten Methode zur Messung der Beanspruchung stellt OWLKNEST (*Operator Workload Knowledge-Based Expert System Tool*) dar (Harris et al. 1989). In seiner Wissenbasis sind 38 experimentelle und theoretische Verfahren enthalten, aus denen aufgrund der Eingaben des Benutzers mittels ca. 37 Kriterien ausgewählt wird. Nachdem erste exemplarische Anwendungen durchgeführt worden sind, ist geplant, die Unterstützung des Benutzers durch Weiterentwicklung der Wissensbasis zu verfeinern.

# Literaturverzeichnis

Allgayer, J.; Harbusch, K.; Kobsa, A.; Reddig, C.; Reithinger, N.; Schmauks, D.: XTRA: a natural-language access system to expert systems. International Journal of Man-Machine Studies, 31, 1989, 161-195.

ANSI/HFS-Standard No. 100: American National Standard for Human Factors Engineering of Visual Display Terminal Workstations. Human Factors Society, Inc., P.O. Box 1369, Santa Monica, CA, USA, 1988.

ArbStättV: Verordnung über Arbeitsstätten vom 20.02.1975, BGBl. I.

Bainbridge, L.: Ironies of Automation. Analysis, Design, and Evaluation of Man-Machine Systems, IFAC/IFIP/IFORS/IEA Conference, Baden-Baden, Sept. 27-29, 1982, Preprints, 151-157.

Barfield, W.; Chang, T.C.; Eberts, R.; Salvendy, G.: Technical and Human Aspects of Computer-Aided Design (CAD). In Salvendy, G. (Ed.): Handbook of Human Factors. John Wiley & Sons, New York, USA, 1987, 1617-1656.

Bergmann, E.; Klipfel, G.; Räuber, H.; Stumpf, R.: Das neue Netzführungssystem der Badenwerk AG für die 380/220-kV-Hauptschaltleitung/Lastverteilung. Elektrizitätswirtschaft, 88 (9), 1989, 507-513.

Bosman, D. (Ed.): Display Engineering. Conditioning, Technologies, Applications. North-Holland, Amsterdam, New York, Oxford, Tokyo, 1989.

Bösser, T.: Learning in Man-Computer Interaction. A Review of the Literature. Research Reports ESPRIT, Project 385, HUFIT, Vol. 1, Springer-Verlag, Berlin usw., 1987.

Bouis, D.; Haller, R.; Heintz, F.: Erhöhung der Verkehrssicherheit durch ergonomische Gestaltung des Bordrechners im Kraftfahrzeug. Automobiltechnische Zeitschrift, 83, 1981, 537-540.

Brown, C.M.: Human-Computer Interface Design Guidelines. Ablex Publishing Corporation, Norwood, New Jersey, USA, 1988.

Buckner, D.N.; McGrath, J.J.: A comparison of performance on single and dual sensory mode vigilance tasks. Human Factors Res. Inc., Los Angeles, No. 153-199, 1961.

Bullinger, H.J.; Kern, P.; Muntzinger, W.F.: Design of Controls. In Salvendy, G. (Ed.): Handbook of Human Factors. John Wiley & Sons, New York, USA, 1987, 577-600.

Callahan, J.; Hopkins, D.; Weiser, M.; Shneiderman, B.: An Empirical Comparison of Pie vs. Linear Menus. Conference on Human Factors in Computing Systems, Washington D.C., USA, May 17-19, 1988, Proc. of CHI '88, ACM, New York, 1988, 95-100.

Card, S.K.; Moran, T.P.; Newell, A.: The Keystroke-Level Model for User Performance Time with Interactive Systems. Communications of the ACM, 23(7), 1980, 396-410.

Card, S.K.; Moran, T.P.; Newell, A.: The Psychology of Human-Computer Interaction. Lawrence Erlbaum Ass., Publishers, Hillsdale, New Jersey, 1983.

Chaffin, D.B.: Biomechanical Aspects of Workplace Design. In Salvendy, G. (Ed.): Handbook of Human Factors. John Wiley & Sons, New York, USA, 1987, 601-620.

Chaffin, D.B.; Evans, S.: Computerized biomechanical models in manual work design. Proc. of the Human Factors Society 30th Annual Meeting, Dayton, Ohio, USA, Sept. 29-Oct. 3, 1986, 96-100.

Chang, S.-K.: Visual Languages: A Tutorial and Survey. IEEE Software, 4 (1), 1987, 29-39.

Charwat, H.J.: Gesetze des Bedienens. Automatisierungstechnische Praxis atp, 29(2), 1987, 58-65.

Chechile, R.A.; Eggleston, R.G.; Fleishman, R.N.; Sasseville, A.N.: Modeling the Cognitive Content of Displays. Human Factors, 31 (1), 1989, 31-43.

Christ, R.E.: Review and analysis of color coding for visual displays. Human Factors, 17, 1975, 524-570.

Christ, R.E.: Research for evaluating visual display codes: an emphasis on colour coding. In Easterby, R.; Zwaga, H. (Eds.): Information Design. John Wiley and Sons, New York, USA, 1984, 209-227.

Conklin, J.: Hypertext: An Introduction and Survey. IEEE Computer, 20 (9), 1987, 17-41.

Conrad, R.; Hull, A.J.: The Preferred Layout for Numeral Data-Entry Keysets. Ergonomics, 11, 1968, 165-173.

Coutaz, J.: Interface Homme-Ordinateur: Conception et Réalisation. Thèse, Université Joseph Fourier, Grenoble, France, 1988.

Czaja, S.J.: Human Factors in Office Automation. In Salvendy, G. (Ed.): Handbook of Human Factors. John Wiley & Sons, New York, USA, 1987, 1587-1616.

DIN 33 414 Teil 1: Ergonomische Gestaltung von Warten. Sitzarbeitsplätze. Begriffe, Grundlagen, Maße. Normenausschuß Ergonomie (FNErg) im DIN, Deutsches Institut für Normung e.V., Beuth Verlag GmbH, Berlin, 1985.

DIN 66 234: Bildschirmarbeitsplätze, Teil 2: Wahrnehmbarkeit von Zeichen auf Bildschirmen. Normenausschuß Informationssysteme (NI) im DIN Deutsches Institut für Normung e. V. Beuth Verlag GmbH, Berlin, 1983.

DIN 66 234 Bildschirmarbeitsplätze, Teil 8: Grundsätze ergonomischer Dialoggestaltung. Normenausschuß Informationssysteme (NI) im DIN Deutsches Institut für Normung e.V., Beuth Verlag GmbH, Berlin, 1988.

Doster, W.; Oed, R.: Handschriftliche Direkteingabe - Eine Komponente zur Steigerung der Benutzerfreundlichkeit von Büroterminals. Telematica 86, 11.-13.06.1986, Stuttgart, 423-434.

Dzida, W.: Das IFIP-Modell für Benutzerschnittstellen. Office Management, 31 (Sonderheft), 1983, 6-8.

Ehmke, D.; Hinderer, W.; Kreiter, M.; Krömker, D.: PRODIA - Das PROSYT-Dialogsystem. In Krömker, D.; Steusloff, H.; Subel, H.-P. (Hrsg.): PRODIA und PRODAT. Dialog- und Datenbankschnittstellen für Systementwurfswerkzeuge. Springer-Verlag, Berlin usw., 1989, 9-78.

Erbacher, J.; Schönbein, R.: Verständlichkeit verschiedener Sprachausgabemodule: Ein experimenteller Vergleich. FhG-Berichte 3/4-86, Fraunhofer-Gesellschaft zur Förderung der angewandten Forschung, München, 1986, 13-16.

Eriksen, C.W.; Hake, H.W.: Multidimensional Stimulus Differences and Accuracy of Discrimination. J. of Exp. Psych., 50, 1955, 153-160.

Fellbaum, K.: Sprachverarbeitung und Sprachübertragung. Springer-Verlag, Berlin usw., 1984.

Ferrari, G.: Scanning the Issue. The Special Issue on Natural Language Processing. Proc. of the IEEE, 74(7), 1986, 899-904.

Fitts, P.M.: The information capacity of the human motor system in controlling the amplitude of movement. J. Exp. Psychol., 47, 1954, 381-391.

Flexman, R.E.; Stark, E.A.: Training Simulators. In Salvendy, G. (Ed.): Handbook of Human Factors. John Wiley & Sons, New York, USA, 1987, 1012-1038.

Flohrer, W.; Mosel, H.J.: Vom Telefon zum multifunktionalen Bildtelefon. Informationstechnik it, 31(3), 1989, 196-204.

Foley, J.; Kim, W.C.; Kovacevic, S.; Murray, K: Defining Interfaces at a High Level of Abstraction. IEEE Software, 6(1), 1989, 25-32.

Fountain, A.J.; Norman, M.A.: Modelling User Behaviour with Formal Grammar. Proc. of the Conference of the British Computer Society Human Computer Interactions Specialist Group, University of East Anglia, 17-20 September, 1985, 3-12.

Fox, E.A.: The coming revolution of interactive digital video. Communications of the ACM, 32(7), 1989, 794-801.

Fox, J.A.; Smith, S.L.: Dynamic Rules for User Interface Design (DRUID). Proc. of the Human Factors Society 33rd Annual Meeting, Denver, Colorado, USA, Oct. 16-20, 1989, 1143.

Frühauf, T.: "Softkeys" erleichtern die Meßgeräte-Bedienung. Elektronik, 31, 1981, 51-56.

Furnas, G.W.: Generalized Fisheye Views. Human Factors in Computing Systems - III, Proc. of the CHI '86 Conference, Boston, MA, USA, 13-17 April 1986, 16-23.

Garner, W.R.; Hake, H.W.: The Amount of Information in Absolute Judgements. Psych. Rev., 58, 1951, 446-459.

Geiser, G. (Hrsg.): Mensch-Maschine-Kommunikation in Leitständen. Kernforschungszentrum Karlsruhe, KfK-PDV 131, 132, 133, 1983.

Geiser, G.: Systematik zur ergonomischen Gestaltung der Mensch-Maschine-Kommunikation. Nachrichtentechnische Zeitschrift ntz, 36, 1983, 582-586.

Geiser, G.: Mensch-Maschine-Kommunikation im Kraftfahrzeug. ATZ Automobiltechnische Zeitschrift 87, 1985, 77-84.

Geiser, G.: Beobachtungsgeometrie bei Bildschirmen. Nachrichtentechnische Zeitschrift ntz, 40, 1987, 332-337.

Geiser, G.: Nutzung einer berührungsempfindlichen Zifferntastatur zur handschriftlichen Buchstabeneingabe. ntz Archiv, 11, Heft 3, 1989, 153-158.

Geiser, G.; Schumacher, W.; Berger, L.: Talking Keyboard for User Guidance in Multifunction Systems. Proc. of the Human Factors Society 26th Annual Meeting, Seattle, WA, USA, Oct. 25-28, 1982, 436-439.

Goodman, D.: The Complete Hypercard Handbook. 2nd Edition. Bantam Books, Toronto etc., 1988.

Gosling, J.; Rosenthal, D.S.H.; Arden, M.J.: The NeWS Book. Springer-Verlag, New York usw., 1989.

Graf, W.; Elsinger, P.; Krueger, H.: Methods for the Ergonomical Evaluation of Alphanumeric Computer-Generated Displays. Human-Computer Interaction - INTERACT '87, Proc. of the Second IFIP Conference on Human-Computer Interaction, University of Stuttgart, 1-4 Sept., 1987, 349-353.

Greenstein, J.S.; Arnaut, L.Y.: Human Factors Aspects of Manual Computer Input Devices. In Salvendy, G. (Ed.): Handbook of Human Factors. John Wiley & Sons, New York, USA, 1987, 1450-1489.

Greenstein, J.S.; Muto, W.H.: Keyboards. In Sherr, S. (Ed.): Input Devices, Academic Press, Inc., Boston, 1988, 123-178.

Guastello, S.; Traut, M.; Korienek, G.: Verbal versus pictorial representations of objects in a human-computer interface. Int. J. Man-Machine Studies, 31, 1989, 99-120.

Guenthner, F.; Lehmann, H.: Verarbeitung natürlicher Sprache - ein Überblick. Informatik-Spektrum, 9, 1986, 162-173.

Haller, R.: Gestaltung von Bildzeichen. Dissertation, Johannes Gutenberg-Universität Mainz, 1979.

Haller, R.; Mutschler, H.; Voss, M.: Comparison of input devices for correction of typing errors in office systems. INTERACT '84, First IFIP Conference on 'Human-Computer Interaction', London, Sept. 4-7, 1984, Vol. 2, 218-223.

Hamano, E.; Koba, H.; Mori, H.; Kawata, Y.; Nakagawa, K.: A 15-in. Full-Square CRT. SID International Symposium Digest of Technical Papers, 1st edition, June 1984, San Francisco (Ca.), USA, 332-335.

Harris, R.M.; Hill, S.G.; Lysagth, R.J.: OWLKNEST: An Expert System to Provide Operator Workload Guidance. Proc. of the Human Factors Society 33rd Annual Meeting, Denver, Colorado, USA, Oct. 16-20, 1989, 1486-1490.

Hartley, C.R.; Rice, J.R.: A Desktop Expert System as a Human Factors Work Aid. Proc. of the Human Factors Society 31st Annual Meeting, New York City (USA), Oct. 19-22, 1987, 1087-1090.

Hartmann, E.: Beleuchtung und Sehen am Arbeitsplatz. W. Goldmann Verlag, München, 1970.

Hartson, H.R.; Hix, D.: Human-Computer Interface Development: Concepts and Systems for its Management. ACM Computing Surveys, 21(1), 1989, 4-92.

Haubner, P.: Strukturaspekte der Informationsgestaltung auf Bildschirmen. In Bodmann, H.-W. (Hrsg.): Aspekte der Informationsverarbeitung. Fachberichte Messen, Steuern, Regeln, Nr. 13, Springer-Verlag, Berlin usw., 1985, 301-330.

Hayes, P.J.; Szekely, P.A.; Lerner, R.A.: Design Alternatives for User Interface Management Systems Based on Experience with COUSIN. Proc. of the CHI '85 Conference on Human Factors in Computing Systems-II, San Francisco, CA, USA, 14-18 April, 1985, 169-175.

Helander, M.G.; Rupp, B.A.: An overview of standards and guidelines for visual display terminals. Applied Ergonomics, 15, 1984, 185-195.

Henderson, D.A.: The Trillium User-Interface Design Environment. Proc. of the CHI '86 Conference on Human Factors in Computing Systems-III, Boston, MA, USA, 13-17 April, 1986, 221-227.

Hendrick, H.W.: Organizational Design. In Salvendy, G. (Ed.): Handbook of Human Factors. John Wiley & Sons, New York, USA, 1987, 470-494.

Hentschel, H.-J.: Licht und Beleuchtung. Theorie und Praxis der Lichttechnik, Siemens AG, Berlin und München, 1987.

Hill, R.D.: Event-Response Systems - A Technique for Specifying Multi-Threaded Dialogues. Proc. of the CHI + GI '87 Conference on Human Factors in Computing Systems-IV, Toronto, Canada, 5-9 April, 1987, 241-248.

Hill, S.H.; Kroemer, K.H.E.: Preferred Declination of Sight. Human Factors, 28, 1986, 127-134.

Hix, D.; Tan, K.C.; Schulman, R.S.: Development and Testing of an Evaluation Procedure for User Interface Management Systems (UIMS). Proc. of the Human Factors Society 33rd Annual Meeting, Denver, Colorado, USA, Oct. 16-20, 1989, 264-267.

Holding, D.H.: Concepts of Training. In Salvendy, G. (Ed.): Handbook of Human Factors. John Wiley & Sons, New York, USA, 1987, 939-962.

Hoppe, H.U.; Tauber, M.; Ziegler, J.E.: A Survey of Models and Formal Description Methods in HCI with Example Applications. ESPRIT Project HUFIT, Report B3.2a, Commission of the European Communities, Brussels, 1986.

Hornsby, M.E.: A comparison of full- and reduced-alpha keyboards for aircraft data entry. Proc. of the Human Factors Society 25th Annual Meeting, Santa Monica, CA, USA, 12.-16.10.1981, 257.

Hutchins, E.L.; Hollan, J.D.; Norman, D.A.: Direct Manipulation Interfaces. In Norman, D.A.; Draper, S.W. (Eds.): User Centered System Design. Lawrence Erlbaum Associates, Hillsdale, New Jersey, 1986, 88-124.

Jacob, R.J.K.: Using Formal Specifications in the Design of a Human-Computer Interface. Communications of the ACM, 26, 1983, 259-264.

Johannsen, G.; Boller, H.E.; Donges, E.; Stein, W.: Der Mensch im Regelkreis - Lineare Modelle. Oldenbourg Verlag, München, 1977.

Johnson, J.; Roberts, T.L.; Verplank, W.; Smith, D.C.; Irby, C.H.; Beard, M.; Mackey, K.: The Xerox Star: A Retrospective. Computer, 22, 1989, 11-29.

Johnston, W.L.: The effectiveness of a vibrotactile device under conditions of auditory and visual loading. Survival and Flight Equipment Assoc., Proc. of the 9th Annual Symp., Las Vegas, 1971, SAFE, 36-41.

Jones, D.M.; Broadbent, D.E.: Noise. In Salvendy, G. (Ed.): Handbook of Human Factors. John Wiley & Sons, New York, USA, 1987, 623-649.

Jones, O.: Introduction to the X Window System. Prentice Hall, Englewood Cliffs, New Jersey, USA, 1988.

Jones, P.M.; Mitchell, C.M.: Operator Modeling: Conceptual and Methodological Distinctions. Proc. of the Human Factors Society 31st Annual Meeting, New York City, USA, Oct. 19-22, 1987, 31-35.

Karat, J.; Fowler, R.; Gravelle, M.: Evaluating User Interface Complexity. INTERACT '87 - Proc. of the Second IFIP Conference on

Human-Computer Interaction, University of Stuttgart, F.R. of Germany, 14 September, 1987, 489-495.

Karner, C.: Perceived vs. actual value of color-coding. Proc. of the 19th Annual Meeting of the Human Factors Society, Oct., 14-16, 1975, Dallas, USA, 227-231.

Kass, R.; Finin, T.: The Role of User Models in Cooperative Interactive Systems. International Journal of Intelligent Systems, 4(1), 1989, 81-112.

Kaster, J.; Widdel, H.: Interactive colour coding of digital maps on electronic displays. Displays, 9 (1), 1988, 11-16.

Kieras, D.; Bovair, S.: The acquisition of procedures from text: a production-system analysis of transfer of training. Technical Report No. 16, TR-85/ONR-16, University of Michigan, 1985.

Kieras, D.; Polson, P.G.: An approach to the formal analysis of user complexity. International Journal of Man-Machine Studies, 22, 1985, 365-394.

Kitajima, M.: A formal representation system for the human-computer interaction process. International Journal of Man-Machine Studies, 30, 1989, 669-696.

Klause, G.: Technische Hilfsgeräte im Dienst des Menschen. Band 1, 2. expert verlag, Grafenau, 1981, 1982.

Knoll, P.M.: Displays. Einführung in die Technik aktiver und passiver Anzeigen. Dr. Alfred Hüthig Verlag, Heidelberg, 1986.

Kokoschka, S.: Visuelle Kriterien zur Beleuchtung von Bildschirmarbeitsplätzen. Internationale Licht Rundschau, 1980/4, 119-123.

Kokoschka, S.: Beleuchtung, Bildschirm und Sehen. Experimentelle und theoretische Untersuchungen. Habilitationsschrift, Universität Karlsruhe 1988.

Kokoschka, S.; Fleck, H.J.: Experimenteller Vergleich von Negativ- und Positivdarstellung der Bildschirmzeichen. Lichttechnische Gemeinschaftstagung "Licht '82", Lugano, 16.-18.06.1982, Schweizerische Lichttechnische Gesellschaft (SLG), Dok. No. 500/32, 507-527.

König, A: Desktop als Mensch-Maschine-Schnittstelle. Springer-Verlag, Wien, New York, 1989.

Korn, A.: Control of Input Variables by Head Movements of Handicapped Persons. Analysis, Design, and Evaluation of Man-Machine Systems, IFAC/IFIP/IFORS/IEA Conference, Baden-Baden, Sept. 27-29, 1982, Preprints, 313-317.

Koved, L.; Shneiderman, B.: Embedded Menus: Selecting Items in Context. Communications of the ACM, 29(4), 1986, 312-318.

Kraiss, K.-F.: Fahrzeug- und Prozeßführung. Kognitives Verhalten des Menschen und Entscheidungshilfen. Syrbe, M.; Thoma, M. (Hrsg.): Fachberichte Messen, Steuern, Regeln, Nr. 11, Springer-Verlag, Berlin, 1985.

Kraiss, K.F.; Schubert, E.: Matching Image Resolution to the Eye Resolution. SID International Symposium Digest of Technical Papers, Vol. VIII, First Edition, April 19-12, 1977, Boston, MA, USA, 44-45.

Kroemer, K.H.E.: Biomechanics of the Human Body. In Salvendy, G. (Ed.): Handbook of Human Factors. John Wiley & Sons, New York, USA, 1987, 169-181.

Kroemer, K.H.E.: Engineering Anthropometry. In Salvendy, G. (Ed.): Handbook of Human Factors. John Wiley & Sons, New York, USA, 1987, 154-168.

Le Cocq, A.D.: Integration of Human Factors into Electronic Digital Watch Design. Proc. of the 6th Congress of the International Ergonomics Association, University of Maryland, USA, July 11-16, 1976, 141-144.

Lee, E.S.; MacGregor, J.N.: Minimizing user search time in menu retrieval systems. Human Factors, 27(2), 1985, 157-162.

Mackay, W.E.; Davenport, G.: Virtual Video Editing in Interactive Multimedia Applications. Communications of the ACM, 32(7), 1989, 802-810.

Madni, A.M.: The Role of Human Factors in Expert Systems Design and Acceptance. Human Factors, 30(4), 1988, 395-414.

McCormick, E.J.; Sanders, M.S: Human Factors in Engineering and Design. McGraw Hill, New York, 1982.

Meister, D.: Human engineering data base for design and selection of cathode ray tube and other display systems. Navy Personnel Research and Development Center, San Diego, Cal., USA. Technical Report N PRDC TR 84-51, 1984.

Metzger, W.: Figuralwahrnehmung. In Handbuch der Psychologie, 1. Band, 1. Halbband. Hogrefe, Göttingen, 1966, 693-744.

Miyazaki Ei-ichi: Non-Glare Concave Surface CRT. SID International Symposium Digest of Technical Papers, 1st edition, May 1979, Chicago (Il.), USA, 74-75.

Murata, T.: Petri Nets: Properties, Analysis and Applications. Proc. of the IEEE, 77(4), 1989, 541-580.

Murray, D.M.: Embedded User Models. INTERACT '87 - Proc. of the Second IFIP Conference on Human-Computer Interaction, University of Stuttgart, F.R. of Germany, 14 September, 1987, 229-235.

Myers, B.A: Window Interfaces. A Taxonomy of Window Manager User Interfaces. IEEE Computer Graphics & Applications, 8(5), 1988, 65-84.

Myers, B.A.: Creating User Interfaces by Demonstration. Academic Press, Inc., Boston etc., 1988.

Myers, B.A.: User-Interface Tools: Introduction and Survey. IEEE Software, 6(1), 1989, 15-23.

Nason, E.E.; Bennett, C.A.: Dials vs. Counters: Effects of Precision on Quantitative Reading. Ergonomics, 16, 1973, 749-758.

Nirschl, G.; Geiser, G.: Ergonomische und rationelle Gestaltung des Mensch-Maschine-Dialogs bei komplexen technischen Geräten. Mikroelektronik in der Automatisierungstechnik, 24.-25.04.1985, Baden-Baden, VDI Berichte 550, VDI Verlag, Düsseldorf, 1985, 317-333.

Norcio, A.F.; Stanley, J.: Adaptive Human-Computer Interfaces: A Literature Survey and Perspective. IEEE Trans. on Systems, Man, and Cybernetics, 19(2), 1989, 399-408.

Norman, D.A.: Cognitive Engineering. In Norman, D.A.; Draper, S.W. (Eds.): User Centered System Design. Lawrence Erlbaum Associates, Hillsdale, New Jersey, 1986, 31-61.

Ogden, W.C.: Using Natural Language Interfaces. In Helander, M. (Ed.): Handbook of Human-Computer Interaction. North-Holland, Amsterdam, New York, Oxford, Tokyo, 1988, 281-299.

Ohlsen, M.: System Design Considerations for Graphics Input Devices. Computer, 11, 1978, 282-290.

Olsen, D.R.; Dempsey, E.P.; Rogge, R.: Input/Output Linkage in a User Interface Management System. Computer Graphics, 19(3), 1985, 191-197.

Osburn, H.G.: Personnel Selection. In Salvendy, G. (Ed.): Handbook of Human Factors. John Wiley & Sons, New York, USA, 1987, 911-938.

Ostertag, L.; Haller, R.: Digitale Anzeige veränderlicher Größen zur quantitativen Ablesung und Einstellung. IITB-Mitteilungen, Mitteilungen aus dem Fraunhofer-Institut für Informationsverarbeitung in Technik und Biologie, Karlsruhe, 1975, 57-60.

Paap, K.R.; Roske-Hofstrand, R.J.: The Optimal Number of Menu Options per Panel. Human Factors, 28(4), 1986, 377-385.

Paap, K.R.; Roske-Hofstrand, R.J.: Design of Menus. In Helander, M. (Ed.): Handbook of Human-Computer Interaction. North-Holland, Amsterdam, New York, Oxford, Tokyo, 1988, 205-235.

Parng, K.A.; Ellingstad, V.S.: MENUDA: A Knowledge-Based Menu Design Expert System. Proc. of the Human Factors Society 31st Annual Meeting, New York City, USA, Oct. 19-23, 1987, 1315-1319.

Petajan, E.; Bischoff, B.; Bodoff, D.; Brooke, N.M.: An Improved Automatic Lipreading System to Enhance Speech Recognition. Conference on Human Factors in Computing Systems, Washington D.C., USA, May 17-19, 1988, Proc. of CHI '88, ACM, New York, 1988, 19-25.

Pfaff, G.E.(Hrsg.): User Interface Management Systems. Proc. of the Workshop on User Interface Management Systems, Seeheim, Nov. 1-3, 1983, Springer-Verlag, Berlin, 1984.

Pöll, G.: Open Look - die Benutzeroberfläche für Unix. UNIX in Deutschland, GUUG-Jahrestagung '89, Wiesbaden, 26.-28.09. 1989, 12-23.

Pollack, I.: The Information of Elementary Auditory Displays II. J. Acoust. Soc. Am., 25, 1953, 765-769.

Polson, P.G.; Kieras, D.E.: A Quantitative Model of the Learning and Performance of Text Editing Knowledge. Proc. of the CHI '85 Conference on Human Factors in Computing Systems-II, San Francisco, CA, USA, 14-18 April, 1985, 207-212.

Potter, R.L.; Weldon, L.J.; Shneiderman, B.: Improving the Accuracy of Touch Screens: An Experimental Evaluation of Three Strategies. Conference on Human Factors in Computing Systems, Washington D.C., USA, May 17-19, 1988, Proc. of CHI '88, ACM, New York, 1988, 27-32.

Rasmussen, J.: Information Processing and Human-Machine Interaction. An Approach to Cognitive Engineering. North-Holland, New York, Amsterdam, London, 1986.

Reddy, D.R.: Speech Recognition by Machine: a Review. Proc. IEEE, 64(4), 1976, 501-531.

Reichwald, R.; Straßburger, F.X.: Innovationspotentiale für die geschäftliche Kommunikation. Die Betriebswirtschaft, 49(3), 1989, 337-352.

Reinig, H.-J.: Anthropotechnische Untersuchungen zur Lesbarkeit von Schriftzeichen im öffentlichen Personenverkehr. Eisenbahntechnische Rundschau, 26, 1977, 843-847.

Reinig, H.-J.; Geiser, G.: Improving the user guidance of ticket slot machines. Proc. of the 4th IFAC/IFIP/IFORS International Conference on "Control in Transportation Systems", Baden-Baden, 20.-22.04.1983, 225-229.

Reisner, P.: Analytic tool for human factors of software. In Blaser, A. und Zoeppritz, M. (Eds.): Enduser Systems and their Human

Factors. Proceedings of the Scientific Symposium conducted on the occasion of the 15th Anniversary of the Science Center Heidelberg of IBM Germany, Heidelberg, March 18, 1983, 94-121.

Reisner, P.: Query Languages. In Helander, M. (Ed.): Handbook of Human-Computer Interaction. North-Holland, Amsterdam, New York, Oxford, Tokyo, 1988, 257-280.

Renkert, H.J.; Bouis, D.; Haller, R.; Mutschler, H.: Utilization of speech recognition for the programming of industrial robots. Proc. of the 3rd European Annual Conference on Human Decision Making and Manual Control, Roskilde, Dänemark, 30.05.1983, 229-312.

Rochester, N.; Bequaert, F.C.; Sharp, E.M.: The chord keyboard. Computer, 11 (12), 1978, 57-63.

Rohles, F.H.; Konz, S.A.: Climate. In Salvendy, G. (Ed.): Handbook of Human Factors. John Wiley & Sons, New York, USA, 1987, 696-707.

Rolfe, J.M.: Some Investigations into the Effectiveness of Numerical Displays for the Presentation of Dynamic Information. Institute of Aviation Medicine, IAM Report No. 470, 1969.

Rouse, W.B.: Adaptive Aiding for Human/Computer Control. Human Factors, 30(4), 1988, 431-443.

Sachs, L.: Angewandte Statistik. Springer Verlag, Berlin usw., 1974.

Schief, A.: Aktivierung der Spracheingabe durch Kopfbewegung. Persönliche Mitteilung 1988.

Schmitt, A.: Dialogsysteme. Kommunikative Schnittstellen, Software-Ergonomie und Systemgestaltung. Reihe Informatik Band 40. Bibliographisches Institut, Mannheim, Wien, Zürich, 1983.

Schulert, A.J.; Rogers, G.T.; Hamilton, J.A.: ADM - A Dialog Manager. Proc. of the CHI '85 Conference on Human Factors in Computing Systems-II, San Francisco, CA, USA, 14-18 April, 1985, 177-183.

Schumacher, W.; Geiser, G.: Petri nets as a modelling tool for discrete concurrent tasks. Fourteenth Annual Conference on Manual

Control, University of Southern California, Los Angeles, USA, April 25-27, 1978, NASA Conference Publication 2060, 161-175.

Sen, T.K.: Participative Group Techniques. In Salvendy, G. (Ed.): Handbook of Human Factors. John Wiley & Sons, New York, USA, 1987, 453-469.

Sheridan, T.B.; Ferrell, W.R.: Man-Machine Systems. The MIT Press, Cambridge MA, 1974.

Shneiderman, B.: Designing the User Interface: Strategies for Effective Human-Computer Interaction. Addison-Wesley Publishing Co., Reading, MA, USA, 1987.

Shneiderman, B.: We can design better user interfaces: a review of human-computer interaction styles. Ergonomics, 31(5), 1988, 699-710.

Sibert, J.L.; Hurley, W.D.; Bleser, T.W.: An Object-Oriented User Interface Management System. Computer Graphics, 20(8), 1986, 259-268.

Simpson, C.A.; Mirchionda-Frost, K.: Synthesized Speech Rate and Pitch Effects on Intelligibility of Warning Messages for Pilots. Human Factors, 26 (5), 1984, 509-517.

Smith, S.L.; Goodwin, N.C.: Alphabetic Data Entry Via the Touch-Tone Pad: A Comment. Human Factors, 13, 1971, 189-200.

Smith, S.L.; Mosier, J.N.: Guidelines for Designing User Interface Software. The MITRE Corp., Bedford, MA (USA), MTR-10090, ESD-TR-86-278, 1986.

Smith, W.: Standardizing colors for computer screens. Proc. of the Human Factors Society 32nd Annual Meeting, Vol. 2, Anaheim, CA, USA, Oct. 24-28, 1988, 1381-1385.

Snyder, H.L.; Maddox, M.E.: Informatiom transfer from computer-generated matrix displays. Blacksburg, VA: Virginia Polytechnic Institute and State University, 1978, Report HFL-78-3/ARO-78-1.

Staufer, M.: Piktogramme für Computer. Walter de Gruyter, Berlin, New York, 1987.

Stein, W.: Eine Übersicht zum Stand der Bedienermodelle. In Bernotat, R.; Gärtner, K.-P.; Widdel, H. (Hrsg.): Spektrum der Anthropotechnik. Beiträge zur Anpassung technischer Systeme an menschliche Leistungsbereiche. Forschungsinstitut für Anthropotechnik, Wachtberg-Werthhoven, 1987, 234-254.

Steiner, B.A.; Camacho, M.J.: Situation Awareness: Icons vs. Alphanumerics. Proc. of the Human Factors Society 33rd Annual Meeting, Denver, Colorado, USA, Oct. 16-20, 1989, 28-32.

Tennant, H.R.; Ross, K.M.; Thompson, C.W.: Usable natural language interfaces through menu-based natural language understanding. Proc. of CHI '83: Human Factors in Computing Systems. Ass. for Computing Machinery, New York, USA, 1983, 154-160.

Tepas, D.I.; Monk, T.H.: Work Schedules. In Salvendy, G. (Ed.): Handbook of Human Factors. John Wiley & Sons, New York, USA, 1987, 819-843.

Thull, B.; Schecke, T.; Rau, G.: Modellgestützte Bewertung von Mensch-Maschine-Schnittstellen am Beispiel des Anästhesie-Informationssystems AIS. In Maaß, S.; Oberquelle, H. (Hrsg.): Software-Ergonomie '89. Berichte des German Chapter of the ACM, Nr. 32, B.G. Teubner, Stuttgart, 1989, 494-503.

Totterdell, P.A.; Norman, M.A.; Browne, D.P.: Levels of Adaptivity in Interface Design. Human-Computer Interaction - INTERACT '87, Proc. of the Second IFIP Conference on Human-Computer Interaction, University of Stuttgart, 1-4 Sept., 1987, 715-722.

Tullis, T.S.: A System for Evaluating Screen Formats: Research and Application. In Hartson, H.R.; Hix, D. (Eds.): Advances in Human-Computer Interaction, Vol. 2, Ablex Publishing Corp., Norwood, N.J., USA, 1988, 215-286.

Tullis, T.S.: Screen Design. In Helander, M. (Ed.): Handbook of Human-Computer Interaction. North-Holland, Amsterdam, New York, Oxford, Tokyo, 1988, 337-411.

Uhlemann, H.; Geiser, G.: Multivariable Manual Control with Simultaneous Visual and Auditory Presentation of Information. Proc. of the 11th Annual Conference on Manual Control, Moffett Field, Ca., USA, May 1975, 3-18.

Van Biljon, W.R.: Extending Petri nets for specifying man-machine dialogues. International Journal of Man-Machine Studies, 28, 1988, 437-455.

Van Cott, H.P.; Kinkade, R.G.(Eds.): Human Engineering Guide to Equipment Design. US Government Printing Office, Washington, 1972.

Van Nees, F.L.: Determining Temporal Differences with Analogue and Digital Time Displays. Ergonomics, 15, 1972, 73-79.

VDI Handlungsempfehlung "Sozialverträgliche Gestaltung von Automatisierungsvorhaben". Verein Deutscher Ingenieure, Düsseldorf, 1989.

VDI/VDE-Richtlinie 3546 "Konstruktive Gestaltung von Prozeßleitwarten", Blatt 5: "Anordnung von Bildschirmen". Verein Deutscher Ingenieure, Düsseldorf, 1990.

Virzi, R.A.: What can you learn from a low-fidelity prototype? Proc. of the Human Factors Society 33rd Annual Meeting, Denver, Colorado, USA, Oct. 16-20, 1989, 224-228.

Völckers, U.: Dynamic Planning and Time Conflict Resolution in Air Traffic Control. In Winter, H. (Ed.): Artificial Intelligence and Man-Machine Systems. Proc. of an International Seminar Organized by Deutsche Forschungs- und Versuchsanstalt für Luft- und Raumfahrt, May, 1986, Bonn. Lecture Notes in Control and Information Sciences, 80, Springer-Verlag, Berlin usw., 1986, 175-197.

Von Campenhausen, C.: Die Sinne des Menschen. Band I: Einführung in die Psychophysik der Wahrnehmung. G. Thieme Verlag, Stuttgart, 1981.

Wahl, P.: OSF/Motif: Creating a User Interface Standard. UNIX in Deutschland, GUUG-Jahrestagung '89, Wiesbaden, 26.-28.09.1989, 24-31.

Wahlster, W.; Kobsa, A.: User Models in Dialog Systems. In Kobsa, A.; Wahlster, W. (Eds.): User Models in Dialog Systems. Springer-Verlag, Berlin usw., 1989, 4-34.

Walter, W.: Informationsergonomische Bewertung analoger und digitaler Codierung der Fahrgeschwindigkteit im Kfz. Verlag TÜV Rheinland, Köln 1989.

Ware, C.; Mikaelian, H.H.: An Evaluation of an Eye Tracker as a Device for Computer Input. Human Factors in Computing Systems - IV and Graphics Interface, Proc. of the CHI + GI '87 Conference, Toronto, Canada, 5-9 April 1987, 183-188.

Wasserman, A.I.; Shewmake, D.T.: The Role of Prototypes in the User Software Engineering (USE) Methodology. In Hartson, R. (Ed.): Advances in Human-Computer Interaction. Volume 1. Ablex Publishing Corporation, Norwood, New Jersey, USA, 1985, 191-209.

Wasserman, D.E.: Motion and Vibration. In Salvendy, G. (Ed.): Handbook of Human Factors. John Wiley & Sons, New York, USA, 1987, 650-669.

Weiss, H.: Capacity and optimum configuration of displays for group viewing. Information Display, 3, 1966, 24-39.

Whitefield, A.: Models in human computer interaction: A classification with special reference to their uses in design. Human-Computer Interaction - INTERACT '87, Proc. of the Second IFIP Conference on Human-Computer Interaction, University of Stuttgart, 1-4 Sept., 1987, 57-63.

Wickens, C.D.: Engineering Psychology and Human Performance. Charles E. Merrill Publishing Company, Columbus, Ohio, USA, 1984.

Widdel, H.; Kaster, J.: Transparency of a dialogue through pictorial presentation of the dialogue structure. In H.P. Willumeit (Ed.): Human Decision Making and Manual Control, Elsevier Science Publishers B.V. (North-Holland), 1986, 135-143.

Williges, R.C.: The use of models in human-computer interface design. Ergonomics, 30, 1987, 491-502.

Workman, D.; Fisher, D.L.: Selection of visual display symbology: a new metric of similarity. Proc. of the Human Factors Society 31st Annual Meeting, New York City (USA), Oct. 19-22, 1987, 510-513.

Yamamoto, S.; Noro, K.: Method of Evaluating VDT Screen Layout by Eye Movements. Proc. of the SID, 28(3), 1987, 269-274.

Zeff, C.: Comparison of Conventional and Digital Time Displays. Ergonomics, 8, 1965, 339-345.

Ziegler, J.E.; Fähnrich, K.-P.: Direct Manipulation. In Helander, M. (Ed.): Handbook of Human-Computer Interaction. North-Holland, Amsterdam, New York, Oxford, Tokyo, 1988, 123-133.

# Register

3-D-Anzeige 62

## A

Abfragesprache 196
Ableseaufgabe 21
Ablesevorgang 63
Ablesung mehrerer Anzeigen 114
Absoluturteil 99
Abstrahlcharakteristik 81
adaptierbares System 201
Adaptation 64
adaptiv selbst-modifizierendes System 202
adaptiv-kooperatives System 202
adaptiv-lernendes System 201
Akkommodation 63
Akkord-Tastatur 52
akustische Codierung 107
Akzeptanz 24
alphanumerische Codierung 119
analoge Codierung 110
Anpassung an die Motorik 34
Anpassung an die Motorik und Sensorik 26
anpaßbarer Dialog 144, 199
Anthropometrie 13, 26
Anthropotechnik 18
anwendungsunabhängiger Dialog 144
Äquivokation 97
Arbeitsschutz 19
Arbeitsstättenverordnung 19
Arbeitsstrukturierung 13
Arbeitswissenschaft 18
asynchroner Dialog 148
Aufgabe 21
Aufgabenanalyse 22
Aufgabenrepräsentation 168
Augenbewegung 47

Ausbildung 13
Ausgabeschnittstelle 172
Ausnutzung 72
Auswahl 13
Automatisierung 11

## B

Backus-Naur-Form 159
Beanspruchung 24, 207
Bedienen 31
Behinderte 15
Beleuchtung 19
benutzerbezogene Organisation 129
Benutzerführung 141
Benutzermodell der Maschine 151
Benutzermodell des Entwicklers 151
Benutzeroberfläche 18
Benutzerschnittstelle 18
Benutzerwissen 168
Benutzungsoberfläche 18
Beobachterfläche 70
Beobachterraum 70, 146
Beobachtungsabstand 65
Beobachtungsgeometrie 76
Beobachtungswinkel 67
Berühreingabe 37
Bewertung 24
Bewertungskriterium 24
Bildschirm 20
Bildschirm 61
Bildschirmarbeitsplatz 19
Bildzeichencodierung 123
Blindbetätigung 50
Blinkcodierung 127
Blinkfrequenz 128
Buchstabeneingabe 40
Büro 14

## C

Codierung 19
Codierung der Information 27, 35, 93

## D

Darstellungsparameter 65
Dialog 141
Dialog 19
Dialogbaustein 179
Dialogentwickler 206
Dialogentwicklungswerkzeug 178
Dialogform 184
Dialogmanagementsystem 179
Dialogprotokoll 192
Dialogschnittstelle 172
Dialogsystem 18
digitale Codierung 110
direkte Manipulation 145, 198
dynamische Ablesung 116

## E

Effektivität 73
Eigenschaft des Menschen 22
Einblend-Menü 194
eindimensionaler Reiz 100
Eingabeaufgabe 31
Eingabeschnittstelle 172
Eingabesystem 31
Eingabetechnologie 33
Eingabeverfahren 33
eingebettetes Menü 194
einheitlicher Dialog 144
Ergonomie 18
erwartungstreuer Dialog 145
Expertenblindheit 16
Expertensystem 203
externe Steuerung 181

## F

Faktor der Gleichartigkeit 131
Faktor der Nähe 131
Faktor des gemeinsamen Schicksales 131
Farbcodierung 119
Farbe 69
Fenstersystem 172
Fernpunkt 63
fertigkeitsbasiertes Verhalten 162
Fertigung 14
Fischauge-Organisation 132
Fitts'sche Gesetz 151
Fixation 63
Flimmerverschmelzungsfrequenz 128
flüchtiges Menü 194
Flugverkehr 15
Folientastatur 37
formale Grammatik 157
Formatverhältnis 68
Formular-Dialog 185
Frage-Antwort-Dialog 184
Funktions-Tastatur 54
Funktionsmodell 150
Funktionstasten-Dialog 195

## G

geführter Dialog 144
gemischte Steuerung 181
generische Interaktionsform 145
Gerätrepräsentation 168
Gestaltfaktor 130
Gestaltpsychologie 130
Gestaltungsaufgabe 25
Gestaltungsbereich 25
Gestaltungsmethode 23
Gestaltungsregel 24
Gestaltungssystematik 25
Gestik 32
Gestikeingabe 47

GOMS-Modell 164
Grammatik 157
Graphik-Tablett 40
Greifraum 35, 146

## H

haptische Anzeige 62
haptische Codierung 109
Hardware-Ergonomie 18
Head up-Anzeige 62
Helmanzeige 62
historische Entwicklung 10
Human (Factors) Engineering 18
Hypermedia 130, 138
Hypertext 130, 138

## I

Informationsdarstellung 59
Informationseingabe 31
Informationsmaß 94
inhaltliche Organisation 129
interne Steuerung 180
Ironie der Automatisierung 16
Irrelevanz 98

## K

Kapazität 72
Kaskaden-Menü 195
Keystroke-Level-Modell 165
Klapp-Menü 195
kognitive Komplexität 139, 167
Kommandosprache 195
konkav gekrümmter Bildschirm 80
kontextfreie Grammatik 159
Kontrollablesung 114
Konversationswelt 148

konvex gekrümmter Bildschirm 78
konvexe Krümmung 78
Koordinateneingabe 37
Kopfbewegung 47
Körpermaß 19
korrektive Ergonomie 18
Kraftfahrzeugverkehr 14

## L

Leistung 24
Lichtgriffel 39

## M

manuelle Zielbewegung 34
Matrix-Tastatur 49
Maus 40
Mechanisierung 11
Medizintechnik 15
mehrdimensionaler Reiz 100
mehrspuriger Dialog 148
Mensch-Maschine-System 9
mentale Beanspruchung 24
mentales Modell 151
Menü-Dialog 186
Menü-Tastatur 54
Merkmaldimension 99
Mimik 32
Mimikeingabe 47
Modellwelt 126, 148
modusfreier Dialog 144
Multifunktions-Tastatur 54
Multimedia-Dialog 198
multimodaler Dialog 144
multiple Ressource 146

## N

Nachrichtenkanal 96

Nahpunkt 63
Natürlichkeit 91
natürlichsprachlicher Dialog 196
Neigung des Benutzers 153
Norm 19

**O**

objektorientierter Dialog 145
öffentlicher Bahn- und Busverkehr 14
öffentlicher Personenverkehr 19
Open Software Foundation 177
optisch/akustische Codierung 108
optische Codierung 107
Organisation der Information 28, 48, 128
Organisationsschnittstelle 172
örtliche Organisation 129

**P**

paralleler Dialog 148
Parametrische Codierung 89
permanentes Menü 194
Petri-Netz 157
Plan des Benutzers 153
Polygonanordnung 87
privater Bereich 15
Produkt-Ergonomie 19
Produktionsregel 160
Produktionssystem 160
Prozeßleittechnik 14
Prozeßleitwarte 20

**Q**

qualitative Ablesung 112
quantitative Ablesung 111, 116
quantitative Einstellung 117
quantitativer Vergleich 114

**R**

Rapid Prototyping 23
Rasterung 69
Redundanz 103
Reflexionsbedingung 81
Regelaufgabe 118
Reihenanordnung 85
Relativurteil 99
Richtlinie 19
Rollkugel 40

**S**

Schreibeingabe 40
Schriftzeichen 19
Sehwinkel 65
sequentieller Dialog 148
Sequenz-Tastatur 50
Signalformcodierung 89
Sinneskanal 60
Sinnesmodalität 107
Software-Ergonomie 18
soziales Umfeld 13
Spezialcodeeingabe 48
Sprachausgabe 62, 89
Spracheingabe 43, 55
Spracherkennung 44
Sprechende Tastatur 54
Sprechererkennung 44
Sprecheridentifizierung 44
Sprecherverifizierung 44
Standard-Tastatur 52
Standardisierung 17
statistische Ablesung 111
Stellteil 19
Steuerknüppel 40
Störung 98
Strichstärke 68
Strukturmodell 150
subjektives Urteil 24
System-Ergonomie 18
System-Ergonomie 19

231

Register

Systemmodell 151

**T**

Tastatur 35
Tastenbetätigungsmodell 165
Transinformation 96
Transkription 90

**U**

Umgebungseinfluß 13
Unterscheidbarkeit 124

**V**

Verbundentropie 97
Vereinheitlichung 17
Verhaltensmodell 150
Verlustinformation 97
Verständlichkeit 91, 124
Versuch und Irrtum 16
virtuelle Tastatur 37
visuelle Reichweite 66
Vollsynthese 90

**W**

Werkzeugschnittstelle 172
Winkelanordnung 86
Wissen und Überzeugung des Benutzers 153

**X**

X Window System 176
X/Open 177

**Z**

Zehner-Tastatur 49
Zeichenkontrast 69
zeitliche Organisation 129
Ziel des Benutzers 152
Zifferntastatur 49
Zustandsübergangsdiagramm 155
Zustandsübergangsnetz 155